SCIENCE DE L'HOMME

ET

MÉTHODE ANTHROPOLOGIQUE

Bruxelles. — Imprimerie J. Janssens, 25, rue des Armuriers.

Science
de l'Homme

ET

Méthode anthropologique

PAR

Alphonse CELS

PARIS
FÉLIX ALCAN, ÉDITEUR
108, boulevard St-Germain

BRUXELLES
J. LEBÈGUE & Cᵉ, ÉDITEURS
rue de la Madeleine, 46

1904

PRÉFACE

L'anthropologie, la science ayant la nature de l'homme pour objet, n'est pas faite. Hippocrate, Aristote, Galien, Vésale, Harvey, Descartes, Buffon, Bonnet, Kant, Cuvier, les Geoffroy Saint-Hilaire, Bichat, Krause, Schmerling, Boucher de Perthes, Lartet, Lyell, Prestwich, Thomsen, Nillson, Worsaae, Steenstrup, de Quatrefages, de Mortillet, Evans, Lubbock et bien d'autres savants illustres l'ont préparée.

J'ai essayé, en attendant qu'un des maîtres de la science en assure les bases, de rassembler les points principaux de l'anthropologie, en esquissant les limites et l'enchaînement des matières, de ce que doit être à mon avis, la science de l'homme.

Un traité d'anthropologie est une œuvre que peut seul entreprendre un savant fort érudit. Ce traité, ayant spécialement la connaissance de la nature humaine pour objet, devra être précédé d'une introduction historique, où soient discutées les opinions des philosophes, naturalistes, médecins, de tous ces savants enfin, qui se sont voués à la connaissance, à la compréhension de l'homme; qui ont fait leur orgueil de soulever par quelque coin, le voile du mystère qui recouvre l'origine, l'essence et la durée de la vie, ainsi que les rapports qui unissent la nature humaine à son milieu.

La carrière d'un chercheur laborieux suffirait à peine à cette tâche, qui n'est encore que la préparation à l'étude de l'anthropologie. Cette partie historique se voudrait complétée par la discussion des procédés méthodiques employés, de façon à pouvoir rendre compte de la valeur scientifique des résultats obtenus.

Il y aurait également lieu de donner un exposé complet de la méthode anthropologique; elle doit comprendre tous les procédés spéciaux mis en œuvre dans les diverses branches de la science de l'homme : psychologie, anatomie, histologie, biologie et physiologie humaines.

Telle que je la conçois, l'anthropologie s'étaye en un édifice harmonique, en un système essentiellement rationnel, dont chaque partie s'explique nécessairement par les autres et concorde avec elles, en une unité parfaite, sans que la logique de leurs rapports puisse présenter de lacune.

Je n'indiquerai pas dans cette préface, les matières que doit réunir un traité d'anthropologie; mon livre a principalement pour but d'exposer les diverses branches de cette science, en décrivant d'une façon que je n'ai que trop lieu de croire imparfaite, l'essence et les combinaisons organiques des divers éléments, si hétérogènes et cependant si complètement unis, qui entrent dans la constitution de la nature humaine.

On voit combien l'œuvre de l'anthropologiste offre de complexité, quelle variété de connaissances lui est imposée, pour obtenir un résultat utile par la synthèse des matériaux considérables, amassés depuis des siècles par les spécialistes, qui n'avaient pas, eux, à se soucier de leur assemblage.

Présenter sous une forme concise le cadre de la véritable science de l'homme, mon travail n'a pas d'autre but ; pour l'atteindre, je m'en suis strictement tenu à ce que je considère les questions fondamentales, en signalant les liens naturels qui les unissent. Je n'ai fait qu'effleurer les parties accessoires ; beaucoup d'entre elles n'ont même pas été signalées ; j'avais lieu de craindre de ne pouvoir assez faire ressortir dans mon essai, les grandes lignes de la science de l'homme, si j'avais tenu compte de tous les détails ; il ne serait pas permis de les élaguer, dans un traité d'anthropologie complet.

J'appelle sur mon livre toutes les sévérités de la critique ; s'il doit devenir un traité d'anthropologie, il le devra aux rigueurs salutaires qu'on aura eues pour lui.

« Je demande une grâce, que je crains qu'on ne m'accorde pas ; c'est de ne pas juger, par la lecture d'un moment, d'un travail de vingt années... (1) »

_____

(1) Montesquieu, *Esprit des lois*, Préface

————

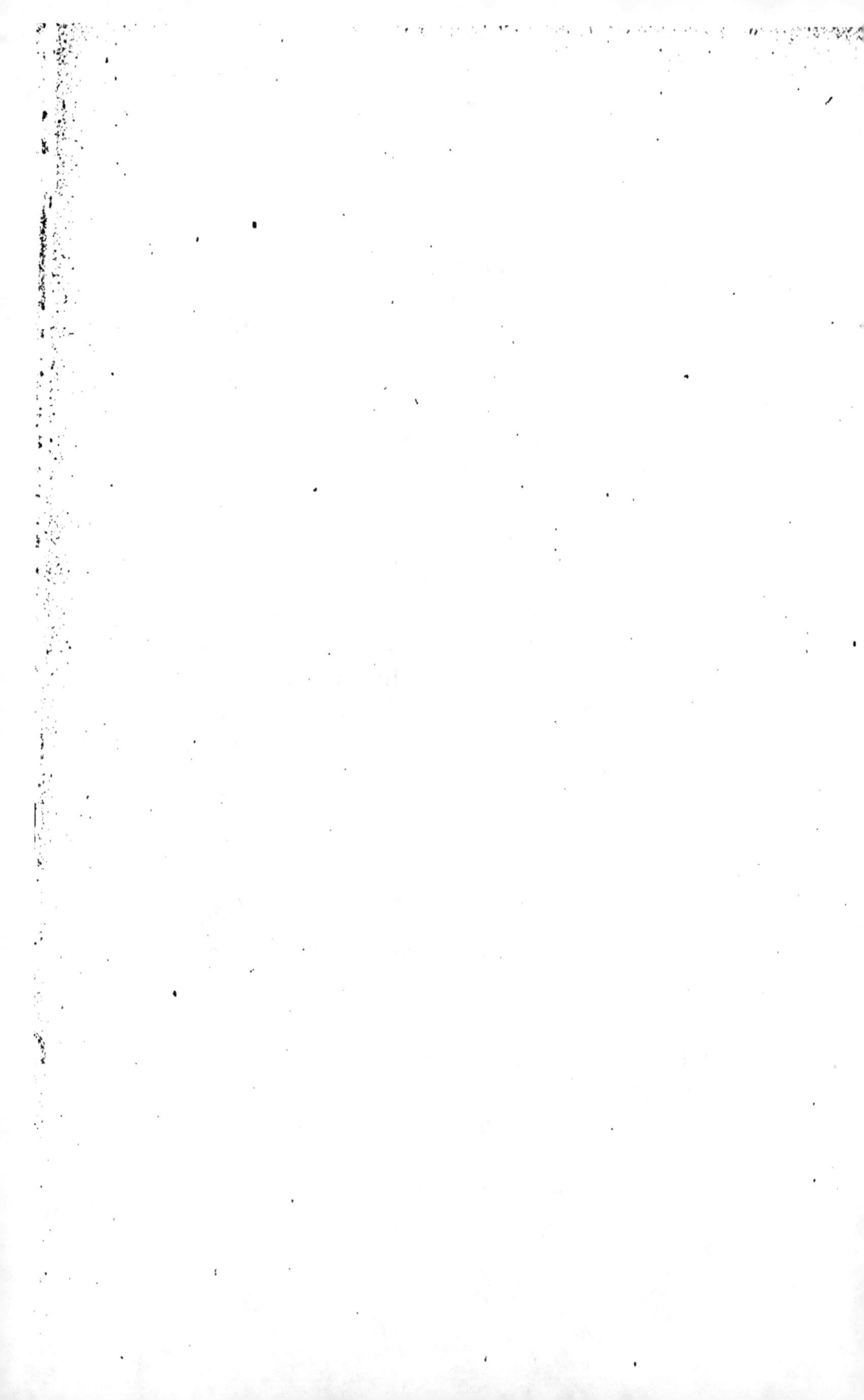

TABLE SYSTÉMATIQUE DES MATIÈRES

--- ---

LIVRE III. — CHAPITRE Ier

CHAPITRE II

CHAPITRE III

LIVRE IV

INTRODUCTION

§ Ier. — Considérations préliminaires.

De tout temps, l'homme s'est efforcé de connaître sa nature, ainsi que le passé et l'avenir de l'humanité.

Des fragments d'anthropologie se trouvent dans les écrits les plus anciens ; ils sont disséminés dans les livres sacrés, où la science et la religion se confondent, et dans les œuvres des médecins, des naturalistes et des philosophes.

Mais les études sérieuses, ayant spécialement l'homme pour objet, ne commencent que depuis peu d'années à se répandre dans le monde savant ; on ne s'y est même pas encore suffisamment rendu compte du domaine particulier de la science de l'homme et de l'importance du rang qu'elle doit occuper dans le vaste ensemble systématique de nos connaissances.

De nos jours, l'anthropologie est trop souvent confondue avec les sciences auxiliaires qui s'y rattachent, telles que l'ethnologie, l'ethnographie et l'archéologie préhistorique, et trop souvent aussi leur est sacrifiée.

1

Il en est actuellement de l'anthropologie, comme de toute science naissante; ses limites ne sont pas exactement établies; ses procédés d'investigation ne sont pas suffisamment connus; les résultats obtenus sont épars; en un mot, la science de l'homme considéré comme organisme vivant est à constituer.

L'étude des animaux et des végétaux semble appartenir exclusivement au domaine de l'histoire naturelle. Je ne m'y arrêterai pas. Mais actuellement encore, la science de l'homme et de sa double nature corporelle et spirituelle, est à la fois du domaine de l'histoire naturelle, des sciences médicales et de la philosophie; et ces sciences, en s'occupant de quelques-unes des questions fondamentales relatives à la nature humaine, ont non seulement procédé isolément à la recherche de la solution de ces problèmes, mais elles l'ont fait d'une manière exclusive, en se plaçant aux points de vue spéciaux de leurs domaines respectifs et de leurs méthodes particulières. Le naturaliste ne s'est occupé que de la classification de l'espèce humaine dans ses rapports avec les animaux, et de la description des différentes races humaines. Les anatomistes et les physiologistes n'ont généralement vu dans l'homme que le corps et les manifestations physiques. Plusieurs psychologues, par contre, n'attachant aucune importance à l'organisme corporel, qu'ils considèrent comme une espèce de vêtement terrestre, éminemment passager, n'ont reconnu de l'homme que l'être moral, l'âme. Ceux-ci ont procédé, comme si l'esprit et le corps n'étaient pas, l'un et l'autre, le

même être considéré à deux points de vue différents ; les naturalistes et les médecins, comme si
l'esprit et ses facultés étaient des quantités négli-
geables ou n'étaient que des fonctions du corps.
Les dissentiments éclatent entre les psychologues
eux-mêmes et vont jusqu'aux contradictions les
plus formelles, dès qu'il s'agit de résoudre le problème capital de l'existence de l'âme. Ces contradictions qui, de prime abord, paraissent inextricables
et de nature à rendre insolubles certains problèmes
anthropologiques, proviennent généralement de
l'absence de méthode.

J'ai entrepris d'indiquer le plan de l'anthropologie
et d'esquisser une notion exacte de l'homme comme
être organisé.

Il y a vraiment lieu de s'étonner de ce que
l'homme, qui déjà connaît passablement tant de
choses extérieures, se connaît encore si peu lui-
même ; sauf, bien entendu, diverses parties de
l'anatomie, de la physiologie et de la psychologie
humaines.

La grande difficulté pour qui se propose d'étudier
et de comprendre l'organisation de l'homme, provient de ce que chaque individu réalise, dans sa
nature, les lois fondamentales de l'organisation,
d'une manière spéciale qui le caractérise et qui
permet de le distinguer de tous les autres êtres ;
pour parvenir à comprendre un organisme, il faut
étudier préalablement l'organisme en général, c'est-
à-dire les lois fondamentales de l'organisation.

Chaque individu, quelle que soit sa nature particulière, est une réduction plus ou moins complète de l'Organisme universel, auquel l'existence et la vie de tout individu sont subordonnées. Il en résulte, même en ce qui concerne la connaissance de la nature humaine, telle qu'elle s'offre actuellement à notre observation, que nous sommes nécessairement amenés, à devoir nous rendre plus ou moins compte de l'essence de l'Organisme universel et de ses rapports avec l'homme et à étudier spécialement l'organisation de notre planète, la Terre, ainsi que tout ce qu'elle contient, afin de pouvoir apprécier la nature d'un être terrestre tel que l'homme; de là, la nécessité imposée à l'anthropologiste, d'aborder l'étude de beaucoup de sciences et de connaître spécialement la philosophie et les sciences naturelles. En effet, tout être fini est nécessairement adapté à son milieu, condition extrinsèque fondamentale de son existence et facteur externe de sa vie, dont le facteur interne est la nature même de l'être que l'on considère; c'est-à-dire que pour pouvoir exister et vivre, l'homme doit nécessairement être pourvu des conditions intrinsèques de sa nature, ainsi que des conditions extrinsèques, inhérentes au milieu dans lequel il vit; la connaissance du milieu est donc indispensable à l'appréciation de la nature d'un être quelconque.

La preuve que notre planète est le type fondamental de l'organisation de tous les êtres qu'elle contient, est qu'une modification quelconque de sa constitution entraînerait comme conséquence inéluctable, une modification analogue dans la nature de tous les êtres terrestres; s'il en était autrement, leur existence deviendrait impossible sur notre planète. En général, si un milieu est modifié, il agira nécessairement d'une manière différente sur les organismes qui en dépendent; ceux-ci devront alors, ou subir des modifications analogues, ou disparaître, si l'écart est trop grand entre les conditions anciennes et les nouvelles, auxquelles la nature de ces organismes devrait s'adapter, pour qu'ils puissent vivre dans leur milieu ainsi transformé, c'est-à-dire pour que l'équilibre se rétablisse entre la nature de chacun d'eux et son nouveau milieu ambiant.

En conséquence, les espèces d'êtres terrestres sont corrélatives entre elles et subordonnées à l'astre qui les contient; on ne peut donc pas les étudier les unes sans les autres, ne fût-ce que pour arriver à connaître et à comprendre la nature d'une d'entre elles.

On reconnaît généralement la qualité d'*être*, aux hommes, aux animaux et aux plantes, parties constitutives de l'humanité, du règne animal et du règne végétal; à ces trois règnes, il convient d'ajouter le règne minéral, comprenant entre autres les cristaux, qui réunissent encore certains caractères de l'individualité. Outre ces quatre règnes d'êtres terrestres, il existe sur notre planète un amas de substances non individualisées, c'est-à-dire à l'état libre ou ne faisant provisoirement partie d'aucun individu, si ce n'est de la Terre elle-même. Cet amas de substances solides, liquides et gazeuses, est en

quelque sorte la source commune dans laquelle
chaque individu terrestre trouve certaines conditions de son existence et de sa vie. On sait que
chaque élément chimique possède des propriétés qui
le caractérisent; c'est ce qui constitue aussi une
sorte d'individualité.

« Tandis que le monde matériel est toujours le
même, à toutes les époques, dans toutes ses combinaisons et aussi loin que nous puissions retourner
en arrière, par l'investigation directe, les traces de
son existence, au contraire, les êtres organisés
transforment sans cesse ces éléments toujours les
mêmes en des formes nouvelles et en de nouvelles
combinaisons. Le carbonate de chaux de n'importe
quelle époque n'est jamais que du carbonate de
chaux; forme et composition, rien ne change, tant
qu'il demeure soumis à la seule action des forces
physiques. Mais que la vie soit introduite sur la
Terre, et de ce carbonate de chaux un polype bâtira
son corail; chaque famille, chaque genre, chaque
espèce en aura un différent, qui variera encore
à chaque période géologique nouvelle. Le phosphate
de chaux des roches paléozoïques est le même que
celui que l'homme prépare artificiellement; mais
un poisson en fait ses épines et chaque poisson fait
les siennes à sa manière; la tortue en construit sa
carapace, l'oiseau ses ailes, le quadrupède ses membres, et l'homme, semblable en cela à tous les vertébrés, l'entière charpente de son squelette. Et, à
chaque période qui se suit dans l'histoire du globe,
toutes ces constructions sont différentes pour des

espèces différentes. Où est l'analogie entre tous ces
faits? Ne décèlent-ils pas l'action de forces distinctes et qui s'excluent l'une l'autre? Non, en
vérité, la noble forme humaine ne doit pas son
origine aux mêmes forces qui se combinent pour
donner à un cristal sa figure définitive! Or, ce qui
est vrai du carbonate de chaux est également vrai
de toutes les substances inorganiques; toutes présentent, à tous les âges passés, les mêmes caractères
qu'elles possèdent de nos jours (1). »

La Terre elle-même est l'être individuel ou limité,
dont les quatre règnes sont les principaux organes;
la Terre est un organisme en activité constante; certains de ses organes sont vivants et animés, telles
sont l'humanité et l'animalité; d'autres végètent;
le règne minéral et l'amas des substances non individualisées sont les sièges de phénomènes exclusivement mécaniques, physiques et chimiques.

En général, chaque chose terrestre agit et réagit
sur les autres; « les différents Êtres qui composent
chaque Monde, peuvent être regardés comme autant
de Systèmes particuliers qui tiennent à un Système
principal par diverses relations. Celui-ci est lié lui-
même à d'autres Systèmes plus étendus, et tous
tiennent au Système général (2). »

Ces considérations nous amènent à donner à la
notion *être* une extension beaucoup plus grande que
celle qui lui est ordinairement attribuée : « J'appelle

(1) AGASSIZ, L., *De l'espèce*, p. 158.
(2) BONNET, CH., *Œuvres complètes*, t. VIII, p. 232, Neuchâtel, 1779.

être de la nature, » écrit Flourens (1), « tout corps qui
a une constitution, des qualités, des lois propres.
Tout corps, ainsi individualisé, est un être de la
nature : un minéral, un animal, une plante, le globe
que nous habitons, les corps qui roulent dans
l'espace, sont des êtres de la nature. »

Tel est aussi l'avis des savants de Candolle et de
Quatrefages. L'ensemble des astres constitue ce
que de Quatrefages appelle le *règne sidéral* (2).
Le savant géologue Dana est non moins affirmatif
à cet égard (3).

Je crois pouvoir attribuer aux astres la qualité
d'êtres comprenant la vie dans leur activité, contrairement à de Quatrefages; celui-ci ne tenant
compte que des phénomènes astronomiques, semble,
en classant les astres dans le règne inorganique,
rejeter la possibilité de leur habitabilité et de la
production en eux de manifestations, telles que
certaines transformations géologiques qui sont
analogues, en ce qui concerne la Terre, à une véritable évolution organique. Quoi de plus colossal et
de plus troublant que les grandes chaînes de montagnes! Elles condensent les vapeurs de l'atmosphère; l'accumulation de l'eau par les glaciers en
règle l'écoulement, et le plus grand débit en est

---

(1) *Ontologie naturelle, ou étude philosophique des êtres*, Paris, 1861,
p. 3.
(2) Voir DE QUATREFAGES, *L'Espèce humaine*, p. 4, III, et p. 7, V,
Paris, 1883, 7e édit.
(3) Voir DANA, J. D., MANUAL OF GEOLOGY, Introduction : *Kingdoms
of Nature*, pp. 1 et suiv., New-York, 1876.

réservé aux chaleurs et aux sécheresses de l'été. Les
pics les plus élevés ne constituent-ils pas de la
sorte les mamelles du globe, d'où s'épanchent les
fleuves nourriciers des vallées et des plaines; et non
seulement les cours d'eau fournissent certaines conditions de la vie, comme les artères d'un corps
vivant, mais ils remplissent également des fonctions
analogues aux fonctions évacuatrices de nos veines,
en entraînant vers les océans les résidus des vallées
et des plaines; stratifiés à nouveau au sein des
eaux, ces résidus constitueront peut-être un jour
les sommets des montagnes, lorsque l'évolution de
la croûte terrestre aura modifié de fond en comble
la distribution actuelle des continents et des mers.
Quelles émotions plus saines et plus poétiques que
celles d'un naturaliste observant les grandioses
spectacles de la nature! Quelles impressions plus
réconfortantes que celles que donne l'étude du passé
de notre petit globe! Qu'est l'histoire des peuples
comparée à celle de la Terre? Quelles ruines plus
fortes, plus majestueuses et plus imposantes que
celles de l'évolution de la surface du globe? Comparées aux débris titaniques des dépôts sédimentaires
qui forment actuellement les sommets des plus
hautes montagnes, à quoi se réduisent donc, devant
ces géants mille et mille fois séculaires, les ruines
des monuments de la Perse, de l'Égypte, de la
Grèce et de Rome? A bien peu de chose... Le passé,
le présent et l'avenir de notre planète doivent être
étudiés et médités par ceux qui cherchent à se
retremper l'esprit et le cœur, afin de se soustraire

aux petitesses, aux préjugés et aux erreurs qui ont cours, de notre temps, dans nos écoles.

Il nous paraît en conséquence plus rationnel de juger des astres en les comparant à notre planète et de leur attribuer une activité analogue à la sienne; comme il est actuellement hors de doute que la plupart des astres de nous connus sont beaucoup plus importants que la Terre, il faut qu'ils soient, en conséquence, des organismes plus complets, où puissent séjourner des espèces d'êtres d'un développement organique supérieur aux espèces que nous observons ici (1). Quoi qu'il en soit, tous les êtres sont organiquement combinés dans le sein infini de la Nature, vivant de la vie universelle, à laquelle ils participent tous, chacun dans les limites et sous les conditions de sa nature particulière.

Mais revenons à la Terre et aux êtres vivants qu'elle comprend.

La Terre est un être cosmique, dont la forme sphéroïdale est analogue à celle de la cellule; la Terre est une cellule de l'Univers et celui-ci serait en quelque sorte le tissu sidéral, ayant pour cellules les astres. Ils sont en effet reliés entre eux, au point de vue statique, en ce qu'ils sont compris dans l'étendue infinie de la matière, et au point de vue dynamique, par leurs attractions réciproques, conformément à la loi de la gravitation universelle. Dans ce même ordre d'idées, chaque

(1) Voir BONNET, CH., Œuvres, t. IV, 1re part. Contemplation de la nature, 1re part., chap. V, p. 19. Pluralité des mondes, Neuchâtel, 1781.

espèce vivante constituerait un tissu, dont les cellules seraient tous les individus qui en font partie, reliés entre eux par les liens de la génération. Les êtres terrestres sont naturellement divisés en espèces, caractérisées par une organisation propre à chacune d'elles, qui se transmet par génération. L'organisme de chacun de ces êtres, de même que tous les éléments organiques constitutifs, sont assujettis à deux sortes de conditions : les unes, intrinsèques, dépendent de la nature de chacun de ces organismes eux-mêmes ; les autres, extrinsèques, relèvent de leur milieu ambiant respectif ; bien que chacun de ces éléments organiques distincts soit constitué en vue d'une activité propre et relativement indépendante, il participe à l'activité interne et externe de l'organisme dont il fait partie.

L'organisme vivant qui possède des organes en rapport avec tous les éléments constitutifs de l'Organisme universel, est *harmonique*. Chaque propriété de l'Organisme universel trouve dans l'organisme harmonique, un élément qui lui correspond, et avec lequel il est plus directement et plus complètement en rapport qu'avec tous les autres ; ils agissent de la même manière ; ils vivent d'une vie commune, en convergeant en quelque sorte vers la même fin, car leur but est identique.

L'homme seul parmi les êtres finis est un organisme harmonique ; il est, à cet égard, l'image de Dieu ; l'être humain est l'organisme limité et relatif, complètement analogue à l'Organisme infini et absolu.

L'organisation des animaux est appropriée à un genre de vie et à un milieu spéciaux et exclusifs : « Tout l'animal est dans l'homme, mais tout l'homme n'est pas dans l'animal, » a écrit Schœtlin (1).

Sur ce caractère est fondée la classification des êtres vivants d'Ehrenberg, *en humanité*, caractérisée par le développement uniforme de tous les organes, et *en animalité*, caractérisée par la prédominance de certains systèmes particuliers; cet auteur assigne à l'homme une place à part, au-dessus des animaux (2). Je pense que c'est le seul bon système de classification (3).

L'organisation de la nature humaine est complète; celle de l'animal est partielle ou fragmentaire. L'organisation des animaux comprend différents degrés d'harmonie partielle ou relative; plus elle est éloignée de celle de l'homme, plus elle est inférieure et moins l'animal a de rapports avec le monde extérieur; il en résulte que les animaux des derniers degrés de l'organisation vivent sous l'entière dépendance de leur habitat et ne diffèrent guère des plantes.

L'homme, seul parmi les êtres finis, est susceptible de vivre en rapport avec l'ensemble et avec chacun des organes constitutifs de l'Organisme universel. L'homme seul a conscience de Dieu et possède des sentiments religieux. Il cultive la science et l'art;

---

(1) Voir BREHM, *Les Merveilles de la nature*, t. Ier, p. XIV.
(2) Cité par L. AGASSIZ, dans son ouvrage *De l'espèce*, p. 328.
(3) Voir le système de classification d'Oken, cité par L. AGASSIZ, dans son ouvrage *De l'espèce*, p. 346.

il pratique le droit et la morale; il est susceptible
de progrès, en rapport avec les principes du vrai,
du juste, du beau et avec Dieu. C'est ce qui fait de
l'homme l'être harmonique, le microcosme.

De la supériorité de l'espèce humaine, résulte que
l'homme, de par sa nature aidée de son industrie,
supporte tous les milieux. Il n'a pas, comme les
animaux et les plantes, un habitat géographique-
ment délimité, dont il ne peut s'éloigner sous peine
de dégénérescence et même d'extinction; en ce qui
concerne les milieux physiques, Buffon a nettement
reconnu ce caractère distinctif de l'espèce humaine :
« l'homme est le seul des êtres vivants dont la
nature soit assez forte, assez étendue, assez flexible
pour pouvoir subsister, se multiplier partout et se
prêter aux influences de tous les climats de la
terre; nous verrons évidemment qu'aucun des animaux n'a obtenu ce grand privilège; que, loin de
pouvoir se multiplier partout, la plupart sont
bornés et confinés dans de certains climats et
même dans des contrées particulières (1) ».

L'homme supporte également tous les milieux
moraux, cependant l'homme de bien éprouve l'impérieux besoin d'un milieu moral honnête, en rapport
avec son état d'âme et le développement qu'il a
atteint dans les domaines élevés de la vie intellectuelle; parvenu à un certain degré de culture,

---

(1) BUFFON, HISTOIRE NATURELLE, t. IX, *Animaux communs aux deux
continents*, Amsterdam, 1767, p. 33.
  Voir BREHM, MAMMIFÈRES, t. Ier, p. XIV, *Distribution géographique*.

l'homme ne saurait vivre en dehors de la science, de l'art, de l'équité ; toute mauvaise action le froisse et le dégoûte ; tout contact avec le vice l'épouvante ; il préfère la misère au déshonneur et la mort à l'ignominie. Je n'ignore pas que peu d'hommes sont assez richement doués d'énergie morale pour résister à toutes les influences délétères ; celui d'entre nous qui n'a pas encore subi d'épreuves sérieuses, n'a pas conscience de la faiblesse humaine, et celui qui n'a pas conscience de sa faiblesse, se fait illusion sur sa force.

Nous croyons que l'homme est l'être panharmonique, le microcosme ; cependant, nous n'admettons pas que les animaux, par exemple, soient faits pour l'homme, dans le but de pourvoir aux nécessités de sa vie. L'homme a des devoirs à remplir envers ses semblables et envers les animaux ; il en contracte surtout envers les bêtes qu'il emploie. Le code des devoirs de l'homme envers les animaux est encore à faire ; il y a là une véritable étape de la civilisation à franchir.

L'homme est le microcosme, parce que la nature humaine est la synthèse organique complète de l'Organisme universel et spécialement de la Terre (1). De là, les rapports de l'anthropologie avec toutes les autres sciences, tant philosophiques que physiques, morales et naturelles ; de là aussi, les difficultés parfois insurmontables, pour les savants qui s'aven-

---

(1) Voir JANET, P., *Les Causes finales*, Paris, 1876, pp. 276 et 277.

turent sans préparation suffisante sur le terrain de l'anthropologie.

Ce qui, à ma connaissance, a été produit jusqu'à ce jour dans le domaine des connaissances anthropologiques se réduit, outre les sciences du physique et du moral de l'homme, aux connaissances de l'espèce et des races humaines et aux questions de l'origine de l'homme et de la place qu'il occupe dans la Nature (1).

En fait de paléontologie humaine spécialement, des matériaux considérables ont été amassés et des résultats scientifiques remarquables obtenus. C'est incontestablement un des plus brillants résultats de la science au XIXᵉ siècle, d'avoir prouvé l'existence de l'homme aux époques quaternaire et tertiaire; d'avoir décrit la manière de vivre de certaines races humaines, à des époques géologiques pendant lesquelles, il y a quelques années seulement, l'existence de l'espèce humaine n'était même pas soupçonnée. Rappelons-nous à ce sujet les mémorables découvertes de Schmerling dans certaines cavernes de la vallée de la Meuse (2).

---

(1) Voir *Encyclopédie des sciences médicales* de DECHAMBRE, au mot *Anthropologie*, l'article du Dʳ Broca; il est reproduit dans ses *Mémoires* et dans la *Revue d'anthropologie de Paris*.

Voir *Archiv für Anthropologie, Braunschweig*. L'article du Dʳ A. Ecker.

Voir les renseignements bibliographiques de ces différents ouvrages, ainsi que ceux de *Index Catalogue* et *Index medicus* du Dʳ BILLINGS.

(2) Voir SCHMERLING, P.-C., *Recherches sur les ossements fossiles découverts dans les cavernes de la province de Liége*, Liége, 1833, 2 vol. et atlas.

Il résulte incontestablement de la compulsion des travaux relatifs à la question de l'existence de l'homme à l'époque quaternaire dans l'Europe occidentale, que c'est Schmerling qui, le premier, démontra par des preuves irréfutables, la contemporanéité de l'homme et des mammifères quaternaires : le mammouth, l'ours des cavernes, l'hyène, le lion (1). L'erreur qu'il a pu commettre, au sujet de l'introduction des dépôts quaternaires dans les cavernes qu'il explora, ne diminue en rien la valeur de l'inférence qu'il a su tirer de ses découvertes. Le passage suivant lève d'ailleurs tout malentendu qui pourrait avoir existé à cet égard : « Une chose bien singulière, parmi tant de singularités, dans les produits des fouilles des cavernes ossifères, c'est la présence de fragments de silex dont la forme régulière a frappé, au premier abord, mon attention. Dans toutes les cavernes de notre province où j'ai trouvé des ossements fossiles en abondance, j'ai aussi rencontré une quantité plus ou moins considérable de ces silex.

» Ces silex, fig. 10, pl. 36, sont d'une longueur et d'une largeur variables; ils ont une face plane et une autre triangulaire, les faces étant à peu près de même dimension; les bords externes sont très tranchants, mais les extrémités sont obtuses. Ce qui prouve que ces silex ont été longtemps exposés

---

(1) Voir *Bulletin de la Société d'anthropologie de Bruxelles*, t. XV, p. 86. A. CELS et V. JACQUES, SCHMERLING, *Contribution à l'histoire du préhistorique en Belgique.*

aux influences atmosphériques, avant d'avoir été
enfouis dans les cavernes, c'est qu'ils sont tous couverts d'une croûte blanchâtre, qui, dans quelques-
uns, que j'ai brisés, ne dépasse pas l'épaisseur d'une
ligne, tandis que le centre est d'un gris bleuâtre. La
forme de ces silex est tellement régulière, qu'il est
impossible de les confondre avec ceux que l'on rencontre dans la craie et dans le terrain tertiaire.
Toute réflexion faite, il faut admettre que ces silex
ont été taillés par la main de l'homme, et qu'ils ont
pu servir pour faire des flèches et des couteaux.

» Les exemplaires dus à l'industrie humaine, dont
je viens de donner les dessins et la description,
n'auraient pas exigé un chapitre particulier, si le
gîte de ces os et de ces silex avait laissé matière à
quelque doute, c'est-à-dire, si un accident quelconque avait pu amener ces pièces dans les cavernes
après leur remplissage.

» Comme j'ose garantir qu'aucune de ces pièces n'a
été introduite après coup, j'attache un grand prix à
leur présence dans les cavernes ; car, si même nous
n'avions pas trouvé des ossements humains, dans
des conditions tout à fait favorables, pour les considérer comme appartenant à l'époque antédilu-
vienne, ces preuves nous auraient été fournies par
les os taillés et les silex façonnés. Si enfin, comme
en Allemagne et en France, plusieurs de ces
cavernes eussent été connues depuis longtemps, et
eussent servi à l'époque du moyen âge, soit de
refuge ou de cimetière, certes nous aurions eu tort
d'attacher la moindre importance aux débris que

nous avons trouvés; mais nous répétons que tout ce
que nous venons de dire sur ces restes, dus à la
main de l'homme, et tout ce que nous avons dit sur
les ossements humains est exact et sans réplique.
Le temps seul, au reste, décidera jusqu'à quel
point nous avons eu raison de nous exprimer d'une
manière aussi catégorique, et aucun géologue
éclairé ne voudrait soutenir aujourd'hui que
l'homme n'existait point à l'époque où nos cavernes
ont été comblées du limon et des fossiles qu'elles
recèlent (1). »

L'illustre Schmerling n'avait que trop bien prévu
les tristes clameurs qu'allaient provoquer et sa
mémorable découverte, et la logique des arguments
irréfutables qu'il sut faire valoir pour démontrer
l'existence de l'homme à l'époque quaternaire dans
la vallée de la Meuse.

Lyell (2), après avoir avoué qu'en 1860 seulement
il apprécia la valeur des travaux de Schmerling,
valeur qu'il avait méconnue en 1833, à Liége, malgré ses entrevues avec Schmerling et l'examen de
ses documents, Lyell rappelle bien à propos certaine sentence d'Agassiz : « *Toutes les fois qu'un
fait nouveau et saisissant se produit au jour dans la
science, les gens disent d'abord : Ce n'est pas vrai;
ensuite : C'est contraire à la religion; et à la fin : Il
y a longtemps que tout le monde le savait (3).* »

---

(1) SCHMERLING, *Recherches*, t. II, p. 178.
(2) Voir LYELL, Ch., *L'Ancienneté de l'homme prouvée par la géologie.*
Traduit par Chaper, Paris, 1864, pp. 70 et suiv.
(3) *Idem*, p. 109.

Ces géologues!?

Lyell les a spirituellement défendus d'avoir jamais accueilli avec précipitation les résultats des découvertes des pionniers de la science préhistorique. Que n'a-t-il intitulé son intéressant ouvrage: *L'Ancienneté de l'homme prouvée « malgré » la géologie!?*

Toutes les questions que nous venons de citer fort brièvement sont du domaine de la somatologie, de la psychologie, de l'ethnologie et de l'histoire de l'espèce humaine. Ce ne sont là, évidemment, que des points accessoires de l'anthropologie.

Le problème fondamental relatif à la connaissance de l'homme ne semble préoccuper personne.

Je pense que l'homme, considéré dans l'unité de sa nature, comme individu, reste encore à déterminer, à l'aide d'une méthode rigoureusement scientifique; je ne connais, en effet, aucun traité d'anthropologie embrassant toutes les faces de la nature humaine. Les matériaux de détail, amassés jusqu'à ce jour, sont, par contre, innombrables; ils se trouvent épars dans un grand nombre de revues, d'encyclopédies et d'ouvrages spéciaux. Les organes, les tissus et les facultés morales que la nature humaine comprend, ainsi que les différents groupes des phénomènes biologiques, tels que les mouvements, les sensations, les fonctions digestives, les fonctions cellulaires, les phénomènes intellectuels, les passions et ainsi de suite, ont été étudiés d'une manière isolée, en ce sens, qu'il a été fait le plus souvent, de chacun de ces ordres de propriétés et de ces différents groupes de phénomènes vitaux, une science spéciale et distincte, dont les rapports avec les autres sciences relatives à l'homme étaient, pour ainsi dire, perdus de vue. De là, l'absence d'unité, de vue d'ensemble, et aussi l'impossibilité dans laquelle on s'est trouvé de préciser suffisamment les rapports de toutes les sciences, telles que l'anatomie, l'histologie, la biologie, la physiologie, la psychologie, afin de pouvoir constituer l'anthropologie.

Sans doute il est utile, il est indispensable même, de limiter l'observation à mesure qu'elle se complique; la division du travail scientifique s'impose de plus en plus; sans elle, il n'est plus possible d'obtenir des résultats complets. Mais pour que la spécialité porte tous ses fruits, il est indispensable qu'elle se rattache à l'ensemble de la science, dont elle ne peut explorer qu'une partie.

Le livre que je présente au public lettré est un essai dans lequel le problème fondamental relatif à la connaissance de la nature humaine, a été préparé et élucidé, sinon résolu.

Sans me faire illusion sur la valeur que peut avoir le résultat d'un premier effort fait dans le sens que je viens d'indiquer, j'estime toutefois que mon livre aura du moins l'avantage de signaler, outre l'importance et les véritables limites de l'anthropologie, les nombreuses questions de son domaine qui restent encore à poser et à résoudre. En indiquant les limites et les méthodes de la science de l'homme, en donnant un aperçu de son domaine et de ses rapports avec les sciences qui s'y rattachent, j'aurai peut-être fait œuvre utile, en préparant les progrès futurs.

Je n'ai rien négligé pour rendre ce travail digne de l'attention des anthropologistes; cependant, j'ai lieu de craindre qu'ils ne lui fassent pas un accueil favorable, parce que la voie qu'ils ont suivie jusqu'à ce jour est différente, en tous points, de celle que j'indique. Je m'empresse d'ajouter que je n'ai pas la présomption d'avoir dépassé ce que peut être un premier essai. Mon œuvre porte du reste les traces de bien de tâtonnements et devra encore être souvent remaniée, avant d'être digne du nom de science de l'homme.

Cependant, je n'ai dépassé les limites scientifiques de l'hypothèse que lorsque mon insuffisance, excusable, tant soit peu, par l'état actuel de la science et surtout des procédés méthodiques, m'empêchait de faire mieux. Les résultats de nos investigations ne sont, hélas! que trop souvent des indications provisoires! En semblable occurrence, j'ai cherché la solution approximative, conforme à l'ensemble de mon travail et n'offrant de contradiction avec aucun des points spéciaux qui y sont développés. Dans les cas douteux, que je ne pouvais supprimer sans nuire à l'ensemble de mon œuvre, j'ai donc été aussi logique qu'il m'était possible de l'être.

Les simples observateurs évitent facilement les solutions trop hardies; ils ont même rarement à

en présenter ; leur œuvre se borne le plus souvent à
un assemblage de faits dépourvu d'idée générale
coordinatrice.

En systématisant avec méthode les *connaissances
de fait* relatives à la nature humaine, je me suis
placé à un tout autre point de vue ; les faits n'apparaissent plus alors, en quelque sorte, que les matériaux de l'œuvre, dominés qu'ils sont par les lois fondamentales de l'organisation de la nature humaine
et synthétisés au moyen de ces lois. Séparément
constatés par voie d'observation ils ont donc été
groupés en raison de leur nature particulière ou
de détail, et des connexions organiques qu'ils ont
entre eux.

« En général, une théorie scientifique quelconque,
imaginée pour relier un certain nombre de faits
trouvés par l'observation, peut être assimilée à la
courbe que l'on trace d'après une définition mathématique, en s'imposant la condition de la faire
passer par un certain nombre de points donnés
d'avance. Le jugement que la raison porte sur la
valeur intrinsèque de cette théorie est un jugement
probable, dont la probabilité tient d'une part à la
simplicité de la formule théorique, d'autre part au
nombre des faits ou des groupes de faits qu'elle
relie, le même groupe devant comprendre tous les
faits qui sont une suite les uns des autres, ou qui
s'expliquent déjà les uns par les autres, indépendamment de l'hypothèse théorique. S'il faut compliquer la formule à mesure que de nouveaux faits
se révèlent à l'observation, elle devient de moins en

moins probable en tant que loi de la nature, ou
en tant que l'esprit y attacherait une valeur objective : ce n'est bientôt plus qu'un échafaudage artificiel, qui croule enfin lorsque, par un surcroît de
complication, elle perd même l'utilité d'un système
artificiel, celle d'aider le travail de la pensée et de
diriger les recherches. Si au contraire les faits
acquis à l'observation, postérieurement à la construction de l'hypothèse sont reliés par elle aussi
bien que les faits qui ont servi à la construire, si
surtout des faits prévus comme conséquence de
l'hypothèse reçoivent des observations postérieures
une confirmation éclatante, la probabilité de l'hypothèse peut aller jusqu'à ne laisser aucune place
au doute dans tout esprit suffisamment éclairé.
L'astronomie nous en fournit le plus magnifique
exemple, dans la théorie newtonienne de la gravitation, qui a permis de calculer avec une si minutieuse exactitude, les mouvements des corps célestes,
qui a rendu compte jusqu'ici de toutes leurs irrégularités apparentes, qui en a fait prévoir plusieurs
avant que l'observation ne les eût démêlées, et qui a
indiqué à l'observateur, les régions du ciel où il
devait chercher des astres inaperçus (1). »

* *

Dès l'Antiquité, les fondateurs des sciences natu-

---

(1) Cournot, A.-A., *Essai sur les fondements de nos connaissances et
sur les caractères de la critique philosophique*, Paris, 1851, 2 vol.,
t. Ier, p. 82.

relles avaient reconnu, au moins partiellement, les grandes lignes du plan de l'organisation, dont la notion domine la connaissance de tout être vivant.

Les lois de l'organisation ont également préoccupé les philosophes. La plus complète et la plus vaste conception de l'organisation est contenue dans l'œuvre philosophique de Krause (1).

Dans le domaine des sciences naturelles, l'ouvrage le plus complet que je connaisse, au point de vue scientifique et historique des connaissances et des méthodes, est l'*Histoire naturelle générale des règnes organiques, principalement étudiée chez l'homme et les animaux*, par ISIDORE GEOFFROY SAINT-HILAIRE (2).

En se basant sur l'œuvre de Krause et sur les travaux d'Étienne et d'Isidore Geoffroy Saint-Hilaire, il me semble possible de commencer l'anthropologie et d'arriver, non seulement à la connaissance relativement exacte de la nature humaine, mais aussi à l'encyclopédie anthropologique ou classification naturelle des branches de l'anthropologie, telles que l'anatomie, la biologie, la physiologie, l'histologie et la psychologie humaines. Toutes ces sciences doivent s'unir systématiquement dans l'anthropologie, parce que toute connaissance ayant une partie de l'homme pour objet, est

(1) Voir KRAUSE, K. Ch. F., *Vorlesungen über das System der Philosophie*, Göttingen, 1828, et *Krause's Psychische Anthropologie*, herausgegeben von H. Ahrens, Göttingen, 1848.

(2) Paris, 1854, 3 vol. Cette œuvre capitale est malheureusement restée inachevée.

nécessairement du domaine de la science de l'homme.
Il en résulte que l'anthropologie doit embrasser la
totalité des points de vue sous lesquels la nature
humaine doit être considérée, en réunissant en un
seul faisceau, toutes les connaissances se rattachant
à l'organisation de la nature humaine, à sa vie, à
ses forces, à ses conditions internes et externes
d'existence et d'activité. En un mot, tous les faits
qui concernent l'homme envisagé, soit en lui-même,
soit dans ses rapports avec son milieu, sont du
domaine de l'anthropologie.

Ces quelques mots suffisent à faire apprécier le
caractère complexe d'un ouvrage qui traite de l'anthropologie proprement dite ou philosophique et de
la classification de toutes les sciences particulières
ayant directement rapport à l'homme. La coordination des sciences anthropologiques ayant respectivement pour objet un élément de la nature
humaine, doit être basée sur les connexions naturelles qui existent entre ces éléments : l'enchaînement logique des connaissances doit évidemment
se rapporter aux connexions organiques des objets
auxquels ces connaissances correspondent. « Le
caractère de toute doctrine vraie, c'est la parfaite
concordance entre ses diverses parties. Dans un
être vivant (nous prenons notre comparaison dans
notre sujet même), chaque organe est en raison des
autres ; d'où l'harmonie générale de l'être, condition
essentielle de sa vie. La science a aussi ses harmo-
nies nécessaires : toute doctrine dont les diverses
parties sont en désaccord, ne saurait durer, pas plus

que ne saurait vivre l'animal dont nous parlions tout à l'heure (1). »

Les limites des divisions et subdivisions logiques des sciences anthropologiques sont d'une complexité extrême et présentent de grandes difficultés aux savants, à cause des variétés si nombreuses et si compliquées des connexions organiques, dont les unes, directes, constituent de simples rapports de corrélation et de subordination organiques; mais dont les autres, et c'est le plus grand nombre, sont indirectes et ont entre elles des rapports organiques très compliqués; au sujet de ces dernières, il n'est guère possible actuellement que d'émettre des conjectures assez vagues, vu que beaucoup d'entre elles échappent encore à l'analyse. Aux systèmes organiques ou combinaisons naturelles des organes, établis par la nature, doivent nécessairement correspondre les classifications méthodiques faites par la science : dans toute œuvre scientifique, il s'agit simplement d'imiter la nature de l'objet que l'on s'est proposé de déterminer.

Les connaissances ayant l'homme pour objet doivent former un tout, un corps de doctrines, car le système des connaissances anthropologiques doit être dans la science ce que l'ensemble des propriétés et des organes de l'homme est en réalité, c'est-à-dire un organisme. Aussi, un des premiers progrès à réaliser, doit être d'établir la cohésion complète

(1) GEOFFROY SAINT-HILAIRE, ISIDORE, *Vie, travaux et doctrine scientifique d'Étienne Geoffroy Saint-Hilaire*, Paris, 1847, p. 359.

des diverses branches de la science de l'homme,
lesquelles doivent nécessairement se prêter un
mutuel appui, pour se coordonner en système. L'anthropologiste devra donc d'abord et surtout s'attacher à faire connaître l'homme dans l'unité de sa
nature et dans la corrélation et la subordination
de ses diverses propriétés, dans l'enchaînement et
la coordination des phénomènes biologiques qu'il
manifeste ; c'est-à-dire que l'homme devra être étudié dans l'ensemble et les relations organiques qui
lient *tout ce qui est* et *tout ce qui est produit* dans
la nature humaine, en tenant compte des phases
variées de son évolution, de l'état d'ovule à l'état
adulte, et de celui-ci à la vieillesse et à la mort.

L'anthropologie présente naturellement autant
de subdivisions, qu'il y a de points de vue différents sous lesquels l'organisme humain doit être
considéré. Faire la science de l'homme est donc
relier en même temps, par la méthode anthropologique, les diverses sciences de détail, qui nous sont
partiellement acquises et qui ont rapport soit au
physique, soit au moral de l'homme.

Quant à l'ethnologie et à l'ethnographie, ce sont
des sciences distinctes de l'anthropologie proprement dite ; l'une considère l'humanité au point de
vue des différentes races qu'elle comprend, pour
déterminer les caractères distinctifs de chacune
d'elles ; l'autre s'occupe de la distribution géographique des races (1. Il) ne nous est donc pas possible

(1) Voir Bulletin de la Société d'Anthropologie de Paris, t. XI, 2e sé-

de nous ranger à l'avis du savant professeur de Quatrefages, lorsqu'il affirme que « l'anthropologie a pour but l'étude de l'homme *considéré comme espèce*. Elle abandonne l'*individu matériel* à la physiologie, à la médecine; l'*individu intellectuel et moral* à la philosophie, à la théologie (1) ».

L'anthropologie telle que je l'entends a pour but de déterminer le type fondamental, dont la nature de chaque être humain, à quelque race qu'il appartienne, réunit les caractères essentiels d'une manière qui lui est propre, vu que toutes les variations individuelles oscillent et se rapprochent plus ou moins du type, en quelque sorte *idéal*, que l'anthropologie décrit. De même qu'en ethnologie on s'attache à décrire les types des différentes races humaines, de même en anthropologie proprement dite, on doit décrire le type humain lui-même, dont les différentes races ne sont que des variétés ; c'est l'homme en soi, le même dans toutes les situations, à toutes les époques et sous tous les climats, que l'anthropologie a pour but de faire connaître.

Faire un traité encyclopédique de toutes les connaissances relatives à la nature humaine, tel a été mon but. Pour l'atteindre, j'ai donné d'abord la notion de l'organisme humain, conçu dans son unité, qui est l'homme, le *moi*. J'ai ensuite déterminé les aspects fondamentaux sous lesquels l'homme existe,

rie, 1870, l'article de P. TOPINARD, *Anthropologie, ethnologie et ethnographie*, p. 199.

(1) DE QUATREFAGES, *L'Espèce humaine*, p. 18.

comme organisme corporel, apte à se développer, à
se nourrir, à se mouvoir, et comme organisme spirituel, capable de connaître, de vouloir, de souffrir,
d'aimer, enfin, comme organisme générateur, susceptible de perpétuer l'espèce humaine, dont il fait
organiquement partie.

Cette division fondamentale de l'anthropologie
est à peu près conforme à celle de mon savant
maître, le professeur Tiberghien, dans l'introduction de son traité de psychologie (1). J'ai cru devoir
renfermer dans la deuxième partie, qui est celle
consacrée à la détermination de l'homme moral et
de l'homme corporel, tout ce qui se rapporte à
l'esprit et au corps; j'ai réservé la troisième partie
à la détermination de l'homme considéré comme
être générateur, tandis que Tiberghien reste fidèle
à Krause (2) en consacrant la troisième partie à
l'union, aux rapports et aux influences de l'esprit
et du corps.

Sous quelque aspect que je considérerai l'homme,
je joindrai à la description de son essence, celle de
la force dont elle est pourvue et de la vie qu'elle
manifeste, en tenant compte des rapports d'existence et d'activité qui unissent l'homme au monde
extérieur. J'éluciderai et je compléterai ces notions
les unes par les autres, afin d'atteindre mon but,

(1) TIBERGHIEN, G., *La Science de l'âme dans les limites de l'observation*, 3e édit., Bruxelles, 1879.
(2) Voir KRAUSE, K. Ch. F., *Vorlesungen über psychische Anthropologie*, Göttingen, 1848, pp. 17-20.

qui est de connaître et de comprendre l'organisation de la nature humaine.

On me reprochera de n'avoir pas assez tenu compte des opinions contraires aux miennes, en les comparant et en les discutant. Ce reproche est d'autant plus fondé que ces opinions, quoique étant souvent contradictoires, ont cependant toutes une valeur relative, en ce sens qu'elles contiennent du vrai et du faux. En général, les savants de qui ces opinions émanent, ont étudié l'homme d'une manière exclusive, en s'attachant trop spécialement à telle des diverses faces de la nature humaine, face à laquelle ils assignent une place prépondérante, si toutefois ils daignent encore reconnaître les droits à l'existence des autres éléments fondamentaux de l'organisme. Tels sont les physiologistes de l'école matérialiste. D'après Beaunis, « la physiologie est la science de la vie » et « tous les phénomènes physiologiques ne sont que des phénomènes de mouvement et ne sont que des transformations de mouvements physico-chimiques (1) ». Et le droit, et la science, et la morale, et l'art, et la littérature, et la civilisation, qui, nous semble-t-il, entrent pour quelque chose dans la vie humaine, qu'est-ce donc ? sont-ce là *phénomènes de mouvement* et *transformations de mouvements physico-chimiques ?*

D'autres théories offrent le spectacle d'un excès

_____

(1) Voir BEAUNIS, H., *Nouveaux Éléments de physiologie humaine*, 2e édit., Paris, 1881, pp. 1 et 50.

opposé; selon elles, l'homme est avant tout un être moral, un esprit ou âme; le corps n'étant qu'un vêtement terrestre et provisoire, dépourvu d'importance.

Bien que n'ayant pas mentionné ces diverses opinions dans le cours de mon ouvrage, je les ai mûrement examinées pendant mes lectures. Ce travail patient et lent d'investigation, d'élaboration et de critique, il faudrait vingt volumes pour le décrire; de plus, en joignant de la critique à mon essai, j'avais à craindre longueurs et obscurités, double écueil que j'ai cherché à éviter autant que possible. Mon programme consiste à tout ramener à l'unité, à savoir : la variété des propriétés organiques à l'unité de la nature humaine, la multiplicité des phénomènes vitaux à l'unité de la vie, et la pluralité des forces de l'homme à la force vitale.

Plus l'anthropologie progressera, mieux les éléments hétérogènes que la nature humaine comprend seront saisis dans leur complète harmonie, et mieux les phénomènes d'ordres différents qu'elle manifeste apparaîtront liés entre eux dans la continuité de la vie. Toutes les connaissances anthropologiques s'uniront peu à peu, à mesure que la science de l'homme élargira le cercle de son domaine et en coordonnera toutes les parties. Les applications des mêmes lois apparaîtront de plus en plus étendues et de plus en plus générales, tant au point de vue de l'organisation de la nature et de la vie humaines, qu'à celui des rapports nécessaires de l'homme avec son milieu.

A titre provisoire, j'adopte la définition suivante : tel que nous l'observons, l'homme est un organisme vivant qui naît, évolue et meurt. Il est apte à recevoir l'impression de la Nature qui l'entoure, à se nourrir et à s'entretenir dans son état normal. D'autre part, l'homme est libre; il a conscience de lui-même et du monde extérieur; il se civilise et progresse, soit isolément comme individu, soit collectivement comme corps social. Il peut aussi rétrograder et déchoir. Arrivé par son évolution organique à l'état adulte, l'homme est apte à participer à la propagation de ses semblables.

Admettre que l'homme diffère à tous égards des autres êtres vivants, et même des animaux dont l'organisation se rapproche le plus de la sienne, ou, en général, que les espèces diffèrent essentiellement les unes des autres, voilà, j'en suis convaincu, une opinion qui s'impose de plus en plus.

Il a été reconnu par les naturalistes que la *méthode naturelle* ne permet pas de choisir un *groupe de caractères* pour servir de base à la classification des animaux. Il est indispensable, au contraire, pour arriver à une classification qui corresponde à la réalité, de tenir compte de *tous les caractères*. Il semble donc que les espèces diffèrent à tous égards les unes des autres et que l'homme est en tous points distinct de l'animal.

Cette opinion se concilie parfaitement avec cette autre : un organisme vivant peut varier soit de lui-même, soit par l'influence de sa manière de vivre, soit par l'influence du milieu dans lequel il vit, soit par l'influence combinée de ces facteurs, mais il ne peut varier que *dans les limites de l'espèce à laquelle il appartient;* ou, en d'autres termes, *la variabilité des espèces est enrayée par les caractères spécifiques essentiels.* Il en résulte qu'une espèce doit nécessairement disparaître lorsque sa nature n'est plus compatible avec les conditions de son habitat. N'est-ce pas là un fait d'observation ?

L'évolution elle-même nous donne un caractère distinctif de l'espèce humaine, en ce sens que l'homme étant plus ou moins maître de lui-même et de son milieu, a le pouvoir de modifier sa manière d'être et sa façon de vivre; son évolution est surtout individuelle, tandis que l'évolution des animaux, due aux influences extérieures, est plutôt spécifique.

Les apôtres du transformisme me font l'effet d'être les successeurs des alchimistes qui ont cru à la transmutation des métaux.

Si, dans la célèbre théorie de Darwin, il est suffisamment tenu compte de la distinction capitale qui existe entre la *variabilité* et la *transmutabilité* des espèces, l'une étant l'ensemble des modifications graduelles et successives ou évolution organique que subissent les espèces, et l'autre le passage lent ou brusque d'une espèce à une autre, on sera bien près de reconnaître que le darwinisme est édifié sur une hypothèse gratuite, à l'appui de laquelle aucun fait de transmutabilité spécifique, soit parmi

les plantes, soit parmi les animaux, n'a encore pu
être cité (1).

« On a, par exemple, beaucoup écrit pour ou
contre la *variabilité de l'espèce*. Or, d'après ce que
nous avons vu plus haut de l'accord des naturalistes
en ce qui touche la distinction de l'espèce et de la
race, il est évident qu'il y avait ici, au moins confusion de mots. En fait, tous les naturalistes, admettant l'apparition des variétés et la formation des
races, ont admis par cela même que l'espèce est
variable. Les partisans les plus absolus de l'*invariabilité*, Cuvier, Blainville, M. Godron, ne pensent pas
sur ce point autrement que Lamarck, les Geoffroy
Saint-Hilaire et Darwin. Nous verrons tout à l'heure
que les discussions entre ces maîtres de la science
portaient sur une question tout autre que celle de
la simple variation des types spécifiques, et que le
mot qui revient si souvent dans leurs controverses,
était très mal choisi, car il était fort loin de rendre
leurs idées réelles. C'est celui de *transformation*, ou
mieux de *transmutation*, qu'ils auraient dû employer.

« En réalité, tous les faits connus conduisent à
admettre que l'espèce, loin d'être *invariable*, est
essentiellement variable, en ce sens qu'il n'est pas
d'espèce animale ou végétale qui, placée dans certaines conditions, ne soit susceptible de donner
naissance à des variétés et à des races (2). »

---

(1) Voir DE QUATREFAGES, *L'Espèce humaine*, liv. II, VI et VII.
(2) *Encyclopédie* de DECHAMBRE, DE QUATREFAGES, au mot *Espèce*,
1re série, t. 36, p. 6, Paris, 1888.

La variabilité des plantes, des animaux et de l'homme est évidente, incontestable. La *sélection naturelle*, favorisée dans son action par des conditions de milieu, agissant dans un sens identique, doit donner comme résultat des écarts considérables, mais elle ne fait même pas entrevoir la possibilité de la transmutabilité spécifique qui, elle, me semble contredite par l'existence même des espèces actuelles et, en conséquence, est contraire aux lois de la Nature.

Je n'ai évidemment pas la compétence voulue pour discuter ces questions. Je me permettrai cependant d'émettre à ce sujet quelques réflexions générales et philosophiques. Je suis aussi éloigné d'admettre la transmutabilité des espèces, que de croire à une génération spontanée ou à une création d'êtres vivants.

Quels faits pourrait-on bien m'objecter, lorsque j'affirme, en vertu des lois de la génération, que les plantes, les animaux et l'homme, ne pouvant exister sans ascendants, ont nécessairement toujours existé?

Aristote ne croyait-il pas à l'éternité des êtres vivants lorsqu'il écrivait : « L'homme produit l'homme, la plante produit la plante, selon la matière qui fait le fond de chaque chose (1). »

L'aphorisme d'Harvey : *Omne vivum ex ovo*, cet autre de Virchow : *Omnis cellula è cellula* ne sont

---

(1) ARISTOTE, *Traité des parties des animaux et de la marche des animaux*, t. Ier, liv. II, chap. Ier, § 7, p. 71. Traduction Barthélemy Saint-Hilaire, Paris, 1885.

en réalité que des répétitions plus précises de l'opinion d'Aristote; celui-ci a appelé « fond de chaque chose » ce que nous désignons actuellement sous le nom de tissu organique.

Les histologistes et les biologistes ont incontestablement établi, que la génération spontanée et la création d'êtres vivants sont contraires aux lois fondamentales des organismes doués de vie. La recherche du point de départ, d'un commencement quelconque aux organismes vivants, me semble donc un problème dépourvu de solution; rappelons-nous l'aphorisme de Hume : « Rien de ce qui contredit l'expérience ou est en désaccord avec les lois de la Nature, n'est vrai. »

La croyance à un commencement de l'état de choses actuel, a donné lieu à plusieurs conjectures plus ou moins plausibles, empreintes à la fois du génie et de l'ignorance de leurs auteurs; les unes sont les diverses légendes religieuses relatives à la création du monde; les autres émanent de penseurs qui, semblables aux auteurs de ces légendes, ont confondu notre planète avec l'Univers. Ces croyances n'ont plus qu'un intérêt historique; il est évidemment impossible d'admettre l'existence d'une limite dans le temps, à une chose infinie en étendue, telle que l'Univers. D'autres suppositions ont été scientifiquement élaborées; tels sont l'hypothèse nébullaire, la génération spontanée et le transformisme.

Les partisans de l'hypothèse nébullaire admettent comme origine du système solaire, l'existence d'une masse gazeuse uniforme et les seules forces physiques qu'une pareille masse puisse posséder. La Terre, y compris sa flore, sa faune et l'humanité, n'aurait donc pas d'autre origine (1)!?

Cependant, il n'est pas impossible que la Terre, et même tout notre système solaire, n'aient qu'une durée limitée, puisqu'il s'agit ici de choses finies en étendue, dont le commencement et la fin ne seraient que des accidents locaux dans l'Univers infini. Resterait à expliquer la présence des êtres terrestres vivants!

La solution de ces différents problèmes de cosmologie me semble encore fort éloignée.

Je ne vois pourtant pas d'impossibilité manifeste, à ce que les êtres vivants soient répandus en nombre infini, dans l'étendue infinie de l'Univers, chaque faune étant en rapport avec la constitution de l'astre qui la contient; à sa formation, un astre contiendrait en puissance, l'évolution graduelle d'un monde limité qui pourrait disparaître sans affecter la constitution de l'Univers.

L. Agassiz croyait à la création; dans son célèbre ouvrage *De l'espèce et de la classification en zoologie*, qui est un véritable traité de philosophie de la Nature, il s'est arrêté « à l'idée d'un œuf primitif, ayant pour parent un acte de création (2) ».

Préoccupé des objections à faire à ceux qui proclament l'origine matérielle des êtres vivants,

---

(1) Voir Faye, H., *Sur l'origine du monde. Théories cosmogoniques des anciens et des modernes*, Paris, 1884.

(2) Paris, 1869, p. 16, note.

Agassiz écrit : « Il est un fait entièrement négligé,
ce me semble, par ceux qui admettent que l'action
des causes physiques a pu aller jusqu'à faire naître
des êtres organisés : c'est que partout on trouve les
types d'animaux et de plantes les plus divers dans
des circonstances identiques (1). » L'auteur reprend
ses objections de la façon suivante, page 18 : « Les
physiciens ont de ces forces une connaissance incontestablement plus complète que les naturalistes qui
rapportent aux agents physiques l'origine de l'organisation et de la vie. Eh bien, demandons aux physiciens si la nature de ces agents n'est pas spécifique, si leur mode d'action n'est pas spécifique?
Tous répondront par l'affirmation. Demandons-leur
encore si, dans l'état actuel de nos connaissances, il
est admissible que les forces physiques aient produit, à une époque quelconque, quelque chose
qu'elles ne dussent pas produire plus longtemps, et
s'il est probable que ce quelque chose ait été les
êtres organisés? Ou je me trompe fort, ou les maîtres
de cette branche de la science répondront unanime-
ment. Rien de cela n'est possible. » En effet, il est
expérimentalement démontré que toute cellule provient d'une cellule, et ce fait renverse aussi l'hypothèse d'Agassiz, relative à l'œuf primitif, ayant
pour parent un acte de création.

Il me semble donc simple et rationnel, étant
donné ce fait de sens commun : — tout être vivant a
des ascendants —, de croire à l'éternité de l'huma-

_____

(1) Paris, 1869, p. 14.

nité. Je n'ignore pas que cette affirmation auda-
cieuse est de nature à provoquer des protestations.
En effet, la croyance à un commencement de l'état
actuel de notre planète est une espèce de dogme,
religieux pour les uns et scientifique pour les
autres, mais inattaquable, de l'avis unanime; c'est
en quelque sorte une relique qu'ignorants et savants
vénèrent aveuglement et qui se perd dans les plus
lointaines traditions de l'humanité. Mais, plus nous
creusons le passé, mieux nous en apprécions les
débris, plus aussi s'éloigne de nous le point initial
de son origine; enfin viendra le moment où
l'étrange préjugé de croire à un commencement
de la vie et même du monde, sera si éloigné de
l'instant présent, qu'il se perdra dans l'infini du
passé. James Hutton, en écrivant dans sa célèbre
Théorie de la Terre : « Nous ne trouvons aucun
vestige d'un commencement, aucun présage d'une
fin (1), » me semble avoir pressenti une profonde
vérité.

Quant à Darwin, dans son célèbre ouvrage : *L'Origine des espèces*, il n'emploie pour ainsi dire que la
forme de raisonnement qui consiste à prétendre que
l'observation et l'expérience n'infirmant pas le
Transformisme, cette doctrine est nécessairement la
seule vraie ! Est-il besoin de faire remarquer combien cette façon de démontrer est décevante.

_____

(1) Vol. Ier, p. 200.

INTRODUCTION

---

§ 2. — La méthode anthropologique.

« Deux écueils m'ont toujours paru également
redoutables, dans l'étude de la structure des êtres
organisés : l'un, c'est de la concevoir *a priori* d'une
manière trop abstraite et trop générale, et de la
subordonner, ou à des analogies trop éloignées, ou à
des idées métaphysiques trop incertaines : c'est ce
qu'on peut reprocher à plusieurs de ceux qui dédai-
gnent l'étude des faits, pour ce qu'ils croient la philosophie de la nature. L'autre écueil est de ne voir
dans la structure des êtres que des faits isolés, et de
ne chercher à les lier par aucune théorie : c'est ce
qu'on peut reprocher à l'école des simples descrip-
teurs.

« La route de la vérité est, ce me semble, entre
ces deux extrêmes ; il faut ici, comme on l'a fait
dans toutes les autres sciences, coordonner les faits
particuliers par des lois d'abord partielles, qui peu
à peu, deviennent plus générales, et qui peut-être
deviendront un jour universelles. On peut ainsi
remonter, par la généralisation successive des faits,

jusqu'à des théories dont quelques-unes avaient été
entrevues par les philosophes, mais qui n'étaient
pas encore appuyées de preuves suffisantes; tout
comme de la connaissance des lois de l'organisation,
on peut descendre à l'examen des faits qui avaient
été vus par les observateurs, mais dont les connexions n'avaient pas été comprises. Je doute même
qu'on puisse faire quelques théories exactes si l'on
n'est pas nourri habituellement de l'étude des faits,
ni qu'on puisse faire des descriptions complètement
utiles, si l'on néglige en entier, les théories que ces
descriptions doivent éclairer (1). »

La méthode est l'ensemble des règles à suivre, non
seulement pour découvrir la vérité, mais aussi, le
cas échéant, pour en justifier la découverte par la
démonstration; la méthode judicieusement appliquée, permet d'atteindre un double but, découvrir
et démontrer.

Avant d'aborder la méthode anthropologique et
d'examiner chacun des procédés méthodiques spéciaux qu'elle comprend, il y a lieu de signaler la
distinction, si bien reconnue par les mathématiciens, qui existe entre les procédés d'investigation
ou de découverte et les procédés de vérification ou
démonstratifs. Le but des premiers est de nous
révéler l'existence et de nous faire connaître la
nature des choses, leurs lois, les rapports qu'elles
ont entre elles, les phénomènes qu'elles mani-

(1) DE CANDOLLE, A.-P., *Organographie végétale*, Paris, 1844, t. Ier,
p. VI.

festent, et ainsi de suite; le but des seconds est de nous mettre à même d'apprécier la valeur des résultats obtenus au moyen des premiers.

La démonstration n'est autre chose que la vérification du résultat d'une investigation. Elle a donc exclusivement pour but de dissiper le doute, lorsque la valeur objective d'une connaissance n'est pas évidente en elle-même; démontrer consiste à faire comprendre que ce qui a été reconnu, soit par voie analytique, soit par voie synthétique, est exact ou ne l'est pas.

L'homme qui se livre à l'investigation scientifique, est aux prises avec l'objet qu'il veut connaître, c'est-à-dire avec une chose quelconque; tandis qu'en cherchant à vérifier un résultat obtenu, l'intelligence scrute le produit de l'investigation, c'est-à-dire la connaissance, dont il s'agit de reconnaître la valeur objective.

Les procédés d'investigation sont l'analyse et la synthèse; le procédé de vérification, la démonstration.

Au moyen de l'analyse, l'objet est reconnu en lui-même, d'une façon abstraite, puisque nous l'isolons dans la pensée, comme s'il était seul à exister.

Au moyen de la synthèse, l'objet est apprécié dans ses rapports naturels avec quelque autre objet, préalablement reconnu, et dont l'existence implique la sienne et la détermine.

L'existence et la nature d'un objet nous sont indirectement révélées, par l'emploi de la méthode synthétique d'investigation; tandis que le procédé

analytique nous fait connaître directement, c'est-
à-dire sans l'intermédiaire d'aucun autre objet,
l'existence et la nature de celui que l'on considère.

Dans l'emploi du procédé méthodique démonstratif, la connaissance à vérifier étant elle-même
l'objet à reconnaître, en tant qu'on s'efforce d'en
établir la valeur objective, il en résulte que pour
vérifier, nous disposons de deux moyens : la
démonstration expérimentale ou analytique, et la
démonstration rationnelle ou synthétique ; l'une,
basée sur des faits, produit la certitude relative ou
particulière ; l'autre, déduite de lois générales
préalablement reconnues exactes, produit la certitude absolue ou générale. Tels sont les deux procédés méthodiques pour démontrer la vérité du
théorème du carré de l'hypothénuse. L'un consiste
à mesurer le carré de l'hypothénuse, ceux des deux
autres côtés d'un triangle rectangle donné et à
constater que la somme de ces deux carrés égale
celui de l'hypothénuse. Ces opérations constituent
une démonstration expérimentale ou analytique,
qui n'est strictement valable que pour le triangle
en question ; la certitude qui en résulte est donc
relative ou particulière à ce triangle. L'autre procédé de vérification consiste à démontrer d'une
façon rationnelle ou synthétique, que le carré de
l'hypothénuse égale la somme des carrés des deux
autres côtés d'un triangle rectangle quelconque.
Cette démonstration fournit en conséquence la
preuve qu'il en est de même de tous les triangles

rectangles, sans aucune exception, tandis que la démonstration expérimentale ne vaut que pour le triangle dont les carrés des côtés ont été mesurés. La certitude qui résulte de la démonstration rationnelle est donc absolue ou générale.

————

INTRODUCTION

---

§ 2. *a.* — L'analyse.

I. — L'OBSERVATION ET L'EXPÉRIMENTATION.
L'OBSERVATION INTERNE ET L'OBSERVATION EXTERNE.
LES LIMITES DE L'OBSERVATION.

L'analyse consiste à reconnaître les choses en elles-mêmes; ce procédé d'investigation comprend l'observation et l'expérimentation, l'inférence, la généralisation et la classification.

L'observation constate l'existence des choses en fait et se rend compte de la nature particulière à chacune d'elles.

Après avoir constaté un fait, ce qui semble simple et facile à l'observateur bénévole qui n'a pas encore pris garde aux multiples dangers d'errement qui l'entourent, il reste, chose fort délicate, à tirer la valeur scientifique de l'observation exactement et méticuleusement opérée; pour atteindre ce but, le fait doit être dégagé de ses apparences et des influences qu'il subit, afin de pouvoir être saisi dans sa pure réalité.

Au moyen de l'observation, nous constatons directement les faits, sans qu'il nous faille tenir compte de leurs relations.

Voyons ce que l'on doit entendre en anthropologie par constater les faits. « Et qu'est-ce qu'un fait biologique ? Un *résultat* seulement *individuel*, vrai peut-être du seul individu chez lequel on le constate, et seulement dans l'instant où on le constate (1). »

Le terme *résultat* employé par Isidore Geoffroy, laisse apparaître qu'il donne au terme *fait* un sens trop restreint, en ne l'appliquant qu'aux phénomènes biologiques, à l'exclusion de la nature ou plus simplement de l'organe de l'être qui produit ces phénomènes. Cependant l'observation n'est pas limitée aux phénomènes ; elle porte encore sur la nature des choses, en nous faisant connaître leurs propriétés ; elle nous révèle non seulement les phénomènes que les choses réalisent dans l'espace et dans le temps, phénomènes dont leur nature est le siège, mais elle nous fait connaître aussi ce que les choses sont, c'est-à-dire leur nature particulière et chacune de leurs propriétés prises séparément, fût-ce même abstraction faite de la vie ou d'un phénomène quelconque.

Au moyen de l'observation, nous pouvons constater les *faits-effets* (résultats, phénomènes, actes, vie) et les *faits-nature* (propriétés, organes, êtres);

---

(1) Geoffroy Saint-Hilaire, Is., *Histoire naturelle générale*, t. Ier, p. 373.

ceux-ci interviennent comme causes dans la production des phénomènes; cela revient à dire, que
par l'observation nous pouvons connaître la nature
et la vie de l'homme, l'anatomie et la physiologie
humaines, l'intelligence et ses productions, la
liberté et ses actes.

En anthropologie, le *fait-effet* est un phénomène
quelconque de la vie humaine, tandis que le *fait-
nature* est l'homme lui-même ou un des éléments
organiques de sa nature.

Non moins importante, cette distinction dans
l'analyse de l'esprit humain. En effet, l'observation
interne psychologique nous révèle non seulement
l'état de notre âme, c'est-à-dire ce que nous voulons, ce que nous pensons, ce que nous éprouvons,
et ainsi de suite, mais aussi les propriétés et les
facultés de l'esprit humain : l'identité personnelle,
l'intelligence, le sentiment, la liberté.

Nos pensées, nos émotions et nos volitions sont
éminemment fugitives et variables, tandis que nos
facultés, bien que se développant durant la vie,
ont cependant une face stable, probablement la
même chez tous les hommes. En observant les
facultés, on obtient donc tout autre chose qu'un
« *résultat* seulement *individuel*, vrai peut-être du
seul individu chez lequel on le constate, et seulement dans l'instant où on le constate ».

Je reprendrai ces questions dans le livre III, en
m'occupant spécialement de l'esprit humain.

Dans le premier ordre de faits (effets), après avoir
exploré le vaste domaine de la biologie anthropolo-

gique, science de tous les phénomènes dont la
nature humaine est le siège, et dont l'ensemble
est la vie, il faut recueillir le plus grand nombre
possible de ces phénomènes. Ensuite, on les examine, on les compare, on les généralise, on les
classe, afin d'arriver par eux à la connaissance des
fonctions vitales. Chacune de celles-ci comprend une
série de phénomènes similaires. La fonction est
ainsi une expression générale, dont certains phénomènes sont tous des cas particuliers ; de la similitude de ceux-ci, on infère l'unité de la fonction.

L'observation de certaines catégories de phénomènes se complète par l'*expérimentation* : procédé
méthodique qui consiste à analyser des phénomènes
produits dans des conditions réglées à l'avance par
l'expérimentateur, et à suivre les phases de l'action
des causes génératrices et des conditions de ces
phénomènes mis en œuvre par lui.

Dans le second ordre de faits (nature), on procède
d'une façon analogue, et par la généralisation des
faits particuliers qu'on a observés, se découvre le
type de la nature de l'être ou de l'élément organique en question. Dans ce cas, le but de la généralisation est de faire disparaître toutes les particularités individuelles, caractérisant chacun des
individus observés, soit dans leur ensemble, soit
dans un de leurs organes.

Il est indispensable de multiplier les observations
sur un grand nombre d'individus ; plus augmente
le nombre des faits observés, plus aussi la moyenne
obtenue par leur généralisation se rapproche du

type de l'individu ou de l'organe dont on a observé
des exemplaires. Non seulement les erreurs qui
peuvent vicier quelques observations s'affaiblissent
à mesure que grandit le nombre des faits observés,
mais les caractères individuels, propres à chacun
de ces faits, disparaissent de plus en plus et leurs
caractères généraux ressortent davantage.

La valeur d'une loi expérimentalement obtenue
est donc en proportion directe du nombre des cas
particuliers dont elle est l'expression générale;
généralisation indispensable surtout, comme complément et correctif de l'observation des faits
anthropologiques, relatifs à l'organisme corporel et
à ses manifestations vitales.

En effet, un genre particulier de difficultés, est
inhérent à l'observation de l'homme, des animaux
et des plantes, parce que les résultats ainsi obtenus
portent non seulement l'empreinte du caractère
propre à chacun des individus observés, mais ils
peuvent en outre se ressentir de variétés de races et
même de cas exceptionnels, d'anomalies. Il est donc
indispensable de généraliser, afin de faire disparaître tous ces caractères particuliers.

Autre chose est de l'observation des corps bruts,
telle qu'elle se pratique par les physiciens et les
chimistes; sur quoi portent leurs analyses? Sur des
corps dont la nature et les manifestations restent
toujours et partout les mêmes, leurs conditions
d'existence étant identiques. Un fait physique ou
chimique, scientifiquement constaté, est donc directement acquis à la science, parce que général;

mais il n'en est pas de même en anthropologie, en zoologie et en botanique, où la plupart des faits relatifs à ces sciences sont *individuels*; ils ne se produiront peut-être qu'une seule fois, dans le seul individu observé; en négligeant la généralisation, on court danger d'aboutir à la connaissance d'un homme, par exemple, non à la science de l'homme.

Nous venons de comparer les faits biologiques aux phénomènes physiques et chimiques, qui cependant sont aussi modifiés selon les conditions extérieures, telles que la température; la nécessité de cette distinction entre le *fait individuel* et le *fait général* devient plus apparente encore, lorsque les faits biologiques sont comparés aux axiomes et aux théorèmes mathématiques; car partout et toujours ceux-ci restent les mêmes, c'est-à-dire qu'ils sont absolument indépendants des conditions extérieures de leur existence, tandis que le fait individuel est essentiellement variable sous tous les rapports.

Les considérations qui précèdent relatives à la nécessité de la généralisation, nous permettent de signaler combien sont conjecturales les conclusions auxquelles on en est arrivé actuellement, dans la détermination des différents types de races préhistoriques.

Dans le but d'établir la fragilité des résultats obtenus par certains craniologistes, en ce qui concerne la forme du crâne de l'homme quaternaire en général, il y a d'abord à prendre en considération, l'extrême rareté des crânes quaternaires d'une authenticité incontestable; il y a lieu de se deman-

der ensuite, si les crânes quaternaires qui sont parvenus jusqu'à nous, n'ont pas été préservés de la
destruction par suite de leur épaisseur exception-
nelle; enfin, et ceci est l'argument décisif en faveur
du rejet de la généralité donnée à leurs conclusions
par ces craniologistes, rien ne prouve, ne permet
même de supposer, qu'à l'époque des hommes de
Spy, dont les crânes, d'une authenticité incontestable, existent encore, certaines régions éloignées
n'étaient pas occupées par une race humaine, beaucoup plus rapprochée de la nôtre sous tous les
rapports, qu'elle ne l'était de la race de ces quaternaires de Spy.

Chose bizarre, on trouve encore actuellement
parmi nos nationaux, en infime minorité, des
hommes au crâne semblable à ceux de Spy.

Il est évident que les différentes races humaines
ont entre autres caractéristiques, celle d'une forme
particulière de crâne ; mais, il me paraît non moins
certain que la forme du crâne n'a jamais pu être
un des caractères d'une époque géologique.

Que constatons-nous de nos jours? N'existe-t-il
pas actuellement des races plus ou moins civilisées
en Europe, alors que des infortunés, offrant non
seulement une frappante analogie de mœurs, de
coutumes, d'outillage avec nos hommes quaternaires, mais ayant aussi des crânes plus ou moins
différents des nôtres, végètent misérablement en
Australie, à la Terre de Feu et dans les régions
boréales?

Il semble donc tout au moins imprudent de soutenir, d'une façon générale, comme cela n'est fait que trop souvent par plusieurs de mes savants confrères, que l'homme quaternaire eût le crâne de forme néanderthaloïde (1).

Dès qu'un nouveau phénomène a été constaté, il est indispensable de savoir *par quoi, comment* et *dans quelles circonstances* il s'est produit.

Pour atteindre ce but, il est indispensable de noter exactement toutes les circonstances qui se rattachent à ce nouveau fait, le lieu, le temps et les conditions dans lesquels il a été observé. Il devient alors possible, soit de le reproduire et d'en découvrir la cause, soit de le généraliser pour en connaître la loi.

En général, dans l'observation d'un fait, il faut tenir compte de sa nature, en ce qu'elle a de général et de particulier, et des rapports de ce fait, soit avec sa cause, s'il s'agit d'un phénomène, soit avec sa raison d'être, qui est généralement son milieu ambiant, s'il s'agit d'un organisme vivant ou d'un de ses éléments.

De ce que les organismes vivants réagissent d'une manière spéciale, voire même individuelle, dans certains cas, vis-à-vis des agents extérieurs, ne résulte pas que la méthode expérimentale soit inapplicable dans l'étude de certaines catégories de phénomènes biologiques, loin de là. Dans l'orga-

---

(1) Voir *Les Limites de l'observation.*
Idem DE MORTILLET, G., *Le Préhistorique. Antiquité de l'homme,* 2ᵉ édit., Paris, 1885, pp. 227-252.

nisme vivant se réalisent tous les phénomènes d'ordre inorganique et d'ordre organique diversement combinés. Il est donc évident que plus on se rapproche des phénomènes inorganiques, plus la méthode expérimentale trouvera d'applications favorables ; mais, plus on s'éloignera de cet ordre de phénomènes et moins son application se trouvera justifiée.

Dans la détermination des plus hautes manifestations de la vie humaine, qui sont les actes conscients et libres, l'emploi de la méthode expérimentale, tel que l'entend Cl. Bernard, conduirait à d'absurdes conséquences, parce que les *êtres vivants sont sous certains rapports indépendants des influences du monde extérieur, et que toutes leurs fonctions ne sont pas constamment liées à des conditions qui en règlent l'apparition d'une manière déterminée et nécessaire* (1).

Quelques exemples nous aideront à mieux faire apprécier la distinction que nous avons établie entre les deux ordres de *faits :* phénomènes et organes, dont il a été question.

L'observation et la généralisation des phénomènes intellectuels nous donnent, entre autres, les connaissances relatives aux *fonctions* de l'intelligence humaine, faculté dont l'existence est directement révélée à chacun, lorsqu'il s'observe lui-même. La constatation et la généralisation des phéno-

---

(1) Comparez Cl. BERNARD, *La Science expérimentale*, Paris, 1878, p. 41.

mènes intellectuels ont donc spécialement pour but, non pas de nous révéler l'existence et la nature de l'intelligence, mais de nous faire connaître *ce dont cette faculté est capable*, en nous basant sur la nature des effets qu'elle produit pendant le cours de la vie. Il en est de même des fonctions de l'estomac. En effet, l'anatomiste décrit cet organe après en avoir observé un nombre suffisant. Mais ce procédé d'investigation est inefficace, pour déterminer les fonctions de ce viscère; celles-ci nous resteraient inconnues si le physiologiste ne pouvait observer des phénomènes de la digestion stomacale et les généraliser. La connaissance de ces fonctions peut être complétée tous les jours, par la découverte de phénomènes relatifs à la digestion, alors que la nature de l'estomac, comme organe, nous est déjà complètement connue.

Les expériences, de toute nécessité dans les sciences biologiques, ayant pour objet l'étude des phénomènes vitaux, permettent de signaler, une fois de plus, la différence entre le *fait-phénomène ou effet* et le *fait-nature ou cause*. Que serait la physiologie, science de la vie corporelle, sans la méthode expérimentale, alors que cette méthode ne trouve aucun emploi dans l'anatomie, science de la nature du corps? Dans le domaine de celle-ci, on a exclusivement recours à l'observation des *faits-nature*, en partie causes des phénomènes qu'on étudie en physiologie.

Il n'est pas indispensable d'entamer la discussion des procédés spéciaux d'observation et d'expérimentation, au moyen desquels ont été obtenus les matériaux scientifiques de divers ordres, formant la partie analytique de mon travail. Le cadre de l'anthropologie est si vaste avec les diverses sciences qu'elle comprend, toutes si distinctes les unes des autres, que plusieurs de ces sciences nécessitent l'emploi de procédés analytiques particuliers, exigeant des études spéciales et approfondies. Je me contenterai d'indiquer les grandes lignes de l'analyse anthropologique, comme il convient au point de vue général, où je me trouve placé.

En règle générale, les *faits-phénomènes* doivent être constatés au moyen d'appareils enregistreurs, appropriés à la nature particulière de chacun d'eux; toutes les circonstances relatives à l'espace et au temps doivent être notées de façon que chaque fait puisse être cité avec preuves à l'appui.

Quant aux *faits-nature*, on réunit le plus de documents possible, afin de pouvoir justifier suffisamment les appréciations portées.

Les limites naturelles de l'observation sont *l'espace* et le *temps*. L'observation des organismes vivants et des phénomènes biologiques est particulièrement affectée par ces limites. Au sujet des faits qui les concernent, un savant avisé ne se prononce que sous forme de jugements particuliers, en mentionnant scrupuleusement toutes les circonstances relatives au moment et au lieu de leur découverte. Que vaut la constatation d'un fait, en histoire naturelle, si toutes les circonstances relatives à sa localisation dans l'espace et dans le temps n'ont pas été soigneusement relevées, et si les précautions les plus minutieuses n'ont pas été observées afin de surprendre en quelque sorte l'être vivant à l'état de nature, dans son milieu normal? Personne, par contre, n'a jamais songé à circonscrire les découvertes successivement faites des éléments chimiques et de leurs réactions en des aires définies de la surface du globe ou de l'écorce terrestre, à une date ou même à une époque déterminée.

Le champ d'observation à explorer au moyen de nos cinq sens, est limité *en petit* et *en grand*. En ce qui concerne l'observation visuelle, par exemple, remarquons d'abord que trop de lumière nous éblouit et qu'une clarté insuffisante équivaut pour nous à une obscurité quasi complète; en ce qui concerne l'observation auditive, il y a lieu de tenir compte de la limite des sons perceptibles; on sait qu'un mouvement vibratoire ne provoque pas la sensation du son, lorsque les vibrations sont trop lentes ou trop rapides. La quantité de la sensation apporte donc aussi des limites à l'observation.

L'observation sensible externe est limitée, pour chacun de nous, à la portée de ses sens; la vue, par exemple, est impuissante à atteindre les objets qui ne se trouvent pas dans le champ d'observation.

Cependant l'intelligence humaine n'est pas confinée dans les limites du milieu ambiant de l'organisme corporel, l'homme est doué de raison; il possède une faculté réceptive ou objective qui lui

révèle l'existence de choses supra-sensibles, telles
que la Nature considérée dans son unité infinie;
cette idée d'infini est incontestablement hors de
la portée des sens et de la variabilité permanente
de nos impressions sensibles (1).

Remarquons que l'expression *champ d'observation*
manque de précision. En effet, le champ d'observation varie non seulement d'un sens à un autre, mais
la portée de la vue, par exemple, diffère notable-
ment d'individu à individu (myopes et presbytes).
Chacun de nous est au surplus doué d'une vision
qui lui est personnelle.

Outre cela, il y a lieu d'insister sur le fait que
certains corps, situés bien au delà de notre champ
d'observation, émettent une lumière tellement puissante, qu'il nous est possible de la percevoir : se
trouvent dans ce cas les étoiles visibles à l'œil nu.
Ce ne sont donc pas ces étoiles elles-mêmes que
nous percevons et que nous observons au moyen de
l'œil, mais en réalité la lumière émise par elles.
« Une planète qui présente, à la simple vue, à peu
près le même éclat qu'une étoile, se montre sous
un tout autre aspect que l'étoile, lorsqu'on les
regarde l'une et l'autre au moyen d'une lunette. La
planète paraît ordinairement sous la forme d'un
petit disque arrondi, quelquefois sous la forme
d'une portion seulement d'un pareil disque. Si l'on
augmente le grossissement de la lunette, en lui
adaptant un autre oculaire, les dimensions du

---

(1) Voir liv. III, chap. III, § 1er, *a*, *b*, *c*.

disque augmentent en conséquence. Le même genre d'observation étant appliqué à l'étoile, le résultat obtenu est tout différent : l'étoile ne paraît jamais avoir des dimensions appréciables. De plus, la largeur qu'elle semblait avoir, à la simple vue, disparaît de plus en plus, à mesure qu'on emploie un plus fort grossissement pour l'observer; les plus fortes lunettes ne la font jamais voir que comme un point brillant.

« Cette différence d'action des lunettes sur une étoile et sur une planète, tient à ce que la planète est beaucoup moins éloignée de nous que l'étoile. Les lunettes nous font voir la planète avec des dimensions de plus en plus grandes, à mesure que le grossissement est plus fort, ce qui est tout naturel. Tandis que l'étoile est tellement éloignée de nous, que le grossissement des lunettes qu'on emploie ne peut pas rendre ses dimensions sensibles. Un grossissement de 1,000 produit, sous le rapport de la grandeur apparente de l'étoile, le même effet que si nous la regardions à l'œil nu, en nous plaçant à une distance mille fois plus petite que celle qui existe entre elle et nous : or, cette distance mille fois plus petite, serait encore tellement grande, par rapport aux dimensions réelles de l'étoile, qu'elle nous paraîtrait toujours comme un point (1). »

De la limitation de la vue résulte qu'en nous éloignant d'un objet, les détails de sa structure

---

(1) DELAUNAY, CH., *Astronomie*, Paris, 1853, p. 113.

deviennent graduellement moins perceptibles, ses dimensions paraissent diminuer, jusqu'à ce qu'enfin l'objet lui-même échappe à la vue. Le ballon qui s'élève le soir a bientôt disparu. Cependant, s'il s'enflammait, la lumière ainsi produite pourrait encore être perçue par nous, dès qu'en se propageant, elle aurait atteint la limite de la portée de notre vue.

Telle est précisément notre situation par rapport aux étoiles; leur éloignement les met tellement hors de la portée de notre regard, que nous n'en percevons que la lumière.

Il existe en conséquence une différence capitale entre les sensations visuelles qui nous sont données par l'observation macroscopique; les unes résultent de la perception des objets au moyen de notre regard; elles nous procurent la connaissance de leur forme, de leurs dimensions, de leur structure, et les autres sensations résultant de quelque phénomène produit par ces objets, sont perçues sous forme de lumière, ainsi en est-il des étoiles. Certains de ces phénomènes, grâce à leur puissante intensité, peuvent se propager jusque dans les limites de notre regard, alors que l'astre qui en est la source, se trouve bien au delà de notre champ d'observation.

Pour être réellement perçus par nous, les objets doivent donc se trouver dans le champ d'observation de notre vue, c'est-à-dire être à la portée de *notre regard;* dans ce cas, nous percevons, comme c'est le cas pour certaines planètes et surtout pour la lune, une sensation lumineuse en même temps que l'image de l'astre observé.

Les astronomes ont divisé les étoiles en deux catégories : celles qui émettent une lumière assez puissante pour que nous puissions la percevoir sont dites *visibles à l'œil nu*, et les autres, *invisibles à l'œil nu*. En réalité, nous ne voyons pas d'étoiles, puisque nous ne percevons que leurs effets lumineux.

Il en est de ces effets lumineux comme de certains phénomènes acoustiques; nous pouvons entendre un son, sans être en état de percevoir et d'observer l'objet dont il émane; la source du bruit peut ne pas être à la portée de nos sens, quoique notre oreille soit affectée par ses vibrations.

Ainsi donc l'observation sensible externe nous donne deux genres de perception; l'un comprend les sensations dues à certaines propriétés essentielles d'un objet, telles que la structure, la forme, les dimensions; l'autre comprend les sensations de phénomènes, tels que la lumière des étoiles et le son des cloches. C'est la distinction du *fait-cause* ou propriété et du *fait-effet* ou phénomène (1). Dans le premier cas, la perception de l'objet a réellement lieu ; nous pouvons même compléter la connaissance que nous en donne la perception directe, au moyen de la vue, en le palpant, en le défaisant, en le brisant afin d'en apprécier la structure interne, en l'analysant, pour en connaître la composition chimique,

_____

(1) Voir pp. 46 et suiv.

et ainsi de suite. Dans le second cas, au contraire, la perception de l'objet n'a pas lieu : nous ne saisissons qu'un phénomène, ou même parfois, l'effet de l'action de l'objet en question sur son milieu ambiant; nous ne percevons donc alors que les conséquences d'un phénomène, d'une durée plus ou moins longue, dont l'objet est ou a été le siège, sous forme d'ondes sonores ou lumineuses; mais la perception de certaines propriétés de l'objet n'a pas lieu, comme lorsque nous le voyons ou que nous le touchons.

A ce sujet, je me permettrai de signaler une inférence, dont les conséquences m'ont toujours paru tellement étranges, qu'à mon avis, elle est due à une méprise.

La lumière traversant l'espace céleste à une vitesse de 77,000 lieues à la seconde, il semble logique à quelques savants d'en inférer que l'observation actuelle ne nous donne que la connaissance de l'état passé des astres, en proportion de la distance qui les sépare de la Terre. L'éclatante lumière de Sirius, par exemple, mettant douze années environ pour arriver à notre planète, nous verrions en réalité cette étoile, telle qu'elle était il y a douze ans et, onze années après sa disparition, elle pourrait encore être observée de la Terre.

Imbu de cette opinion, un savant, assez fantaisiste, il est vrai, M. C. Flammarion, l'a enjolivée de ses conséquences les plus invraisemblables. « Si nous supposions un instant qu'un vieillard mort en 1865, se soit trouvé subitement transporté sur

cette étoile » (Capella, dont la lumière met environ
72 années pour arriver jusqu'à la Terre) « et qu'il
pût voir la Terre de là, et distinguer sa surface,
il aurait revu l'Europe de 1793. Une imagination
guidée par la saine physique, pourrait ériger sur
ce fait, le plus ingénieux des romans, attendu que
le dit vieillard, observant la France, pourrait fort
bien revoir son pays natal, ses parents, — *et lui-
même!* — tel que se trouvait le spectacle de son
village au moment où est parti le rayon lumineux
qui lui arrive (1). »

Supposons que tous les organes de M. Flammarion aient une portée suffisante pour atteindre les
habitants de *Capella* et qu'il se plaise à admirer
une ravissante jeune fille de dix-huit ans, folâtrant
dans « un pré fleuri », qu'il en devienne amoureux
et qu'il l'embrasse! Prendrait-il une grand'mère de
quatre-vingt-dix ans dans les bras, parce que la
lumière met soixante-douze années pour parvenir
de Capella jusqu'à la Terre?

Lorsque je me trouve devant un miroir, le dos
à une fenêtre, d'où s'aperçoit un horizon assez
étendu, et qu'après m'être admiré, je dirige, en
conservant la même position, mon regard vers l'horizon réfléchi par le miroir, j'éprouve la sensation
de l'accommodation de l'œil, pendant que la portée
de mon regard est modifiée, et ce n'est qu'après
l'accomplissement de cette modification, que je

_____

(1) FLAMMARION, C., *Contemplations scientifiques*, Paris, 1870,
p. 256.

serai en état d'atteindre, de percevoir et d'observer un point de cet horizon.

Si, après s'être placé devant ce miroir de façon à voir clairement son image, un homme atteint de myopie fait la même expérience, il lui arrivera, l'objet mis en observation étant suffisamment éloigné de lui, de constater qu'il ne le voit pas. Supposons que cet objet soit un foyer de lumière ; j'infère de l'expérience, non pas que cette lumière n'arrive pas jusqu'à nous, puisque je la perçois, mais que le regard du myope ne parvient pas jusqu'à elle. Nos regards sont donc réfléchis par le miroir et seul le mien, grâce à l'étendue de sa portée, parvient jusqu'à l'objet.

Si l'objet seul était réfléchi et non pas nos regards, le myope et moi, qui suis doué d'une vue excellente, ne l'aurions-nous pas tous les deux sous les yeux, à la surface du miroir ? De plus, dans ce cas, l'accommodation de l'œil ne devrait pas être modifiée, pour apercevoir le susdit objet après que nous aurions regardé notre image ; aucune modification des yeux ne pourrait donc être ressentie ; or l'expérience prouve que la sensation de l'accommodation de l'œil est incontestable, lorsque l'on passe, sans fermer les yeux, de l'observation d'un objet rapproché à celle d'un objet éloigné.

Pour apercevoir l'objet dans la position qu'il occupe devant le miroir, le myope devra employer des jumelles, mises au point en tenant compte de la distance qui le sépare de l'objet et non pas du miroir. Il est évident que les proportions d'objets

mis en observation au moyen d'instruments tels
que les lunettes, les télescopes et les microscopes,
ne sont nullement modifiées par ces instruments;
ce n'est que l'intensité de notre regard qui seule
est modifiée par eux, en portée ou en pénétration.

En regardant, nous ne percevons pas tous les
objets dont la lumière arrive jusqu'à notre œil, mais
ceux seulement jusqu'où la pénétration et la portée
de notre vue nous permettent d'atteindre; s'il n'en
était pas ainsi, tous les hommes verraient également bien.

L'œil n'est pas un organe exclusivement passif,
apte seulement à recevoir l'action des objets extérieurs; le regard est doué de spontanéité et d'initia-
tive; grâce à l'intervention de l'intelligence et de la
volonté, il cherche avec attention et distingue ce
que nous voulons voir et scruter, en raison de la
portée et de la pénétration de la vue.

Ce qui prouve à l'évidence que le regard ne met
pas plus de temps à saisir les objets éloignés que
les objets proches de nous ou qu'il est indépendant
de la vitesse de la lumière extérieure, c'est qu'en
nous trouvant subitement devant un vaste horizon,
nous n'en percevons pas successivement les détails,
en proportion de la distance qui les sépare de nous
et eu égard à la vitesse de la lumière qu'ils émettent; mais tous les objets terrestres et célestes,
situés dans *notre* champ d'observation, sont perçus
en une fois, au même moment.

Les limites du champ de l'observation visuelle
ont été étendues artificiellement, en ce qui concerne

la perception des petits objets, au moyen du microscope, et, pour les objets éloignés, au moyen du
télescope. Bien que ces limites puissent être constamment agrandies, par suite de perfectionnements
apportés à la construction des microscopes et des
télescopes ou grâce à l'invention de nouveaux
instruments, l'étendue observable de notre milieu
ambiant sera nécessairement toujours limitée parce
que la Nature est infinie en continuité et en divisibilité.

L'observation est aussi limitée à l'instant présent.

Le passé ne lui est plus directement accessible;
nous ne pouvons l'étudier qu'en interprétant actuellement les connexions organiques, les traces, les
débris, les traditions, les relations et les souvenirs
laissés par les êtres et les phénomènes passés (1).

D'autre part, l'avenir n'est pas à la portée de
l'observateur.

Quant à l'observation interne, son nom l'indique
suffisamment, elle est limitée à notre propre nature,
au moment présent et à l'état de conscience.

Examinons maintenant les diverses applications
de la méthode d'observation en anthropologie.

Pour faire la science de l'homme, il y a lieu de
recourir à l'*observation interne* et à l'*observation
externe.*

L'observation interne ou individuelle est celle
qui a exclusivement pour but de nous faire connaître *notre propre nature, notre vie, nos forces.*

---

(1) Voir Introduction, § u, u, *La Méthode d'investigation par inférence.*

Elle se divise en *observation individuelle psycho-logique*, qui a pour domaine la nature et les manifestations de *notre esprit*, et en *observation individuelle sensorielle*, qui nous permet, grâce à certaines sensations internes, d'apprécier la nature et surtout l'état de notre organisme corporel, au moins dans certaines limites. La *sensibilité interne* comprend l'ensemble des sensations que chacun est seul capable d'apprécier par lui-même et pour lui-même; telles la faim, la soif, la douleur, la jouissance, la fatigue, la chaleur, etc., ainsi que toutes les sensations qui accompagnent les diverses maladies dont nous sommes susceptibles d'être affligés.

L'observation sensorielle externe est celle qui se fait dans les limites de la portée de nos cinq sens.

Aucun de nos sens ne nous met en état d'apprécier, d'une manière exacte, la *quantité* et la *qualité* des objets et des phénomènes que nous observons par leur intermédiaire. Il n'est guère possible de constater scientifiquement un fait, si l'on n'est pourvu des instruments qui, dans le domaine de l'observation sensible externe, suppléent à l'impression passagère et variable des sens, en fixant ou en nous mettant à même de mesurer l'objet observé, d'une façon mathématiquement exacte.

Qu'il nous suffise de rappeler que les commencements de la chimie comme science, datent de l'emploi de la balance de précision. Les belles découvertes de Lavoisier, relatives à la permanence de la matière et à la loi des proportions définies, principes fondamentaux de la chimie, sont dues à l'emploi de cet instrument.

Chaque sens nous donne des sensations *sui gene-ris*. On peut donc subdiviser l'observation senso-rielle externe, d'après la vue, le goût, l'odorat, l'ouïe et le toucher. L'observation tactile peut se pratiquer au moyen de la surface entière du corps, bien que le tact soit particulièrement développé dans les mains, à la surface interne des doigts.

Le champ d'observation varie donc beaucoup d'un sens à l'autre et son étendue diffère en proportion de la portée de chacun de nos sens.

La *sensation* est, le plus souvent, l'impression pro-duite par un objet extérieur sur un de nos sens. Cependant, le corps affecte lui-même ses propres sens ; c'est grâce à eux que nous connaissons nos formes, la couleur de notre peau, de nos cheveux, etc. Cette faculté qui consiste à percevoir le corps au moyen de ses propres organes, rappelle en quelque sorte l'*intimité* de l'esprit, qui a conscience de lui-même et de ses différents états.

La sensation a deux facteurs générateurs, le sens et l'objet qui l'affecte. Elle est nécessairement con-forme à la nature et à l'état de ses facteurs ; elle change selon les modifications qu'ils subissent. Elle est donc éminemment variable, conformément aux conditions dans lesquelles elle est produite.

Pour connaître un objet extérieur, nous inférons de la perception et de la nature de la sensation, l'existence et la nature de l'objet mis en observa-tion. Plus un objet nous procure de sensations différentes, mieux nous pouvons en apprécier la nature, vu que la multiplicité et la variété des sensations nous permettent de compléter et de contrôler nos interprétations les unes par les autres (1).

L'observation sensorielle externe apporte un grand secours à l'observation individuelle, qui, seule, est impuissante à nous faire connaître notre organisme corporel. Que saurions-nous de nos organes et de leurs fonctions, si l'anatomie et la physiologie ne venaient nous apporter les résultats de leurs découvertes, afin de nous mettre à même de connaître et d'apprécier, au moins par analogie, notre propre organisme corporel?

Nous avons vu que la sensation résulte de l'action d'un objet sur nos sens. La sensation est en quelque sorte la matière dont s'empare l'observateur pour former une connaissance.

« Il n'y a pas de règles à fixer, pour faire naître, à propos d'une observation donnée, une idée juste et féconde : cette idée une fois émise, on peut la soumettre à des préceptes et à des règles, mais son apparition a été toute spontanée et sa nature est tout individuelle. C'est un sentiment particulier, un *quid proprium*, qui constitue l'originalité, l'invention ou le génie de chacun. Il est des faits qui ne disent rien à l'esprit du plus grand nombre, tandis qu'ils sont lumineux pour d'autres. Il arrive qu'un fait ou une observation reste longtemps devant les yeux d'un savant sans rien lui inspirer; puis tout à

_____

(1) Voir Introduction, § 2,2, *La Méthode d'investigation par inférence.*

coup, vient un trait de lumière, l'idée neuve apparaît avec la rapidité de l'éclair, comme une révélation subite. La méthode expérimentale ne donnera pas des idées reçues et fécondes à ceux qui n'en ont pas; elle servira seulement à diriger les idées chez ceux qui en ont (1). »

Voyons d'où peut provenir l'erreur, dans l'observation sensorielle externe.

En premier lieu, l'erreur peut avoir pour cause l'état du milieu ambiant des objets extérieurs eux-mêmes, par suite de phénomènes de réfraction, de mirage, de l'état et de la composition de l'atmosphère. Cependant, les causes matérielles externes d'erreur sont les conséquences des lois de la matière; il en résulte que le raisonnement et le calcul permettent de redresser les erreurs que les données matérielles de l'observation, fournies par le milieu ambiant des objets extérieurs eux-mêmes, nous font commettre. Tel est le cas de l'image de la lune, qui nous paraît plus grande à son lever et à son coucher, que lorsqu'elle est éloignée de l'horizon. Tel est aussi le cas du soleil; son image affecte des formes bizarres, lorsqu'au moment du coucher, l'astre est observé par l'homme dont la mer borne l'horizon.

Ces illusions ne sont évidemment pas le résultat de faux jugements; elles sont probablement dues à des effets de réfraction, dont la cause est purement

(1) BERNARD, CL., citation au mot *Méthode*, p. 350, de l'*Encyclopédie* du docteur DECHAMBRE.

physique et indépendante de nos sens. Il en est de même de la couleur des astres, qui est souvent rougeâtre à leur lever (1).

Un autre exemple nous est fourni, lorsque, le soir, l'air étant chargé de vapeur d'eau ou d'un léger brouillard, nous regardons les lanternes allumées d'une avenue assez longue. Les lumières proches du spectateur ont leur teinte ordinaire; mais, plus les lanternes sont éloignées de lui et plus leur lumière paraît rougeâtre. Nous savons pourtant que la couleur du gaz en combustion est, en ce moment, partout la même le long de cette avenue. La modification de la couleur a donc une cause physique extérieure, et l'illusion ne provient pas de nous.

L'erreur peut aussi provenir des *sens*, par suite de la distance trop considérable qui existe entre l'observateur et l'objet observé, ou à cause de l'état anormal des sens de l'observateur. D'ailleurs chacun n'a-t-il pas sa vision, son goût, son odorat? Les causes matérielles internes d'erreur sont souvent aussi les conséquences de la désorganisation des sens par suite de maladies (2).

L'erreur peut aussi provenir de l'*imagination*, en cas d'hallucination, de sensations subjectives ou imaginaires.

---

(1) Comparer HERSCHELL, J. F. W., *Discours sur l'étude de la philosophie naturelle*, Paris, 1834, p. 77, n° 72.

(2) Voir HOUZEAU, J.-C., *L'Étude de la nature, ses charmes et ses dangers*, § 10. *Illusions dont le siège est dans l'œil*, p. 42 et § 14, pp. 69 et 97, Bruxelles, 1876.

L'erreur peut enfin provenir de l'*entendement*, lorsque la sensation est faussement interprétée, par suite de l'ignorance ou d'une méprise de l'observateur (1). Dans ce dernier cas, il y a évidemment une distinction capitale à établir entre la nature de la chose observée telle qu'elle est *en elle-même*, et ce qu'elle nous paraît être, lorsque nous l'observons au moyen de la vue, par exemple, qui ne nous en fait percevoir que l'*image*. L'illustre Descartes a nettement établi cette distinction : « ... j'ai souvent remarqué en beaucoup d'exemples, qu'il y avait une grande différence entre l'objet et son idée : comme, par exemple, je trouve en moi deux idées du soleil toutes diverses : l'une tire son origine des sens, et doit être placée dans le genre de celles que j'ai dites ci-dessus, venir du dehors, par laquelle il me paraît extrêmement petit; l'autre est prise des raisons de l'astronomie, c'est-à-dire de certaines notions nées avec moi ou enfin est formé par moi-même de quelque sorte que ce puisse être, par laquelle il me paraît plusieurs fois plus grand que toute la Terre. Certes, ces deux idées que je conçois du soleil ne peuvent pas être toutes deux semblables au même soleil; et la raison me fait croire que celle

---

(1) Voir Introduction, § 2, 2, *La Méthode d'investigation par inférence*, Comparez TIBERGHIEN, G., LOGIQUE, 1re part., p. 128, *D'où provient l'erreur dans la connaissance sensible*, Paris, 1865.

Note. — L'opinion à laquelle je me suis rallié, est entièrement justifiée par l'*erreur personnelle* des astronomes. Elle a trop peu d'importance dans les sciences naturelles pour que je m'y arrête. Voir à ce sujet H. FAYE, *Cours d'astronomie*, Paris, 1881, 2 vol., t. 1er, pp. 162 et 175.

qui vient immédiatement de son apparence est celle qui lui est le plus dissemblable (1). »

Si nous nous en tenions exclusivement aux données des sens, le soleil étant invisible, nous ne pourrions pas affirmer qu'il existe néanmoins ; cependant les astronomes, grâce à l'emploi de méthodes autres que l'observation, nous indiquent exactement la place que l'astre occupe. Il en est de même des étoiles, lorsque l'éclat du jour nous empêche d'en percevoir la lumière.

L'observateur n'arrive donc le plus souvent à la vérité, qu'en dégageant la connaissance d'un fait des apparences qui en altéraient pour lui la réalité, à cause précisément des données de ses sens.

Beaucoup ont les yeux grands ouverts, mais ils regardent sans voir ; pour connaître, il ne suffit pas de regarder avec les yeux du corps ; il faut surtout voir et percevoir avec l'œil de l'âme, l'intelligence ; l'esprit doit être attentif, car c'est lui seul qui est capable de saisir et de comprendre ; seul, celui qui apprécie un fait, en connaît la juste valeur ; il en possède la science, tandis que celui qui ne fait que le voir n'en éprouve et n'en connaît que la sensation.

L'élimination des causes matérielles d'erreurs peut se faire en partie, en fixant les faits à observer au moyen de la photographie, d'appareils enregistreurs et d'autres instruments.

L'emploi de la photographie vient même de provoquer la découverte d'une planète entre la Terre

(1) DESCARTES, R., ŒUVRES, *Méditation troisième*, Paris, 1842, p. 77.

et Mars. « Vers le milieu d'août dernier, M. Witt, astronome à Berlin, en développant une plaque photographique, prise à l'observatoire de la société astronomique Urania, aperçut une traînée, trace évidente d'une planète, mais beaucoup plus longue que celles données d'ordinaire par les autres corps de ce genre. L'observateur suivit la planète le 14 et le 15, prit des mesures précises et reconnut un mouvement diurne considérable. Alors que les petites planètes connues se déplacent en ascension droite, au plus d'une minute de temps par jour, celle-ci, d'un jour à l'autre, franchissait deux minutes. Les observateurs, une fois avertis, multiplièrent les mesures du nouvel astre, qui, provisoirement, est désigné sous les initiales DQ, en attendant qu'on lui décerne un nom astronomique (1). »

Quels prodiges les nouvelles méthodes d'observation nous réservent-elles encore?! Quoique les étoiles soient invisibles, ne s'est-il pas trouvé deux savants, Bunsen et Kirchhoff, qui, grâce au spectre, en ont fait une analyse chimique.

Les anciens pensaient que pour bien observer, il suffisait de regarder attentivement, et cependant les sciences mathématiques avaient déjà permis de corriger les erreurs de l'observation visuelle en astronomie. Et les astronomes observateurs, que font-ils actuellement? Ils laissent leurs yeux au vestiaire en entrant à l'observatoire; l'objectif photographique fixe certains phénomènes astro-

(1) *Ciel et Terre*, 1898, p. 465.

nomiques d'une façon exacte et permet ainsi à l'astronome de les analyser à l'aise dans son cabinet de travail (1).

La méthode d'observation, que l'on croit encore généralement si simple et si facile, doit être sévèrement disciplinée. Il semble paradoxal d'affirmer que les observateurs, pour voir exactement, ne peuvent pas se servir de leurs yeux; il est cependant certain que plus l'emploi des instruments d'observation remplacera l'usage des sens, plus la récolte des faits vraiment scientifiques se multipliera.

Les immenses progrès réalisés de nos jours, dans la partie expérimentale des sciences, sont incontestablement dus à l'invention des procédés méthodiques qui consistent à observer à l'aide d'instruments. Grâce aux appareils enregistreurs, à la photographie et aux divers instruments de mesure, nous ne constatons plus certains faits avec l'imperfection inhérente à l'appréciation faite d'après les seules données de nos sens, mais nous les observons avec cette exactitude vraiment scientifique, inconnue autrefois, surtout dans le domaine des sciences biologiques, et qui semblait ne pouvoir appartenir qu'aux sciences mathématiques.

Une chose matérielle extérieure est connue dans la limite des propriétés dont l'observateur prend connaissance par l'intervention des sens; ces pro-

---

(1) Voir *Die Photographie im Dienste der Himmelskunde*, ATLAS DER HIMMELSKUNDE de SCHWEIGER-LERCHENFELD, p. 1, Wien, 1898.

priétés sont la forme, la couleur, la composition
chimique et ainsi de suite; il est évident que plus on
connaîtra de propriétés d'un objet et mieux il nous
sera connu. Il est probable que la science d'une
chose quelconque pourra toujours être complétée;
mais ce que nous en savons peut être exact et
certain; la vérité est accessible à l'intelligence
humaine.

De savants philosophes, Descartes entre autres (1),
en discutant la valeur objective des connaissances
humaines, ont mis en lumière le côté précaire des
résultats de l'observation faite au moyen des sens;
c'est fort bien. Mais, tout autre chose est d'observer
tel qu'on le fait actuellement, au moyen d'instruments de précision; à l'aide de ceux-ci, l'objet mis en
observation est en quelque sorte enregistré et fixé,
tandis que du temps de Descartes, l'observateur en
était encore réduit à ses impressions personnelles;
or, celles-ci sont incontestablement fugitives et
changeantes; la critique de Descartes était donc
amplement justifiée à son époque. Mais actuellement, l'objet mis en observation est analysé d'une
façon suffisamment exacte, pour qu'un philosophe
qui en contesterait la réalité en fût mal venu; il
n'en existe certes plus un seul, ignorant le microscope, l'analyse chimique, l'appareil photographique,
enfin tout l'arsenal des instruments de précision
dont disposent actuellement les observateurs. Le
résultat d'une observation scientifiquement pra-

(1) Voir DESCARTES, *Méditation sixième.*

tiquée est incontestablement une donnée positive et exacte, un fait acquis, qui n'offre plus de prise au doute philosophique; des divergences de vue ne peuvent plus se produire qu'au sujet de son interprétation ou de sa théorie. Lorsque le microscope révèle un détail nouveau à l'œil exercé d'un histologiste, celui-ci fixe immédiatement cet élément à l'aide d'une plaque photographique; il l'agrandit et l'analyse à loisir; puis il soumet son travail au monde savant, qui, certes, ne néglige rien pour prendre un confrère en défaut; après avoir été passé au crible de la critique, le fait nouveau est définitivement acquis à la science; reste alors son interprétation et les inférences à en tirer.

L'évolution progressive des sciences d'observation consiste à multiplier de plus en plus les faits et à en rendre l'interprétation de plus en plus complète et exacte.

INTRODUCTION

§ 2. a. 2. — L'INFÉRENCE.

Nous avons vu que pour observer un être et un phénomène, l'observateur doit les percevoir lui-même, directement, au moment où il en prend connaissance.

S'il n'était pas possible de franchir les limites de l'observation relatives au *temps*, les connaissances analytiques des *faits temporaires* (1) seraient réduites à peu de chose; les faits passés, non seulement échappent naturellement à l'observation pure et directe, mais, de beaucoup d'entre eux ne subsiste même plus le moindre souvenir dans les traditions de l'humanité.

Cependant, nombre de ces faits, même de ceux relatifs aux anciennes phases de l'évolution géologique de la Terre, ne sont pas complètement sous-

---

(1) Il y a lieu de distinguer les *faits temporaires* de ceux qui ne sont pas affectés par le *temps*, tels que les faits relatifs aux mathé-matiques et aux sciences rationnelles en général; ces faits sont tou-jours *d'actualité* ou *présents*, tandis que les faits temporaires sont *passés*, *présents* ou *futurs*.

traits à l'observateur sagace et pénétrant. Il est heureux, chose capitale pour la connaissance du passé, que des êtres disparus et des événements lointains aient laissé des *traces* jusque dans les temps présents. C'est ainsi que nous exhumons du sol des pétrifications, des ossements, des dents, des instruments, qui sont de précieux matériaux scientifiques.

Il a suffi de quelques silex taillés et de quelques ossements fossiles, découverts par Schmerling dans certaines cavernes de la province de Liége, pour mettre ce savant à même d'établir, d'une façon incontestable, l'existence de l'homme à l'époque quaternaire dans nos contrées. Ce fait capital acquis, Schmerling a minutieusement étudié ces débris; il en a élucidé la valeur et la portée par la loi des analogies organiques, en vertu de laquelle la nature de l'homme se répercute en quelque sorte dans ses œuvres; enfin, par des inférences habilement et méthodiquement faites, il est parvenu à reconstituer la manière de vivre, l'industrie et l'art primitifs de pauvres peuplades sauvages, ayant occupé l'Europe occidentale à l'époque quaternaire.

Malheureusement, dans l'étude des questions d'anthropologie préhistorique, beaucoup de savants, ne tenant aucun compte des limites de l'observation relatives à l'*espace*, ont divisé l'histoire de l'humanité en époques moderne, quaternaire et tertiaire. Autant vaut affirmer que tous les contemporains de l'homme dit quaternaire, dont les silex ont été découverts dans l'Europe occidentale, s'étaient trouvés dans des conditions identiques de milieu et de développement corporel, industriel, artistique, intellectuel et moral. Semblable appréciation est, à mon sens, singulièrement aventurée. J'ajoute que les géologues et les paléontologistes, qui ont proclamé le synchronisme des couches géologiques de composition analogue sans tenir compte des différentes régions du globe où ces couches ont été explorées, ont également manqué de méthode et n'ont pas peu contribué à propager la grave erreur sur laquelle, une fois de plus, j'attire l'attention (1).

Arrêtons-nous donc à cette question capitale.

La plupart des auteurs, disons-nous, qui, à ce jour, se sont occupés de l'homme préhistorique, ont complètement perdu de vue les limites naturelles de la méthode d'observation, relatives à l'espace et au temps (2).

Il me semble incontestable que chaque région du globe a toujours eu, comme actuellement encore, son histoire à elle, caractérisée par des événements géologiques et paléontologiques qui lui sont propres, et nullement synchroniques, par conséquent, avec ceux d'autres régions où des événements plus ou moins identiques peuvent s'être produits. Il en résulte que les limites de l'observation restreignent à un gisement ou tout au plus à une région, incontestablement limitée quant à son ancienneté, à sa

---

(1) Voir *Bulletin de la Société d'anthropologie de Bruxelles*, t. IX, p. 130.

(2) Voir TIBERGHIEN, G., *Enseignement et philosophie. IV. L'Observation, son rôle et ses limites dans la science*, Bruxelles, 1873, p. 119.

situation et à la durée de son existence, la portée
des résultats obtenus, particulièrement en ce qui
concerne l'exploration des couches géologiques contenant des silex taillés (1).

Pour qu'il en fût autrement, c'est-à-dire pour être
autorisé à étendre la portée d'une découverte particulière, à l'état de toute l'humanité à une période
géologique de l'histoire de la Terre, il faudrait non
seulement démontrer le synchronisme des couches à
silex quaternaires, mais aussi établir que ces couches s'étendaient à toute la surface du globe, et que
l'uniformité de race de ces hommes était complète,
ainsi que le degré de leur civilisation.

Je n'ai nullement l'intention d'essayer de faire
entrer l'époque quaternaire de l'Europe occidentale,
dans le cadre de la chronologie historique; les géologues ont démontré que pareille tentative est
vaine; il me semble même incontestable que les
hommes qui ont taillé les silex des graviers quaternaires de nos contrées, sont séparés de ceux qui y
ont employé les silex polis par des phénomènes géologiques dont la durée confond, pour ainsi dire, les
appréciations historiques.

« Néanmoins, géologiquement parlant et compa-
rativement au premier âge de pierre, » (il s'agit du
quaternaire de la Somme) « ces monuments historiques de la vallée du Nil peuvent être qualifiés
d'extrêmement modernes. Partout où des excava-

---

(1) Voir DE LAPPARENT, A., *Traité de géologie. Principes de la classification des terrains stratifiés*, pp. 696 à 709, Paris, 1893, 3e édit.

tions ont été faites dans le limon du Nil, au-dessous des fondations des cités égyptiennes, par exemple, à 18 mètres plus bas que le péristyle de l'obélisque d'Héliopolis, ainsi que généralement dans la plaine d'alluvion du Nil, les ossements rencontrés appartenaient à des espèces vivantes de quadrupèdes; c'étaient le chameau, le dromadaire, le chien, le bœuf et le porc; mais jamais jusqu'à présent on ne leur a une seule fois trouvés associés, un os ou une dent d'espèce perdue.

» Le même fait se présente dans tous les pays que baigne la Méditerranée, en Algérie, en Espagne, dans le sud de la France, en Italie, en Grèce, en Asie Mineure, et généralement dans toutes les îles de la Méditerranée. Partout où l'on a trouvé des ossements de mammifères éteints, d'éléphant, de rhinocéros et d'hippopotame, ce n'est pas dans les deltas modernes de rivières, ni dans les plaines d'alluvions submergés par les inondations que ces restes fossiles se présentent, mais bien dans une situation correspondante à celle des anciens graviers de la vallée de la Somme, où l'on rencontre les os du mammouth et le type le plus ancien des instruments en silex (1). »

Cependant le contact des hommes paléolithiques et des hommes néolithiques me paraît incontestable; le polissage du silex taillé est la conséquence naturelle d'un long emploi; il est évident que les arêtes doivent s'adoucir graduellement par le frot-

---

(1) LYELL, CH., *L'Ancienneté de l'homme*, p. 425.

tement, jusqu'à produire le poli de certaines parties des instruments; quelques silex quaternaires
de ma collection se trouvent dans cet état. La
succession du silex poli au silex taillé me paraît
indéniable; mais je pense qu'elle n'a pas eu lieu
dans nos contrées, parce que les silex néolithiques
et les silex paléolithiques restés en place, sont
séparés par les dépôts quaternaires; ce fait témoigne
de l'hiatus dans l'Europe occidentale.

Mais de ce que ces silex taillés dépassent incom-
parablement en ancienneté les plus antiques civi-
lisations de l'Égypte actuellement connues, ne
résulte pas qu'à l'époque où ces silex se fabri-
quaient, tous les hommes vécussent à l'état sauvage et en fussent réduits à l'emploi d'instruments
de pierre. Je le répète : les anthropologistes doivent
se garder d'étendre au globe entier des conclusions
qui, dans la majorité des cas, ne sont applicables
qu'à un gisement particulier. « L'ardeur que j'ai
souvent vu apporter à la défense des idées les plus
diverses, tient à ce que chacun croit pouvoir
induire une règle générale de quelques faits plus
ou moins bien observés dans sa région (1). »

Le synchronisme des couches à silex quaternaires
explorées jusqu'ici en Europe, en Afrique, en Asie
et en Amérique est plus que douteux, disons-nous;
il semble même que les grandes périodes glaciaires
de l'Europe et de l'Amérique n'aient pas eu lieu

_____

(1) REVUE D'ANTHROPOLOGIE, année 1888, M. BOULE, *Essai de paléontologie stratigraphique de l'homme*, p. 130.

à la même époque. « Dans tous les pays de l'Europe,
le phénomène glaciaire a suivi la même marche,
a obéi aux mêmes lois. Cette unité d'allures entraîne
bien le synchronisme pour notre continent, mais il
serait dangereux de l'étendre au Nouveau-Monde.
D'un autre côté, nous ne pouvons tirer aucun parti
de la paléontologie. Tout le monde sait combien les
rapprochements de ce genre inquiètent les géologues, même lorsqu'il s'agit de terrains beaucoup
plus anciens. On a bien retrouvé en Amérique les
grandes divisions établies dans les terrains de
l'Europe, ainsi que les mêmes fossiles. Mais lorsque l'analyse est poussée plus loin, le travail
d'identification devient beaucoup plus difficile; de
là, un grand nombre de désignations locales, s'appliquant à des couches américaines dont l'assimilation
aux termes européens ne peut être faite et qui correspondent peut-être à des lacunes dans les séries
de notre continent.

« Pour les vertébrés fossiles, l'évolution suit bien,
grosso modo, une marche parallèle jusqu'au tertiaire. Mais à partir de l'éocène, commence à se
manifester, entre les caractères des faunes de
l'Europe et de l'Amérique, une divergence qui se
continue à travers le reste des temps tertiaires.

« C'est ainsi que la faune quaternaire de l'Amérique du Nord diffère de la faune quaternaire
européenne : 1° par l'absence du *Rhinocéros tichor-
rhinus*, de l'Hippopotame, du *Cervus megaceros*, du
Bos primigenius; 2° par la présence d'un grand mas-
todonte, *Mast. americanus* (ou *ohioticus*) et de plu-

sieurs genres de grands édentés, *Megatherium*,
Megalonyx, *Mylodon*. L'*Elephas primigenius* était
accompagné d'une seconde espèce, l'*Elephas Co-
lumbi*. Les chevaux, les bœufs, les grands chats dif-
féraient aussi spécifiquement, pour la plupart, des
formes européennes (1). »

Si l'on se demande sur quelles considérations
l'âge relatif des couches quaternaires à silex est
basé, on constate que leur synchronisme est inféré
de l'analogie plus ou moins grande de leur composition géologique et paléontologique, ainsi que de
l'uniformité des instruments de pierre qui ont été
trouvés dans certaines d'entre elles. Mais ce n'est
là que répondre à la question par ces autres questions : l'homme a-t-il fabriqué partout des silex de
même forme à la même époque et, en second lieu, la
forme quaternaire a-t-elle été répandue en même
temps à toute la surface de la Terre? Or, à la seconde
de ces questions, M. Boule répond : « Pendant les
temps quaternaires, si rapprochés de nous, la distribution géographique des mammifères était certainement aussi compliquée que de nos jours. Par
suite, des faunes différentes peuvent avoir été synchroniques et des faunes identiques peuvent avoir
vécu à des époques diverses (2). »

Lyell, l'illustre géologue, a établi que l'évolution
géologique du globe est graduelle, sans temps

____

(1) REVUE D'ANTHROPOLOGIE, année 1888, M. BOULE, *Idem*, pp. 65 et
suiv.
(2) *Idem*, p. 131.

d'arrêt, sans transformation subite et uniforme,
s'étendant à toute la surface de la Terre, en produisant partout des résultats identiques. Les différences caractéristiques qui existent entre les
couches de la partie connue de la croûte terrestre,
dénotent la variété des résultats géologiques produits et la permanence des forces en action. Il y a
évolution, mais non pas révolution, comme Cuvier
le pensait (1).

Il est incontestable que l'unité des forces physiques a pour conséquence l'uniformité de leur
action, selon des lois naturelles stables ; mais les
effets produits diffèrent nécessairement selon l'état
particulier et la nature spéciale des milieux où ces
forces exercent leur action ; il en est ainsi parce
que les différents milieux interviennent aussi
comme facteurs générateurs des résultats produits,
selon les conditions particulières dans lesquelles
ils se trouvent par rapport à la nature du sol, au
climat, à la distribution des eaux, des plaines et
des montagnes de leur aire respective. Il semble
donc que la surface de la Terre n'ait jamais pu être
uniforme.

Nous disons que les transformations géologiques
sont localisées par zones plus ou moins étendues,
caractérisées selon les climats et en partie limitées
selon la distribution des continents et des mers ; il
en résulte que les faunes et les flores, dont la

_____

(1) Voir LYELL, CH., *Principes de géologie*, et CUVIER, G., *Discours sur les révolutions de l'écorce du globe.*

nature particulière est nécessairement en harmonie avec leur milieu respectif, présentent les
contrastes les plus tranchés, soit à la même époque,
mais en divers points du globe, soit dans la même
localité, mais à des époques différentes. Les transformations de la surface du sol ont donc, pour conséquence naturelle, les migrations graduelles des
hommes, des animaux et des plantes; « ... non
seulement des milliers d'êtres humains habitent
aujourd'hui tels et tels points du globe qui, pendant les temps historiques, ont servi de demeure
à des espèces marines, mais, d'un autre côté, la
mer occupe actuellement de très vastes espaces où
vécurent jadis des milliers d'êtres de notre race.
Or, comme une pareille transformation de terre en
mer, et de mer en terre ne cessera jamais d'avoir
lieu, tant que subsisteront les causes actuelles, on
doit comprendre que les espèces terrestres puissent
être plus anciennes que les continents qu'elles
habitent, et que, de même aussi, les espèces aqua-
tiques puissent dater d'une époque plus reculée
que les lacs et les mers dans lesquels elles vivent
aujourd'hui (1). »

A propos de la question de la contemporanéité
des hommes des Kjökkenmöddings et de ceux des
plus anciennes stations lacustres de la Suisse,
Lyell écrit : « D'ailleurs on risque fort de faire des
erreurs quand on se lance dans la discussion des
titres respectifs à l'antiquité d'aussi anciennes

---

(1) LYELL, CH., *Principes de géologie*, Paris, 1873, t. Ier, p. 216.

tribus, dont certaines ont pu pendant des siècles
rester isolées et stationnaires dans leurs habitudes,
pendant que d'autres progressaient et se perfec-
tionnaient (1). »

S'il y a lieu d'être circonspect lorsqu'il s'agit de
peuplades à silex polis relativement récentes et de
plus, peu éloignées l'une de l'autre, des Alpes à la
Baltique, de combien de prudence ne faut-il pas
user, lorsqu'il s'agit, non seulement de trancher la
question de contemporanéité des hommes à silex
taillés, avec lesquels nous trouvons des ossements
de mammouth, etc., mais aussi de résoudre si, à
leur époque, il n'y avait pas des hommes d'une
autre race et d'une civilisation plus avancée, occupant un tout autre milieu plus favorable au développement de l'espèce humaine.

Se prononcer d'une façon générale, en désignant
l'homme et non pas tels hommes, c'est-à-dire exclusivement ceux composant la peuplade sauvage dont
les silex nous sont parvenus, c'est donc là une incon-
séquence grave, que non seulement les limites de la
méthode d'observation, mais aussi les faits que
nous avons actuellement sous les yeux, doivent
nous empêcher de commettre. En effet, la restriction
qui doit limiter la portée des observations faites
et à faire dans le domaine des sciences préhistoriques se justifie amplement par la distribution géographique actuelle des différentes races

(1) Lyell, Ch., *L'Ancienneté de l'homme prouvée par la géologie*,
2ᵉ édit., Paris, 1870, p. 33.

humaines, eu égard aux différents degrés de civilisation qu'elles ont respectivement atteints, depuis
l'état sauvage jusqu'à l'état actuellement le plus
civilisé, et aux différences qui existent à notre
époque entre les milieux essentiellement distincts
qu'elles occupent.

Il me semble donc rationnel d'admettre qu'aux
époques préhistoriques, l'humanité était subdivisée
en races différentes, parvenues à divers degrés de
civilisation, comme encore de nos jours, mais en
tenant compte de l'évolution générale et progressive à laquelle la Terre, avec tout ce qu'elle
contient, paraît être soumise. Les lois naturelles
qui régissent cette évolution sont probablement
stables; il en résulte qu'il ne pouvait pas y
avoir, aux époques préhistoriques, une uniformité
complète de faune, de flore et de milieu, à la surface
de notre planète. Nous nous exposons, en conséquence, à commettre de graves erreurs, en employant
les termes *homme tertiaire*, *homme quaternaire* et
homme de l'âge de la pierre polie, d'une façon
générale, c'est-à-dire sans tenir compte des conditions locales et temporaires des différents milieux
d'où les restes de ces hommes ont été exhumés.

D'ailleurs, n'est-il pas déjà établi par des faits,
que des migrations se sont produites, en France,
dès l'époque quaternaire? à chaque période d'habitabilité de l'Europe occidentale, les occupants
semblent avoir subi des invasions de peuplades
plus avancées qu'eux, sous les rapports de la race
et du degré de civilisation; lorsque les hommes

préhistoriques de nos contrées polissaient le silex, des faits analogues, mieux connus, se produisirent; ils sont relatifs aux conquérants armés du bronze, et, plus tard, à ceux armés du fer.

Une autre preuve du caractère local et temporaire de nos découvertes d'objets préhistoriques : il suffirait de déplacer un de nous, observateurs bénévoles et superficiels, pour faire varier les résultats de ses appréciations. Il y a quelques années, par exemple, nous aurions affirmé, sur la foi de ce que nous constations chez les Maoris, que l'homme en était encore à l'âge de la pierre polie ; de nos jours de malheureuses peuplades, abruties par l'*eau de feu*, ont-elles autre chose pour instrument tranchant, qu'un éclat de pierre? Ne savons-nous pas d'ailleurs que les sauvages visités pour la première fois par des blancs, ont tous été frappés d'étonnement en constatant qu'il existait d'autres hommes, possédant et employant des objets différents des leurs, à des usages dont ils n'avaient pas la moindre idée.

La succession des faits historiques d'une peuplade ayant résidé dans l'Europe occidentale pendant que s'y déroulaient les dernières phases de l'époque glaciaire, est étendue en surface et non pas en profondeur; ces hommes émigraient, poussés par les fluctuations climatériques de leur habitat, et partout sur leur passage, à chaque station d'arrêt, ils abandonnaient quelques débris de leur industrie primitive, de leurs enfantines parures et de leurs repas. Pour récolter ces documents de leur

histoire, il faut donc les suivre à la piste, d'étape
en étape, et reconstituer les différentes phases de
leur évolution.

Une méthode analogue doit être suivie pour
l'étude des migrations des faunes et des flores
vivantes et fossiles. Je pense donc que les désignations d'époques géologiques tertiaire et quaternaire, que nous appliquons à l'homme, ne peuvent
s'employer sans restriction de région et de temps ;
la généralisation des données concernant les âges
préhistoriques ne pourra être tentée sur une vaste
échelle, elle ne nous permettra d'arriver à des
résultats d'ensemble, que lorsque des documents,
infiniment plus considérables que ceux que nous
possédons actuellement, auront été rassemblés avec
méthode, par les efforts combinés des anthropologistes, des géologues et des paléontologistes.

L'étude des migrations des hommes dits quaternaires, dont les jalons seront fournis par les débris
des diverses stations qu'ils ont successivement occupées, c'est là ce qui doit de nos jours solliciter les
efforts des chercheurs. Il est probable que ces
migrations seront synchroniques des diverses
phases de la dernière époque glaciaire de l'Europe
occidentale; les recherches géologiques, paléontologiques et anthropologiques à y opérer, doivent
donc marcher de pair et se prêter un mutuel appui.

Envisagée de cette manière, la reconstitution du
passé de l'humanité acquiert subitement une grande
envergure et prend un aspect tout différent de
celui que les programmes des études historiques

lui ont donné jusqu'à présent; il ne s'agit plus alors d'ineptes histoires locales relatant des dates et des événements politiques et dynastiques d'un peuple quelconque, mais on entrevoit comme but de la science historique, la reconstitution de l'évolution des milieux humains, en rapport avec les races aptes à les occuper respectivement. La surface du globe est en voie de transformation permanente; le climat d'une région se modifie sans cesse; il en résulte que les milieux se déplacent; ils émigrent en quelque sorte avec tous leurs occupants, hommes, bêtes et plantes, non sans parsemer la voie qu'ils suivent de nombreux débris qui permettent de les suivre à la piste, de retrouver les étapes successives de leurs migrations et de reconstituer les degrés de civilisation qu'ils avaient atteints à chacun de leurs points d'arrêt.

Le peu que nous connaissons actuellement de la croûte terrestre se compose d'un certain nombre de dépôts géologiques ou de terrains proches de sa surface, dont l'existence est probablement due, en grande partie, à l'action de l'eau; cependant l'état actuel des terrains dits primaires semble spécialement devoir son origine à l'action des forces plutoniques, tandis que les autres terrains portent encore des traces relativement récentes de l'action des forces neptuniennes; ceux-ci contiennent des fossiles, alors qu'il n'en n'a pas encore été fait mention dans les terrains primaires.

Le grand facteur de la transformation de la surface de la croûte terrestre est l'eau, sous forme liquide et sous forme solide; la pluie, les cours d'eau, les étangs, lacs, mers et océans sont les agents de la sédimentation; les glaciers et les immenses bancs de glace des régions polaires y interviennent puissamment. L'eau exerce une fonction tellement prépondérante à la surface de la croûte terrestre, qu'elle en règle pour ainsi dire l'habitabilité; en effet, les déplacements des nappes d'eau ont fatalement pour conséquence des submersions et des émersions du sol habitable, qui nécessitent des migrations d'organismes vivants; celles-ci, non seulement causent la mort de nombreux individus, mais peuvent même provoquer des extinctions d'espèces animales et végétales.

Les évolutions climatériques sont probablement dues aux déplacements des pôles et à des modifications de niveau du sol.

Dans l'Europe occidentale, pendant ce que nous appelons actuellement l'époque quaternaire, les glaces ont exercé une action si considérable dans les transformations de la surface de cette partie du globe, qu'elles ont réglé les migrations des faunes et des flores qui ont successivement occupé ces contrées; l'homme quaternaire de l'Europe occidentale a été fatalement soumis à des migrations successives, fuyant un séjour meurtrier, qu'envahissait la glace, et plus tard, lors du retrait de celle-ci, colonisant à nouveau les mêmes régions, au fur et à mesure qu'elles redevenaient habitables.

Et les traces d'existence et d'organisation que les êtres ont laissé dans le sol, ces traces qui sont la conséquence de leurs migrations successives, autant de documents qui serviront aux annales de la Terre; en ce qui concerne les vestiges humains, rien ne l'emporte en importance sur les silex taillés puisqu'ils subsistent seuls dans certains dépôts géologiques, d'où toute autre trace humaine a disparu depuis des milliers de siècles, selon toute probabilité.

Les documents des annales d'un groupe d'organismes, inhérents à un milieu délimité, doivent donc être recueillis en surface, dans leur aire de dispersion, c'est-à-dire de place en place, d'après les successives occupations de ce groupe et non pas en profondeur, à la même place, comme on le pratique encore trop généralement. En opérant en profondeur, on récolte, il est vrai, les débris des occupants successifs d'un endroit quelconque, ce qui permet d'en faire la géologie et la paléontologie, mais cela d'une façon absolument locale, tandis qu'en opérant en surface, on réunit les débris que livrent les explorations des séjours successifs d'un groupe naturel d'organismes vivants; ce sont les documents indispensables à la science de l'évolution d'une famille humaine, par exemple, étudiée dans ses milieux successifs, à la lumière de la géologie, de la paléontologie et de la géographie physique; la méthode des recherches historiques dont je préconise l'emploi, peut faire entrevoir la connaissance des migrations successives d'un milieu, et de tous les organismes vivants qui y trouvent réunies les conditions extrinsèques

indispensables à leur nature respective; ce milieu
serait ainsi étudié dans ses rapports avec l'évolution de la surface de la Terre. Les diverses phases
de l'évolution de la croûte terrestre s'opèrent graduellement en s'étendant de proche en proche d'une
façon tellement lente qu'elle est imperceptible à
l'observation directe; il ne nous reste donc qu'à en
inférer la connaissance des débris de cette évolution.

J'en reviens à la méthode d'investigation par
inférence. De même que la méthode analytique
porte fort loin dans le passé, grâce aux *débris* qui
en sont parvenus jusqu'à nous, et qu'il est possible
d'interpréter au moyen des principes de la continuité, de la filiation et de l'analogie organiques des
êtres, des choses et des phénomènes de l'histoire de
la Terre, de même est-il possible de connaître des
êtres et des phénomènes qui, cependant, de par leur
nature, ne peuvent être observés directement.

Que saurions-nous, en effet, des facultés mentales
des animaux, de la psychologie de l'enfance, des
idiots, des fous, des sauvages et même de nos semblables, si, de leurs manifestations corporelles que
nous percevons au moyen de nos sens, nous ne
pouvions inférer l'existence de leur esprit et de
ses facultés, ainsi que des manifestations psychiques, en nous basant sur l'analogie organique
qui existe entre ces organismes et le nôtre.

Nous reconnaissons en nous certains phénomènes,
et nous nous rendons compte de l'état de nos
organes internes qui, cependant, ne sont pas observables. Nous pouvons même prévoir, par inférence,

certaines manifestations qui ne se produiront que dans un avenir plus ou moins éloigné, lorsqu'il s'agit de phénomènes à succession nécessaire, lorsque, de leur série, les premiers symptômes ont été constatés. Tel est le cas du médecin capable de prévoir toutes les phases de l'évolution d'une maladie, après avoir relevé l'existence du fait initial; la contagion de la syphilis, par exemple.

Citons encore quelques inférences basées sur la coexistence de phénomènes physiques.

Pendant ma jeunesse, j'ai habité la campagne. Non loin de ma demeure passait un fleuve, bordé de prairies marécageuses, où j'aimais beaucoup à chasser le canard en hiver. Dans mes tournées, j'étais accompagné d'un vieux braconnier, enfant de ce beau pays qu'il n'avait jamais quitté; plus de quarante années d'observation lui en avaient particulièrement bien fait connaître les remises du gibier.

Lorsque nous nous mettions en route, en décembre, bien avant le point du jour, le bonhomme me disait parfois : « Les marais sont couverts de glace depuis plusieurs jours; cette nuit l'eau a gelé à l'intérieur de ma maison; ce matin le Rupel doit être entièrement pris. Donc, nous n'avons chance de voir des canards, qu'à l'endroit où le ruisseau du marais se jette dans le fleuve, et à condition d'y arriver vers 8 heures, à marée basse : à ce moment les canards pourront encore y barboter dans l'eau et dans la vase. » D'autres fois, en mars, à cause d'une violente bourrasque d'ouest, il ne fallait chercher de

canards que dans les endroits les mieux abrités des
marais.

Presque toujours, les inférences de mon vieux
braconnier étaient exactes, et, lorsqu'il s'agissait
de surprendre un lièvre au gîte, il faisait preuve
d'une perspicacité plus grande encore.

« Lorsqu'une chose est connue, non par elle-
même, mais au moyen d'une autre chose qui se
rapporte à elle, » écrit Bain (*Logique*, t. Ier, p. 47),
« la connaissance est médiate ou inférée, et le fait
immédiatement connu est la preuve du fait inféré ».

Dans l'exemple des inférences de mon braconnier,
les faits connus étaient la température, 20 degrés
centigrades environ au-dessous de zéro, la disposition des rives du fleuve et l'état de la marée; le
fait inféré était la présence de canards, vers 8 heures
du matin, à l'endroit désigné. Or, malgré les *preuves*,
il pouvait, ce jour-là, ne pas y avoir de canards.
Il est donc prudent d'ajouter, que l'inférence est
généralement hypothétique, malgré la *preuve*, lorsqu'il y a intervention d'êtres plus ou moins doués
d'intelligence et de volonté, dans la réalisation du
fait inféré. Tel est précisément le cas de la présence
présumée des canards qui, lorsque toutes les conditions du milieu permettaient d'inférer leur présence
à certaine place et à un moment précis, pouvaient
se trouver, depuis la veille, dans le Midi de la
France.

Voici encore des exemples d'intéressantes inférences, tirées de la connaissance des mœurs de
certains animaux : « On trouve dans la relation du

voyage du capitaine Head, à travers les pampas
de l'Amérique méridionale, une anecdote qui vient
à l'appui. Son guide s'arrêta un jour, frappé d'une
terreur subite et s'écria, les yeux fixés en l'air :
Un lion! Aussi surpris de l'exclamation que de
l'attitude, il chercha quelle en pouvait être la cause,
et aperçut à une hauteur considérable, une bande
de condors décrivant un cercle. Au-dessous, mais
hors de la vue du capitaine, comme du guide, gisait
le cadavre d'un cheval. Sur ce cadavre était un lion,
comme le conducteur en avait bien jugé, que les
condors regardaient avec envie, de la hauteur où
ils se trouvaient. La manœuvre de ces oiseaux de
proie avait été pour lui, ce qu'eût été l'aspect du
lion lui-même (1). » Il s'agit du puma, que les gau-
chos appellent *leon* et certains naturalistes *lion
argenté*. Voici une inférence analogue, citée par
Brehm (2) d'après Darwin : « Quand les condors
s'abattent et qu'ensuite tous ensemble s'envolent
subitement, le Chilien sait qu'il y a là un puma,
qui veille sur sa proie et en chasse ces voleurs. »
Un semblable fait, non moins extraordinaire, se
produit dans la jungle de l'Inde, lorsque, des cris
de terreur de singes et de paons, d'autres animaux
infèrent l'approche d'un tigre et se mettent à l'abri
du danger (3).

---

(1) HERSCHELL, J. F. W., *Discours sur l'étude de la philosophie naturelle*, Paris, 1834, p. 70.

(2) BREHM, A. E., *Les Oiseaux*, t. Ier, p. 463.

(3) Voir BREHM, A. E., *Merveilles de la nature. Les Mammifères*,
t. Ier, p. 223.

4

Lorsqu'on fouille une caverne ayant servi de refuge à l'homme quaternaire ou bien que l'on explore un cimetière franc, on sait, à peu de choses près, ce qu'il est possible d'y trouver ; cependant ces présomptions sont parfois et fort heureusement mises en défaut par la découverte d'un objet imprévu, soit un nouveau type d'instrument, dans le premier cas, soit une monnaie franque inédite, dans le second.

Les romanciers, eux aussi, ont tiré parti des ressources de la méthode par inférence. Qui ne se souvient du chapitre de *Zadig*, où le héros de Voltaire, donne des détails précis sur le chien de la reine et le cheval du roi, bien qu'il n'eût jamais aperçu ces animaux. Dans le *Livre des praieries d'or* de MAÇOUDI, se trouve un passage analogue, relatif à un chameau borgne, dépourvu de queue, boiteux et d'un naturel farouche, qui avait aussi été perdu par son propriétaire.

La connaissance plus ou moins exacte de certains faits éventuels, la prévoyance plus ou moins probable de certaines choses à venir, tels sont les résultats ordinaires de la méthode par inférence.

L'inférence est donc une supposition plus ou moins vraisemblable, basée, dans le plus grand nombre des cas, sur un *indice* perçu par l'observateur, qui alors en infère une connaissance.

L'inférence est une simple présomption ou une probabilité, selon le degré de vraisemblance qu'elle comporte ; la présomption ne possède que des apparences de vérité ; tandis que la probabilité en a presque tous les caractères, avec tendance à l'accroissement, jusqu'à pouvoir se transformer en certitude. Si chaque fait nouvellement constaté apporte une probabilité de plus à celle déjà inférée des faits antérieurement connus, ce nous est un indice précieux que nous nous trouvons dans la voie de la vérité et qu'il est possible d'atteindre à la certitude.

L'inférence ne peut donner de résultat rigoureusement exact, qu'en certains cas exclusifs de faits temporaires; n'est-il pas possible à un bon joueur de se rendre parfaitement compte du jeu de son adversaire, en se basant sur ce qui a été joué et sur ce qui lui reste en main?

Induire, ou plutôt *inférer,* est donc un procédé méthodique qui consiste essentiellement à passer d'un fait connu à un fait inconnu, celui-ci étant rattaché à celui-là par un rapport de *continuité.*

La loi générale de la continuité des choses finies de l'Univers se manifeste surtout comme *coexistence,* ces choses étant considérées aux points de vue de leur *contiguïté dans l'espace* et de leur *simultanéité dans le temps;* d'autre part, elle se manifeste comme *succession,* ces choses étant considérées au point de vue de leur *continuité dans le temps;* par exemple, la filiation d'une série de faits. Les faits, êtres ou phénomènes du monde qui nous entoure, y sont *successifs* ou *simultanés;* des rapports naturels de leur existence, résultent des uniformités de leur manière d'être, uniformités ou analogies sur lesquelles il est possible de baser des inférences. Il est, de plus, indispensable de tenir compte de la nature, de l'activité et de la force propres à chacune de ces choses, considérées en elles-mêmes et dans leurs rapports avec leurs milieux particuliers.

Le darwinisme nous en fournit un frappant exemple; cette œuvre magistrale a été édifiée au moyen de la méthode par inférence, en se basant sur le principe de la continuité des êtres vivants passés et actuels, en rapport avec l'évolution géologique et paléontologique de notre planète, milieu commun à tous ces êtres.

Il n'est pas toujours facile d'analyser l'argumentation qui rattache un fait inféré à un fait connu; maint anneau manque souvent à cette chaîne logique. Il ne suffira pas toujours au savant d'être rompu à ce genre de recherches; longtemps il scrute en vain les relations des faits, en reste à de faibles conjectures, à quelque vague indication, heureux si une intuition toute spontanée lui livre enfin le lien logique, où baser son inférence.

Beaucoup d'applications de la méthode d'investigation par inférence présentent d'ailleurs encore des difficultés insurmontables, à cause des relations délicates, complexes, ténues et fugaces de certains éléments de la nature humaine; tels sont surtout les nombreux cas des influences réciproques du physique et du moral de l'homme malade encore plus que de l'homme sain; telles aussi, celles des facultés de l'esprit entre elles, principalement en ce qui concerne leurs relations avec l'imagination;

combien de fois n'arrive-t-il pas à l'observateur d'en
être réduit à un indice vague, impossible à fixer,
difficile même à constater, plus difficile encore à
décrire, et ne pouvant donner lieu qu'à une conjecture approximative et provisoire; dans certains
cas, le savant le plus perspicace en est réduit à
son instinct de la réalité et, partant, de la vérité.

En ce qui concerne spécialement l'anthropologie,
je m'occuperai d'une part, des *rapports de coexistence* des hommes entre eux et avec leur milieu, et
des rapports réciproques de leurs manifestations
vitales; d'autre part, des *rapports de succession*,
qui se produisent entre les hommes et entre les
phénomènes que leur nature a manifestés dans le
passé, réalise dans le présent et produira dans
l'avenir.

Il est évident que les rapports de continuité, à
savoir la *coexistence* et la *succession*, peuvent se
trouver ensemble ou séparément, sans que des rapports logiques de *contenance* et de *subordination*,
semblables à ceux qui doivent nécessairement
relier dans la synthèse une conclusion à son principe, puissent être établis entre un fait inconnu,
inféré d'un fait connu (1).

Le rapport de coexistence dans l'étendue ou
espace, s'il n'exprime qu'une contiguïté fortuite ou
proximité accidentelle, ne peut évidemment pas
fournir de base à une inférence : deux objets diffé-

_____

(1) Voir STUART MILL, *Système de logique*, t. Ier, pp. 207 à 237, Paris,
1866.

rents peuvent se trouver, par hasard, dans une boîte; il est clair que l'observation de l'un ne peut généralement fournir d'indice, d'où inférer la connaissance de l'autre. Cet exemple rend évidente l'impuissance de l'inférence, non basée sur la nécessité d'une corrélation organique d'existence. Voici un exemple non moins probant. De la présence d'un poisson, j'infère avec certitude l'existence d'un milieu aquatique; mais l'inverse, c'est-à-dire de l'existence d'un étang inférer la présence de poisson, est incertain. Il en est ainsi, parce que la première inférence est basée sur une corrélation organique nécessaire, qui unit fatalement le poisson à l'eau, condition extrinsèque absolument indispensable à son existence et à sa vie; tandis que dans la seconde inférence, le rapport de corrélation n'est que possible.

Un rapport de coexistence est donc d'une tout autre importance, lorsqu'il s'agit de connexions naturelles, comme celles qu'ont entre eux des plantes et des animaux contemporains d'une même région, ou, mieux encore, les membres d'une famille naturelle. Il est évident que dans ces cas de coexistence, des analogies et des affinités organiques fort grandes doivent se trouver entre ces différents êtres et leur manière de vivre; l'étude d'une de ces espèces doit donc aider à connaître et à comprendre la nature d'une ou de plusieurs autres espèces, en même temps que celle du milieu dans lequel elles cohabitent.

Exemple. Des plantes et des animaux fossiles ont

été découverts dans les régions polaires; or, des analogues de ces êtres vivent actuellement dans les climats chauds; il est donc permis d'inférer de ces faits, qu'à l'époque de l'évolution géologique du milieu où ces plantes et ces animaux ont vécu, leur habitat avait un climat tropical, ainsi qu'une faune et une flore appropriées aux températures élevées.

Le rapport de coexistence de deux ou de plusieurs choses peut être plus direct et plus complet encore, lorsqu'il s'agit, soit des éléments organiques : un esprit et un corps combinés dans la nature d'un être vivant tel que l'homme, ou de la combinaison de deux éléments chimiques : l'hydrogène et l'oxygène dans l'eau; soit des rapports d'inhérence qu'ont entre elles les propriétés ou attributs d'un être ou d'une chose. Certaines de ces propriétés sont séparables : telle la couleur du fer, qui se modifie selon sa température; d'autres propriétés sont par contre inséparables. Il en résulte, pour ce qui concerne ces dernières, que l'existence d'une de celles-ci ayant été constatée, l'inférence des autres est certaine. Tels sont l'étendue, la divisibilité, la continuité, la pesanteur, le mouvement, etc., de la matière; la sensibilité, le mouvement, la circulation organique des animaux. En constatant, par exemple, que le chien a des antipathies et des sympathies; qu'il témoigne de l'affection et de la reconnaissance; qu'en jouant il simule parfois la colère, j'en infère avec certitude qu'il a une âme; qu'il possède les facultés de connaître, de sentir, de vouloir et d'aimer; qu'il est plus ou moins expérimenté.

Quant aux rapports de coexistence des êtres et des phénomènes dans le temps, on en trouve qui sont contemporains; il en est qui sont parfois éloignés les uns des autres par une période assez longue, le fait réflexe se produisant assez long-temps après le fait initial.

Parmi les rapports des êtres et des phénomènes dans le temps, il s'en trouve aussi d'accidentels, et d'autres, nécessaires.

Ces rapports accidentels ne fournissent que des bases bien faibles aux inférences. Telle est, par exemple, la succession de certains faits histo-riques : Louis XVIII devenant deux fois roi de France, après les abdications de Napoléon Ier en 1814 et en 1815; si l'élévation au trône du comte de Provence avait pu être inférée avec quelque certi-tude des fautes de Napoléon, beaucoup de leurs courtisans auraient été moins embarrassés, lors des arrivées successives du roi et de l'empereur au palais des Tuileries.

Par contre, les rapports nécessaires, qui émanent plus ou moins des antécédents, influencent la descen-dance des êtres ou donnent comme conséquence certains phénomènes organiques; il en résulte qu'ils sont d'une grande valeur pour la méthode d'investigation par inférence. Il est évident que l'état actuel de la nature et de l'activité d'un orga-nisme vivant, découle en grande partie de son passé. Cet état permet donc d'élucider la connaissance du passé de cet être, de même qu'il permet de prévoir plus ou moins son avenir. Tels sont les rapports de l'état de santé avec ce qu'un homme est capable de faire, la succession des âges de la vie, des différents phénomènes nutritifs, de la veille et du sommeil, pour ce qui concerne des phénomènes à succession nécessaire et dont la prévision plus ou moins certaine est possible. En ce qui concerne la filiation de certains êtres, l'état des parents, par exemple, permet d'augurer l'état probable des enfants (alcoolisme, folie, syphilis, phtisie) (1).

Dans les inférences relatives aux faits passés et futurs, les dates n'ont d'importance que pour les sciences historiques; en ce qui concerne les sciences naturelles, il suffit de compter par âge, période, époque, en ayant soin de préciser la durée relative que l'on assigne à chacun de ces termes, ainsi que la région dont il s'agit.

Le rapport ou loi de coexistence se retrouve entre toutes les propriétés naturelles, inhérentes à l'essence de l'homme. Il y a à cet égard égalité entre tous les hommes. Quel que soit le degré d'avilissement et d'abrutissement auquel l'être humain puisse se dégrader par la pratique du vice, il reste toujours au sauvage aussi bien qu'au civilisé, des lueurs d'intelligence, de sensibilité, de volonté et d'amour; de ces faibles indices nous

---

(1) Voir BAIN, LOGIQUE, t. II, p. 57, chap. 6, *Les Méthodes expérimentales.* — IDEM, p. 167, n° 12. « Enfin la règle doit être examinée au point de vue des uniformités que l'on suppose ou que l'on sait être les effets d'une cause commune. »

inférons l'existence permanente des facultés de l'âme et en conséquence, d'un esprit humain, dans la nature des infortunés qui sont tombés au dernier degré de l'espèce.

Il en est de même de la coexistence des propriétés fondamentales de la matière ; celles-ci appartiennent nécessairement à tous les corps, à l'état solide, liquide et gazeux : l'étendue, la continuité, la divisibilité, la pesanteur, le mouvement, et ainsi de suite, sont tous indissolublement inhérents à l'essence de la substance matérielle. Il en résulte qu'il est légitime de conclure de la présence d'une de ces propriétés à celle de toutes les autres.

Les différents rapports de coexistence sur lesquels l'inférence logique (1) est basée, se constatent d'une façon très apparente entre les corps d'une série chimique et entre des espèces contemporaines et voisines, ayant un habitat commun. Il y a évidemment un parallélisme d'analogies entre les différents membres des séries naturelles ; en conséquence, l'étude approfondie des individus, chacun en particulier, ou de leurs conditions communes d'existence, éclaire et prépare la connaissance de tous les individus dont il s'agit.

Nous venons de voir que les rapports de coexis-

(1) Voir STUART MILL, LOGIQUE, t. II, chap. XX, *De l'analogie.* Chap. XXIII, *Des Généralisations approximatives et de la preuve probable.* Chap. XXV, *Des Raisons de la non-croyance,* Paris, 1866. — Idem BAIN, A., *Logique,* t. Ier, § 26, p. 28, « Lorsque nous inférons d'un fait connu, un fait inconnu, nous faisons une inférence *réelle,* qui exige des garanties, » et t. II, p. 127, chap. IX et suiv.

tence se trouvent d'une façon fort apparente entre
les diverses propriétés comprises dans la nature
d'un être ou d'une chose. Il en résulte qu'il suffit
parfois de constater l'existence d'une seule *propriété caractéristique*, telle une odeur, une saveur,
une forme, un procédé ou un acte *particuliers*, pour
pouvoir en inférer, avec une quasi-certitude, toutes
les autres propriétés et, par conséquent, l'individualité elle-même de l'être ou la nature de la chose
en question.

Quant aux rapports de succession, ils se présentent spécialement entre les phénomènes d'une série,
dus à une ou à plusieurs causes coactives. Ces faits
ont entre eux une grande analogie, sur laquelle il
est possible d'établir des inférences, afin de les élucider les uns par les autres. Cependant deux phénomènes d'une semblable série sont parfois séparés
l'un de l'autre par un laps de temps fort long. Tels
sont certains phénomènes astronomiques, le retour
d'une comète, par exemple, qui peut être calculé
d'avance; tels sont aussi chez l'homme, les crises
de certaines affections morbides, quoiqu'elles aient
lieu à des intervalles irréguliers, parfois assez longs.

L'inférence est bien souvent basée sur une analogie partielle, c'est-à-dire sur une ressemblance
plus ou moins grande d'êtres ou de phénomènes
qui, en vertu de cette simple analogie, sont déterminés l'un par rapport à l'autre (1). On agit parfois

_____

(1) Voir p. 112, l'inférence de Littré, et Introduction, § 2, *a*, 3,
La Généralisation. Généralisation par analogie.

de la sorte, sans qu'il y ait entre deux faits un rapport nécessaire de coexistence ou de succession ; dans ce cas, le jugement que l'on émet sur le fait non observé est en grande partie basé sur l'uniformité et la permanence des lois de la Nature, ce qui, dans l'état actuel de la science, peut donner déjà une présomption de vérité.

L'inférence basée sur l'analogie a été exposée par Bain de la façon suivante : « Le raisonnement dans sa forme la plus générale, consiste à inférer d'un fait particulier, un autre fait particulier de la même espèce. C'est la *ressemblance* qui suggère l'inférence et qui nous autorise à généraliser les qualités. Nous jetons une pierre dans un étang. La pierre, après avoir produit à la surface de l'eau des éclaboussures bruyantes, tombe au fond, pendant qu'autour du point où elle est tombée se dessine une série de vagues. De là nous inférons par raisonnement, nous présumons, qu'une autre pierre jetée dans le même étang, y produira les mêmes effets. Nous pouvons aller plus loin, étendre cette inférence à un autre étang ou à toute autre masse d'eau. C'est là faire des inférences, des raisonnements ; c'est dépasser notre expérience actuelle pour étendre notre affirmation à ce que nous ne connaissons pas. La ressemblance des cas est ce qui détermine l'esprit à faire ce pas en avant, à anticiper dans ses jugements sur ce qui n'est pas encore arrivé. Ainsi nous n'irons pas inférer qu'une poignée de feuilles sèches produira jamais les conséquences de la chute d'une pierre. Ni nos croyances instinctives, ni notre expé-

rience de la nature, ne nous déterminent à attendre
la production des mêmes effets, dans des circonstances différentes.

« Cette forme de raisonnement est d'un usage
général et nous est commune avec les animaux. Un
animal, habitué à trouver un abri sous un buisson,
conclut par inférence, d'un buisson à un autre buisson, et ce qui le dirige dans ce raisonnement, c'est
la ressemblance des deux objets. Un chien est
détourné d'une action, même par les menaces d'un
étranger, qui manie devant lui un bâton, qu'il n'a
jamais vu : c'est encore la ressemblance partielle
avec les expériences antérieures, qui suffit ici, pour
réveiller la crainte du chien (1). »

Il est incontestable que les animaux sont doués
d'intelligence. Ils observent; ils sont susceptibles
d'acquérir de l'expérience. Les vieux individus surtout, se rendent compte de ce qui se passe autour
d'eux : j'en appelle à tous les chasseurs expérimen-
tés, qui parlent peu et ne gaspillent pas leur plomb.
Mais les inférences des animaux semblent être
limitées aux analogies partielles, tel que l'expose
Bain; leur activité intellectuelle est caractérisée
par l'espèce à laquelle ils appartiennent; elle est
après quelques générations, sensiblement modifiée
par l'influence de l'homme et l'action du milieu
ambiant (2).

---

(1) BAIN, A., *Logique*, t. Ier, p. 11.
(2) Voir BLAZE, E., *Le Chasseur au chien d'arrêt* ; IDEM, *Le Chasseur
au chien courant.* — Voir HOUZEAU, J.-O., *Etudes sur les facultés men-*

Dans le commerce ordinaire de la vie, nos jugements sont des inférences basées sur des analogies partielles, souvent plus apparentes que réelles; aussi la plupart de nos appréciations sont-elles dépourvues de valeur objective (1).

De la coexistence ou contemporanéité de certains faits, résulte qu'il est parfois possible d'inférer la connaissance d'un de ces faits de la connaissance des autres, au moyen de *concordances*.

La concordance est un rapport de conformité ou accord de plusieurs faits entre eux.

Une concordance peut être établie, soit entre des témoignages, soit entre des dates et des faits historiques; soit entre ceux-ci et des phénomènes terrestres, connus ou pouvant être établis; soit entre des faits de l'histoire de la Terre, dont il y a lieu de rechercher le synchronisme, et ainsi de suite.

Lorsque parmi des faits contemporains, un ou plusieurs d'entre eux sont exactement connus, ou qu'il s'y trouve ne fût-ce qu'un seul phénomène terrestre encore observable actuellement ou dont la date peut être calculée, l'inférence d'un fait inconnu peut acquérir un grand degré de probabilité, et même être certaine. Ainsi l'on a pu établir exactement la date d'un fait historique, parce que dans la relation qui nous en est parvenue, un

tales des animaux comparées à celles de l'homme, Mons, 1872, 2 vol. — Voir BREHM, A.-E., *Les Merveilles de la nature. L'homme et les animaux*, Paris, 10 vol.

(1) Voir BAIN, A., LOGIQUE, t. II, p. 135, *Principes de la probabilité.*

phénomène astronomique avait coïncidé avec lui.
Or, il a été possible de calculer exactement la date
de celui-ci (1).

Des cas analogues se présentent dans la critique
d'anciennes relations de voyage et dans les
recherches faites par les savants modernes, au
sujet de la réalité de certains faits historiques.
Il arrive que ces événements soient rapportés d'une
façon erronée par les anciens ou qu'ils soient faussement interprétés, mal compris ou même crus
impossibles par les modernes. Dans ces différents
cas, il y a parfois moyen d'arriver à des concordances, entre les faits en discussion et d'autres
faits connus et incontestables. Par ce procédé, il a
été possible d'établir la réalité d'événements qui
avaient paru imaginaires à certains savants. Tel
est le cas intéressant rapporté par Lubbock,
d'après Nilsson, dans son ouvrage sur l'âge du
bronze, au sujet des voyages de Pytheas, dont
la véracité avait été contestée par sir George
Cornwall Lewis (2).

NAPOLÉON III, dans son *Histoire de Jules César* (3),
a également procédé de la sorte, pour élucider,
entre autres, certains faits relatifs aux expéditions
de Bretagne, principalement en qui ce concerne les
dates et les points d'embarquement et de débarque-
ment de l'armée romaine.

---

(1) Voir E. CURTIUS, *Histoire grecque*, traduction Bouché-Leclercq,
t. II, p. 136, Paris, 1881.

(2) Voir LUBBOCK, J., *L'Homme préhistorique*, t. Ier, p. 62, Paris, 1888.

(3) Paris, 1865. Deux vol. et atlas. Voir t. II, p. 166-181.

Il s'est basé, d'une part, sur les textes et, d'autre part, sur des phénomènes terrestres, relatifs à la topographie et à la constitution géologique des côtes française et anglaise, aux marées, aux courants, aux vents et aux saisons; certains phénomènes astronomiques ont aussi été habilement mis à contribution.

Si ces divers problèmes historiques n'ont pas été définitivement résolus par Napoléon III et ses savants collaborateurs, il est néanmoins incontestable qu'ils sont parvenus à établir des concordances exactes, entre les textes et différents faits physiques connus, dont quelques-uns sont encore observables; leurs inférences ont été judicieusement établies.

L'*inférence* est un procédé méthodique, que je crois essentiellement analytique, bien qu'il se rapproche parfois beaucoup de la déduction; d'ailleurs l'emploi de ces deux procédés méthodiques est souvent simultané; on a peine parfois à les distinguer l'un de l'autre (1).

Littré, dans son excellent *Dictionnaire de la langue française*, écrit au mot *inférence* : « L'acte de l'esprit par lequel on attribue à un corps, en conséquence de quelques-unes de ses propriétés, toutes les autres propriétés en vertu desquelles il est placé dans une classe particulière, est un acte d'inférence. » C'est le cas de la classification d'un

---

(1) Voir les exemples cités de Cuvier, Le Verrier et Harvey.

animal ou d'une plante des âges géologiques, dont on ne possède que des débris fossiles, dans une espèce ou un genre dont tous les caractères essentiels nous sont connus. On a donc inféré de la présence partielle de certains caractères qu'offre le débris découvert, tous les autres caractères de l'espèce ou du genre auquel l'on rattache l'être dont proviennent ces débris.

Voulant établir les différences qui existent : 1° entre *induire* et *inférer*, Littré écrit : « La différence que l'usage a établie, est que *induction* est particulièrement affecté au procédé logique par lequel on passe des faits expérimentaux et particuliers, aux propositions générales, » et 2° entre *inférer* et *conclure* : « Inférer est tirer une conséquence. Conclure est aussi en tirer une ; mais cette conséquence est la dernière, la conclusion du raisonnement, ce que inférer n'implique pas. De plus, conclure s'emploie très-bien quand il y a certitude. On conclut une proposition d'un syllogisme, on ne l'infère pas. Inférer laisse du doute. De cent expériences on infère une proposition, que la centunième détruirait peut-être. »

A mon avis, Littré avait de l'inférence une idée exacte mais incomplète. Il expose clairement la distinction qui existe entre l'*inférence*, l'*induction* et la *déduction* ; mais en réduisant l'inférence à l'un des procédés de la généralisation et de la classification mis en œuvre par les naturalistes, Littré a commis une méprise ; il a évidemment confondu l'inférence avec le procédé de généralisation par

analogie, que les paléontologistes emploient spécialement à la classification des plantes et des animaux fossiles; je m'en occuperai à la théorie de la
généralisation, Introduction, § 2, n, 3.

Je me suis proposé d'établir, que l'inférence est
une méthode riche en ressources et en applications,
surtout en anthropologie et dans les sciences naturelles.

En inférant un fait inconnu d'un fait connu, sans
le motif légitime d'un argument logique, on fait une
supposition gratuite. Mais autre chose est inférer
un fait inconnu, d'un autre fait, dûment constaté,
en se basant soit sur la loi de l'analogie organique,
soit sur la coexistence des parties d'un ensemble ou
sur le rapport de succession qu'ont entre eux deux
ou plusieurs phénomènes. Nous avons vu que des
rapports de coexistence unissent le plus souvent des
êtres contemporains d'un même milieu, tandis que
les rapports de succession rattachent le plus souvent des phénomènes corrélatifs ou simplement
connexes.

En tous cas, l'emploi de ce procédé d'investigation
n'aboutit généralement qu'à l'hypothèse la plus probable; il est vrai que sa probabilité peut, dans un
grand nombre de cas, s'accroître par de nouvelles
découvertes (1).

Cependant, si par inférence nous ne parvenons

---

(1) Voir BAIN, A., *Logique*, t. II, p. 213, n° 4. « Un argument fondé
sur l'analogie est seulement probable. La probabilité se mesure par
la comparaison du nombre (et de l'importance) des points de ressemblance, avec le nombre et l'importance des points de différence, en

que rarement à établir de nouveaux faits, d'une manière certaine, nous avons, du moins dans mainte circonstance, assez de ressources à notre disposition pour procéder par approximation, et parvenir à circonscrire cette approximation dans des limites tellement rapprochées, qu'elle est bien près de la vérité.

Non entièrement satisfaits de nos appréciations, nos successeurs les reprendront. Ils auront plus de données à leur disposition que nous. Ils seront plus circonspects que nous ne l'avons été. Les procédés méthodiques ayant été perfectionnés, les résultats qu'ils obtiendront seront plus scientifiques que ceux atteints par nous; l'erreur et, mieux que cela, l'incertitude, sera d'autant moins grande que l'évolution scientifique de l'humanité sera plus avancée (1).

Citons encore un remarquable exemple des résultats de la méthode d'investigation par inférence.

De la découverte d'ossements de mammouth, dans les alluvions quaternaires de l'Europe occidentale, on a légitimement inféré la présence de cet animal dans nos climats, à cette époque.

De ce que les éléphants actuels ne vivent que dans les régions les plus chaudes du globe, on inféra

---

tenant compte du nombre des propriétés inconnues, relativement au nombre des propriétés connues. »

Idem, p. 225, n° 5. « Les affirmations des voyageurs, touchant les nouvelles espèces de plantes et d'animaux, sont vraisemblables ou invraisemblables, selon qu'elles contredisent ou non les lois de causalité ou de coexistence. »

(1) Voir le Post-scriptum à la fin de l'ouvrage.

que le climat de nos contrées était à l'époque quaternaire, analogue à celui des régions tropicales
actuelles.

Cependant, la présence dans les mêmes couches
géologiques de débris fossiles d'animaux de climat
tempéré et même de climat froid, restait inexplicable; cette réunion d'ossements paraissait même
accidentelle et rendait en conséquence fort pré-
caires, les hypothèses relatives au climat du milieu
où ces animaux avaient vécu.

Enfin, la découverte inattendue, dans les glaces
polaires, de quelques mammouths encore revêtus
de leur épaisse toison, ainsi que la preuve de l'existence d'importants glaciers, dans nos régions, à
l'époque quaternaire, ont renversé ces premières
hypothèses et ont permis d'en établir de nouvelles,
inférées de faits plus nombreux, mieux établis et
nullement en contradiction les uns avec les autres.
En effet, la coexistence du mammouth et de glaciers
n'est plus une impossibilité biologique, depuis que
nous savons que cet animal était pourvu d'une
épaisse toison et qu'il y a d'ailleurs eu des périodes
interglaciaires à température relativement élevée.
La présence d'animaux de climat froid, ou du moins,
supposés tels, parce que leurs congénères actuels,
particulièrement les rennes, habitent les climats
froids, s'expliquait du même coup. La présence de
toutes les espèces quaternaires n'a d'ailleurs pas été
simultanée, puisque des périodes interglaciaires on
doit inférer, en raison de ce que nous connaissons
actuellement de la flore et de la faune quaternaires,

qu'il y a eu alternativement des périodes de grand froid et de chaleur, correspondantes à l'extension et au retrait des glaciers.

La connaissance de l'état de l'Europe occidentale quaternaire se complète donc à mesure que l'observation des faits y étend ses récoltes et que des inférences de plus en plus nombreuses et exactes en sont tirées (1).

Cependant, l'étude de ces questions, en rapport avec celle de l'existence de l'homme, en est encore à ses débuts, bien qu'elle ait marché à pas de géant, depuis que les travaux de Schmerling et de Boucher de Perthes ont été appréciés à leur juste valeur. Non seulement tous ces problèmes sont entourés de grandes difficultés, mais les matériaux que les savants ont à leur disposition, pour les poser et chercher à les résoudre, ne sont le plus souvent que des débris informes, dont la détermination seule exige déjà une grande perspicacité et l'emploi de procédés méthodiques fort délicats.

Lorsque la connaissance d'un fait est inférée d'un ou de plusieurs autres faits, avec lesquels il se trouve en rapports de subordination et de corrélation organiques et que les conditions extérieures de ces faits sont identiques, la probabilité de l'inférence est fort grande; cette inférence peut même être certaine, lorsqu'il s'agit d'organes et de fonctions d'espèces voisines et contemporaines.

---

(1) Voir GEIKIE, J., *Prehistoric Europe*, London, 1881.
IDEM, *The great ice age*, 3rd edition, London, 1894.

Une semblable application de la méthode par inférence est, en quelque sorte, toute la *théorie des analogues* d'Etienne Geoffroy Saint-Hilaire (1).

Les causes et les conditions d'existence et de production des êtres, des organes et des phénomènes, dues à la filiation, à l'évolution et à l'activité de ceux-ci, déterminent leur nature respective. C'est ainsi que E. Geoffroy a complété sa méthode d'investigation, basée sur la recherche directe des analogies organiques, par les principes suivants, conditions d'existence les plus fondamentales, qui devront servir de bases aux recherches des *analogies non évidentes* (p. 211), dont la découverte est entourée de difficultés. Ces principes sont :

1° *La position relative ou dépendance mutuelle des organes*, c'est-à-dire la connexion des organes entre eux (p. 213), d'où mise en valeur des organes rudimentaires.

2° *Affinités électives*, c'est-à-dire que les matériaux des organes survivent en quelque sorte aux organes eux-mêmes, et, où ceux-ci cessent d'exister, l'analogie ne cesse pas encore.

3° *Balancement des organes*, c'est-à-dire qu'un organe normal ou pathologique n'acquiert jamais une prospérité extraordinaire, qu'un autre de son système ou de ses relations, n'en souffre dans une même raison (p. 215).

Un organe rudimentaire est celui qui a été sacri-

(1) Voir GEOFFROY SAINT-HILAIRE, ISIDORE, *Vie, travaux et doctrine*, chap. VIII, §§ II, III, Paris, 1847.

fié à d'autres organes : à côté d'une atrophie se trouve souvent une hypertrophie.

Remarquons que ces principes d'E. Geoffroy ont été analytiquement obtenus; ils justifient donc la généralité des lois de l'organisme vivant; ils en démontrent l'unité, dans les êtres les plus différents, en même temps que la permanence des connexions organiques de subordination et de corrélation (1).

Un résultat remarquable de l'emploi de la méthode d'investigation par inférence, appuyé des lois de l'organisation et des conditions d'existence, a été obtenu par G. Cuvier.

Les lois de l'organisation des animaux, sur lesquelles Cuvier s'est particulièrement basé pour reconstituer, à l'aide de quelques-uns de leurs ossements retrouvés à l'état fossile, les squelettes d'animaux disparus, sont la *loi de l'individualité organique*, d'après laquelle tout être vivant « forme un ensemble, un système unique et clos (2) » et la *loi de la corrélation organique*, d'après laquelle chaque organe se trouve dans un rapport de dépendance envers les autres; les organes se « correspondent mutuellement et concourent à la même action définitive, par une réaction réciproque (3) ». « Car il est évident, » écrit CUVIER, dans son *Anatomie comparée* (4), « que l'harmonie convenable entre les

(1) Voir liv. Ier, chap. 1er, § 3.
(2) CUVIER, G., *Discours sur les révolutions de l'écorce du globe*, Paris, 1877, p. 62.
(3) IDEM, *ibid.*
(4) 2e édit., p. 50.

organes qui agissent les uns sur les autres, est une
condition nécessaire de l'existence de l'être auquel
ils appartiennent ».

De la loi de corrélation organique résulte, d'après
le même auteur, que « aucune de ces parties
(organes) ne peut changer sans que les autres ne
changent aussi ; et par conséquent chacune d'elles,
prise séparément, indique et donne toutes les
autres (1). » « Comme rien ne peut exister, s'il ne
réunit les conditions qui rendent son existence possible, » écrit-il encore (2), « les différentes parties
de chaque animal doivent être coordonnées, de
manière à rendre possible l'être total, non seulement en lui-même, mais dans ses rapports avec
ceux qui l'entourent ; et l'analyse de ces conditions
conduit souvent à des lois générales, tout aussi
démontrées que celles qui dérivent du calcul et de
l'expérience. »

Plus loin, il revient à la même question : « Les
parties d'un être, devant toutes avoir une convenance mutuelle, il est tels traits de conformation
qui en excluent d'autres ; il en est qui, au contraire,
en nécessitent ; quand on connaît donc tels et tels
traits dans un être, on peut calculer ceux qui
coexistent avec ceux-là, ou ceux qui leur sont
incompatibles ; les parties, les propriétés ou les
traits de conformation qui ont le plus grand nombre

___

(1) *Discours*, p. 62.
(2) CUVIER, G., *Le Règne animal*, Paris, 1828, t. Ier, Introduction,
p. 8.

de ces rapports d'incompatibilité ou de coexistence avec d'autres, ou, en d'autres termes, qui exercent sur l'ensemble de l'être, l'influence la plus marquée, sont ce que l'on appelle les *caractères importants*, les *caractères dominateurs* ; les autres sont les *caractères subordonnés*, et il y en a ainsi de différents degrés (1). »

Inutile de rappeler les brillants succès de G. Cuvier, en paléontologie. Mais il importe de constater, que le résultat surprenant obtenu par ce savant, en inférant de la forme d'un ossement, celles de plusieurs autres et même la nature de l'animal, a nécessairement pour conséquence de réduire à néant les principales objections qui ont été soulevées, pour contester la valeur scientifique des résultats obtenus par toute voie méthodique de découverte autre que l'observation. Est-ce que Cuvier lui-même, par une étrange contradiction, ne s'est pas plu à critiquer passionnément « cette méthode précise, rigoureuse, de démêler, de distinguer les os confondus ensemble ; de rapporter chaque os à son espèce ; *de reconstruire enfin l'animal entier, d'après quelques-unes de ses parties...?* (2)

« Et telle, d'un autre côté, était la rigueur des lois zoologiques suivies par l'auteur, que, les dents lui ayant donné deux genres distincts, il ne pouvait douter que toutes les autres parties du squelette,

(1) CUVIER, G., *Le Règne animal*, Paris, 1828, t. Iᵉʳ, Introduction, pp. 11 et 12.

(2) FLOURENS, P., *Histoire des travaux de G. Cuvier*, Paris, 1858, p. 164.

la tête, le tronc, les pieds, ne fussent aussi de deux genres différents. Il prévit donc aussitôt, pour chacun de ces genres, une tête, un tronc, des pieds d'une forme particulière, comme il leur avait trouvé un système dentaire propre; et il ne tarda pas à trouver tout ce qu'il avait prévu... »

... « Il refait, enfin, leur squelette entier; et, à peine ce grand travail est-il terminé, que, par un hasard singulier, un squelette à peu près complet de l'un d'eux, trouvé à Pantin, vient confirmer tous les résultats déjà obtenus. Dans ce squelette, tous les os étaient réunis, joints ensemble, comme les avait réunis M. Cuvier (1). »

Cuvier soutenait, il importe de le rappeler en ce moment, au sujet de ses mémorables découvertes, pour lesquelles la méthode par inférence et même la synthèse ont été largement mises à contribution, que « chaque fait a une place déterminée et qui ne peut être remplie que par lui seul (2) ».

En effet, une corrélation nécessaire existe dans les combinaisons des organes entre eux : cette corrélation est en rapport constant avec la nature d'un être, en raison de ses conditions d'existence et de vie. Il y a donc des formes et des procédés organiques qui s'excluent; il y en a qui sont indispensables les uns aux autres. Toutes les combinaisons organiques ne sont donc pas possibles; il n'en faut pas davantage pour justifier l'emploi du procédé

---

(1) FLOURENS, P., *Histoire des travaux de G. Cuvier.* Paris, 1858, pp. 185 et suiv.

(2) FLOURENS, P., *Histoire des travaux*, p. 259, citation de G. Cuvier.

synthétique d'investigation dans certaines sciences naturelles, telles que l'anthropologie, la zoologie et la botanique (1).

Pour résumer ce qui concerne les différents procédés méthodiques qu'il avait mis en œuvre, pour reconstituer, entre autres, le squelette du *palaeotherium*, Cuvier s'exprime comme suit : « Après avoir obtenu par la longue et pénible analyse, qui a rempli les six précédentes sections, toutes les pièces des squelettes de nos animaux ; après avoir assigné à chacun isolément, la place qui lui convenait, il s'agissait d'en faire la synthèse, de les rapprocher, d'en opérer l'assemblage, et de reproduire aux yeux, sinon les animaux entiers, du moins leur charpente osseuse (2). »

Dans son célèbre *Discours*, il est plus catégorique encore : « En un mot, la forme de la dent entraîne la forme du condyle, celle de l'omoplate, celle des ongles, tout comme l'équation d'une courbe entraîne toutes ses propriétés ; et de même qu'en prenant chaque propriété séparément, pour base d'une équation particulière, on retrouverait et l'équation ordinaire et toutes les autres propriétés quelconques, de même l'ongle, l'omoplate, le condyle, le fémur, et tous les autres os pris chacun séparément, donnent la dent ou se donnent réciproquement ; et en commençant par chacun d'eux, celui

---

(1) Voir Introduction, § 2, *b*, *La Synthèse*.

(2) CUVIER, G., RECHERCHES SUR LES OSSEMENTS FOSSILES, t. V, 7ᵉ section, *Résumé général et rétablissement des squelettes des diverses espèces*, Paris, 1835, p. 417.

qui posséderait rationnellement les lois de l'économie organique, pourrait refaire tout l'animal (1). »

Dans ce dernier passage surtout, Cuvier reconnaît
indubitablement la haute valeur, en même temps
que la nécessité de l'emploi de la méthode synthétique; et de fait, en passant graduellement, guidé
par les lois fondamentales de l'organisation, du
connu à l'inconnu, c'est-à-dire d'un fait constaté
à ses conséquences organiques immédiates, pour
reconstituer le squelette du *palaeotherium*, par
exemple, il a opéré magistralement selon les règles
de la *synthèse*, combinées à celles de l'*inférence*.

Je répète que le résultat remarquable qu'il
obtint, est un argument irréfutable en faveur de la
valeur des méthodes d'investigation par inférence
et par synthèse. « Mais Cuvier se réfute lui-même, »
écrit Isidore Geoffroy Saint-Hilaire, « en faisant, à
l'aide de la méthode qu'il récuse, d'admirables
découvertes, devant lesquelles la sienne lui com-
mandait de s'arrêter (2). »

Pour diagnostiquer une affection, le médecin n'a
maintes fois que la méthode par inférence à sa disposition. Il ne peut, en effet, qu'inférer l'existence,
la nature et le siège du mal, d'après les symptômes
qu'il constate, c'est-à-dire les phénomènes corrélatifs de l'état pathologique dont il s'agit, tels que

---

(1) P. 65. Voir également *Principe de cette détermination*, pp. 62-71,
ainsi que la note 3, p. 270, au sujet de la corrélation des fonctions. Lire la théorie de la méthode synthétique dans le présent
volume.

(2) *Histoire naturelle générale*, t. Ier, p. 270.

les anomalies du pouls, du teint, de la température du malade et de la localisation des douleurs.

Les quelques résultats intéressants que j'ai obtenus en archéologie préhistorique, spécialement en ce qui concerne l'industrie du silex, je les dois à l'emploi de la méthode par inférence, précédé d'une observation minutieuse de l'outillage des hommes préhistoriques et des sauvages modernes.

Bien avant de retrouver le procédé de la taille des grandes lames de silex, mon attention avait été appelée sur la forme et l'état des échancrures du plan de frappe des nucleus et de l'extrémité des lames près du conchoïde de percussion. J'étais convaincu que l'instrument percutant, imprime nécessairement sa forme sur l'objet percuté. Or, l'état du plan de frappe et celui des lames, dénotaient l'emploi d'un instrument tout autre que les percuteurs de grès et de silex, qui, croyait-on généralement, avaient servi à cette taille (1).

Je venais de recevoir de Spiennes, un nombre considérable de nucleus et de lames, provenant d'un atelier nouvellement fouillé. L'examen de ces pièces, fait en collaboration avec M. Depauw, nous donna la conviction que les grandes lames avaient été obtenues au moyen d'un instrument pointu, appliqué sur le plan de frappe et actionné par une lourde masse de bois.

Précisément, quelques andouillers de cerf avaient

---

(1) Voir G. DE MORTILLET, *Le Préhistorique*, pp. 506-511, 2ᵉ édit., Paris, 1885.

été retirés du même atelier. Leurs extrémités portaient des traces bien évidentes d'usure; les pointes émoussées par l'usage avaient été retaillées à différentes reprises, au moyen du couteau de silex, et l'autre extrémité avait été déformée par des chocs violents.

Nos doutes furent dissipés. Ces andouillers étaient bien les instruments au moyen desquels les grandes lames de silex avaient été produites. Le procédé de leur taille était retrouvé : il était semblable à celui de nos tailleurs de pierre, lorsqu'ils emploient le ciseau à pointe et le maillet.

Dans le travail que j'ai publié récemment sur les meules préhistoriques et les instruments au moyen desquels on les *repiquait*, je crois avoir établi, que les percuteurs plus ou moins sphériques de grès et de silex, de l'âge de la pierre polie qui, de l'avis quasi unanime, avaient servi à éclater le silex et même à produire les grandes lames, étaient en réalité les instruments au moyen desquels les meules avaient été façonnées et repiquées. Il devenait indispensable de *repiquer* la meule, c'est-à-dire de lui rendre sa rugosité, après qu'un emploi prolongé en avait poli la surface, par suite du frottement de la molette.

La forme sensiblement sphérique de ces percuteurs me semble incontestablement due à leur emploi prolongé au repiquage. En effet, le travail utile de ces instruments devait être dû surtout aux aspérités de leur surface; celles-ci devaient donc disparaître petit à petit par l'usure et l'instrument s'arrondir graduellement ; or, plus le percuteur s'arrondissait, moins son emploi pouvait être propre à la taille de lames et même à la production de simples éclats de silex.

Dans ma notice sur les meules, j'ai présenté de nouveaux arguments, pour établir que les percuteurs n'avaient pu être employés à la taille des grandes lames de silex, et dans ma dernière communication faite à la Société d'anthropologie sur la taille du silex, je cite encore de nouveaux arguments, qui militent en faveur de l'emploi de l'andouiller de cerf (1).

Lorsque je me mis à étudier les silex que j'avais découverts, en 1885, dans le sable vert (landenien des géologues belges) (2), je ne pus y découvrir que

---

(1) Voir BULLETIN DE LA SOCIÉTÉ D'ANTHROPOLOGIE DE BRUXELLES :

a) *Considérations sur la taille du silex, telle qu'elle était pratiquée à Spiennes, à l'âge de la pierre polie.* En collaboration avec M. L. Depauw, t. IV, p. 246.

b) *Essai d'une classification des instruments quaternaires de silex et considérations préliminaires sur l'existence de l'homme à l'époque tertiaire dans les environs de Spiennes,* t. VI, p. 156.

c) *Considérations complémentaires relatives aux silex mesviniens,* t. VIII, p. 51.

d) *Un atelier à Spiennes. Poterie néolithique. Poterie paléolithique,* t. VIII, p. 114.

e) *Sur une note de M. Prestwich, relative à des instruments de silex,* t. VIII, p. 189.

f) *Considérations complémentaires sur la classification des instruments quaternaires en pierre,* soumise à la Société en sa séance du 26 septembre 1887, t. IX, p. 123.

g) *Considérations sur les meules préhistoriques,* t. XI, p. 76.

h) *Considérations sur les procédés de la taille du silex par les Indiens de l'Amérique du Nord,* t. XI, p. 117.

(2) Les plus caractéristiques de ces silex ont été reproduits par la

des traces offrant une bien faible analogie, avec
celles de la taille, de l'appropriation à la main et de
l'usure des silex quaternaires. Cependant, ces
faibles indices me suffirent pour attribuer à
l'homme, la taille de mes silex du sable vert et pour
persister dans mon appréciation, malgré les clameurs des géologues et des paléontologistes de la
Société, clameurs que de naïfs échos répétèrent en
France et en Angleterre.

Il me fut pénible alors de constater, que ces
Messieurs ignoraient à tel point les règles de la
méthode, qu'ils n'hésitèrent pas à rejeter une connaissance de fait, au nom de leurs théories (1).

Depuis lors, les faits que j'avais avancés, l'affirmation que mes silex du sable vert étaient taillés
par l'homme, ont été reconnus exacts; les théories
en question ont été modifiées bien malheureusement à mon avis, et, si je ne me trompe fort, elles le
seront encore.

Un des maîtres de la science de l'homme préhistorique, sir John Lubbock, mentionne d'intéressantes inférences; j'en rappellerai quelques-unes :
« Une découverte presque semblable a été faite
à Thorsbjerg, dans le même voisinage; mais, dans
ce cas, à cause de quelque différence chimique

___

photographie, en 1887, pl. VI, t. VI, p. 173 du *Bulletin de la Société
d'anthropologie de Bruxelles.*

(1) Voir *Bulletin de la Société d'anthropologie de Bruxelles,* t. VI,
Rapport de MM. DELVAUX et HOUZEAU DE LEHAYE, ainsi que les discussions, pp. 172-182 et 188-197. — *Idem,* RUTOT, A., *Sur des silex taillés
prétendument trouvés dans le landenien inférieur aux environs de
Mons,* p. 414.

dans la constitution de la tourbe, le fer a presque
entièrement disparu. On pourrait assez naturellement se demander pourquoi je cite ce cas, comme
un exemple de l'âge du fer? La réponse me semble
concluante. Toutes les épées, toutes les pointes de
lance, toutes les haches ont disparu, tandis que les
poignées en bronze ou en bois sont parfaitement
conservées; et, comme les ornements et autres
objets en bronze sont en bon état, il est évident
que les épées, etc... n'étaient pas faites avec ce
métal : il est donc raisonnable de conclure qu'elles
étaient en fer, d'autant plus que tous ces objets
ressemblent beaucoup à ceux trouvés à Nydam,
et que les pièces de monnaie, qui sont presque
aussi nombreuses que celles trouvées à ce dernier
endroit, vont de 60 A. D. à 197; on peut donc regarder ces deux amas comme contemporains (1). »

Voilà certes une intéressante inférence et s'il
n'était plus resté la moindre trace de fer, l'inférence
n'aurait rien perdu de sa valeur.

Les inférences de Morlot (2), au sujet de l'industrie du bronze, méritent d'être citées comme exemple de sagacité méthodique. Il en est de même
de celles de Steenstrup, qui détermina la véritable
nature des *Kjökkenmöddings* (3) et de bien d'autres
inférences modèles du genre, dues à Lubbock ou
rapportées par lui.

---

(1) LUBBOCK, J., *L'Homme préhistorique*, Paris, 1888, 3e édit., p. 9.
(2) IDEM, *ibid.*, pp. 37 et suiv.
(3) IDEM, *ibid.*, pp. 215 et suiv.

Les rapports de coexistence et de succession sur lesquels ces inférences sont basées, sont évidents et de nature à donner à ces conjectures, une valeur scientifique incontestable.

Il en est tout autrement d'une des hypothèses de M. Dupont, lorsque dans son ouvrage *L'Homme pendant les âges de la pierre dans les environs de Dinant* (1), il infère l'existence de pratiques religieuses ou de fétichisme, de la présence d'un cubitus de mammouth, placé sur une plaque de grès, à côté du foyer, chez des mongoloïdes du trou de Chaleux.

Il n'y a selon moi, pas le moindre rapport de coexistence à relever, sur quoi baser une conjecture, entre la présence de ce cubitus et les indices d'un culte, quelque rudimentaire qu'on puisse le supposer.

Le procédé méthodique dont nous nous occupons, permet également d'inférer, d'un ou de plusieurs faits acquis, un fait inconnu, appelé à se réaliser dans un avenir plus ou moins éloigné, et au sujet duquel il y a lieu de rechercher l'hypothèse la plus probable.

A un semblable fait, au sujet duquel les opinions émises étaient radicalement opposées, la méthode des inférences a été appliquée avec le tact du maître, par le professeur de Quatrefages. Il s'agissait de savoir, si les Français s'acclimateraient en Algérie. Eu égard à certains faits connus,

_____

(1) Bruxelles, 1872, 2ᵉ édit., voir pp. 144 et 205 et suiv.

relatifs à l'acclimatation des poules à Cuzco et des
oies à Bogota, de Quatrefages prétendait, contrairement à l'opinion du Dr Knox, soutenue par
Boudin, Bugeaud, Duvivier et Cavaignac, que les
Français s'acclimateraient en Afrique; les événements ont confirmé la manière de voir de l'illustre
professeur (1).

L'histoire militaire offre d'intéressants exemples
de prévisions basées sur des faits connus, depuis
réalisées. Une des qualités essentielles d'un chef
d'armée ne consiste-t-elle pas à pouvoir inférer les
intentions de son adversaire de son caractère personnel, de la qualité, de la quantité, de la disposition et des mouvements de ses troupes, de la topographie de la région occupée et d'autres faits, qu'il
doit faire constater par des reconnaissances et des
espions?

« Son calcul des distances, des marches et des
manœuvres est une opération mathématique si
rigoureuse que plusieurs fois, à deux ou trois cents
lieues de distance, sa prévision militaire, antérieure de deux mois, de quatre mois, s'accomplit
presque au jour fixé, précisément à la place dite.
Ajoutez une dernière faculté, la plus rare de toutes;
car, si sa prévision s'accomplit, c'est que, comme
les célèbres joueurs d'échecs, il a évalué juste,
outre le jeu mécanique des pièces, le caractère et le
talent de l'adversaire, — sondé son tirant d'eau —;
deviné ses fautes probables; au calcul des quanti-

---

(1) Voir DE QUATREFAGES, *L'Espèce humaine*, § IV, p. 170.

tés et des probabilités physiques, il a joint le calcul
des quantités et des probabilités morales, et il s'est
montré grand psychologue autant que stratégiste
accompli. — Effectivement, nul ne l'a surpassé
dans l'art de démêler les états et les mouvements
d'une âme et de beaucoup d'âmes, les motifs effi-
caces, permanents ou momentanés, qui poussent ou
retiennent l'homme en général et tels ou tels
hommes en particulier, les ressorts sur lesquels on
peut appuyer, l'espèce et le degré de pression qu'il
faut appliquer. Sous la direction de cette faculté
centrale, toutes les autres opèrent, et, dans l'art de
maîtriser les hommes, son génie se trouve souve-
rain (1). »

L'inférence a beaucoup d'analogie avec la
méthode que suivent les mathématiciens pour le
calcul des probabilités, qui en réalité, n'en est
qu'une forme particulière.

Les historiens et les philologues pratiquent beaucoup l'inférence. La plupart des appréciations de
ces savants sont basées sur des traditions et des
documents, souvent contradictoires ou tronqués,
tout au plus suffisants, en conséquence, pour obtenir une présomption plus ou moins plausible, à
défaut d'une connaissance exacte du fait historique
qu'il s'agit d'élucider. La critique moderne, en
expurgeant l'histoire de tous les faits qui ne sont
pas conformes aux lois naturelles, c'est-à-dire dont

---

(1) TAINE, II., LES ORIGINES DE LA FRANCE CONTEMPORAINE, *Le Régime
moderne*; t. Ier, *Napoléon Bonaparte*, p. 33, 5e édit., Paris, 1891.

la réalisation est impossible parce qu'elle est irrationnelle, a déjà fait entrer les sciences historiques dans une phase qui permet de bien augurer de leur avenir.

Les sciences historiques et philologiques progressent, cela est incontestable. Mais, aurons-nous jamais une histoire définitive? Je ne le pense pas; dans le domaine des sciences historiques, il arrive trop souvent que les points de repère plus ou moins connus, ne permettent que de délimiter le champ des suppositions plausibles au lieu d'assurer la solution exacte et définitive d'un problème d'histoire; par problème d'histoire, j'entends désigner la recherche de la connaissance de tous les faits passés, tant ceux de l'histoire des hommes et des êtres vivants en général, que ceux de la Nature et de tous les astres qu'elle contient.

La méthode d'investigation par inférence suivie pour établir et élucider certains faits passés, est d'un emploi constant dans la recherche des auteurs des délits et des crimes. Dans cette voie, policiers, magistrats, et médecins légistes d'élite, ont fait preuve d'une habileté parfois stupéfiante. Doués d'un bon sens subtil, ils savent avec une finesse et une pénétration invraisemblables, suivre la piste la plus embrouillée; choisir entre mille, le fil conducteur qui les mènera jusqu'au coupable; un indice paraissant dépourvu d'importance, leur suffit parfois à établir des faits probants, pouvant donner une conviction aux juges. Ceux qui se souviennent encore des lugubres péripéties du

procès P..., se rappelleront comment les auteurs
des rapports médico-légaux réussirent à éclairer
la justice au sujet de l'identité de « Vaughan »,
grâce surtout aux poils qui adhéraient au gilet de
corps, abandonné par lui dans la maison du crime.
« Les signes d'ordre médico-légal propres à fixer
l'identité de l'assassin, nous ont été fournis par
l'examen de poils, que nous avons recueillis sur
divers vêtements et objets de toilette abandonnés
par l'assassin dans la maison de la rue de la Loi.

« On verra par le rapport qui suit, combien les
difficultés à résoudre étaient grandes : mélange de
poils d'origine diverse, présence de poils teints ;
il est intéressant de rappeler que les conclusions de
ce rapport ont été pleinement confirmées dans la
suite, par les faits mêmes (1). »

Dans un ordre tout spécial de connaissances, un
remarquable résultat de la méthode d'investigation
par inférence, appliquée à l'interprétation d'une
écriture chiffrée, vient d'être obtenu par le commandant Bazeries. Cet habile cryptographe est
parvenu à traduire en clair, certaines dépêches de
Louis XIV et de Louvois, dont le chiffre avait
défié jusqu'à présent l'habileté de tous les spécialistes. Le commandant Bazeries et M. E. Burgaud
croyaient avoir définitivement éclairci le mystère
de l'*Homme au masque de fer*, qui, selon ces mes-

---

(1) *Rapports médico-légaux relatifs à l'affaire P.*, par les docteurs
Vleminckx, Laroche et Stiénon, médecins-légistes, J.-B. Depaire et
H. Bergé, experts-chimistes, Bruxelles, 1884, p. 11.

sieurs, n'était autre que Vivien Labbé, seigneur de Bulonde, lieutenant général des armées de Louis XIV (1).

Or, le résultat de leur démonstration était à peine publié, que dans la *Revue historique*, numéro de novembre-décembre 1894, paraissait une notice érudite et documentée de M. Funck-Brentano. Celui-ci ébranle complètement l'argumentation de MM. Bazeries et Burgaud et démontre péremptoirement cette fois, que l'*Homme au masque de fer* n'était pas le lieutenant général de Bulonde, mais ne pouvait être que Mattioli.

Au commandant Bazeries ne revient pas moins le mérite d'avoir pu déchiffrer, par d'habiles hypothèses et des inférences judicieusement faites, les dépêches qui étaient restées lettre close jusqu'à ce jour.

Ne sommes-nous pas tous appelés à devoir déchiffrer des hiéroglyphes? N'arrive-t-il pas à chacun de nous de recevoir une missive composée d'horribles pattes de mouche? De prime abord, l'heureux destinataire n'y voit goutte. Après un coup d'œil, jeté de mauvaise humeur sur la signature, commence la tentative de déchiffrement. Les lettres affligées des anomalies les moins compliquées, permettent de deviner la nature de leurs voisines complètement estropiées. Quelques mots parviennent alors à être saisis. Le sens de quelque tronçon de phrase

---

(1) E. BURGAUD et commandant BAZERIES, *Le Masque de fer*, révélation de la correspondance chiffrée de Louis XIV, Paris, 1893.

est ensuite compris. Enfin, d'habiles inférences successivement appliquées aux lettres, aux mots et
aux phrases, nous mettent en état de déchiffrer une
écriture qui nous paraissait illisible.

Lorsque dans le cours de la vie, on cherche à
prévoir un phénomène futur, une distinction capitale s'impose entre les actes plus ou moins libres
et les phénomènes physiques, chimiques et mécaniques, d'une réalisation fatale.

La prévision d'un acte à poser par un agent doué
de conscience et de volonté, est toujours problématique; non seulement parce que l'homme libre a le
choix entre plusieurs décisions, mais aussi, parce
qu'il peut s'abstenir d'agir.

Cependant il est possible à un homme habile et
expérimenté aux prises avec une personne faible de
caractère et qu'il connaît à fond, de prévoir plus ou
moins exactement ses décisions, en complétant par
de subtiles conjectures, les indications positives
qu'il aura pu acquérir au sujet de la manière de
faire et des habitudes de cette personne.

N'existe-t-il pas des hommes supérieurs, que
l'épreuve consommée de la vie a mis en possession de toutes les finesses et de toutes les subtili-
tés de la méthode des inférences, appliquée à
démêler les conséquences des actions humaines;
l'expérience journalière de la valeur de leurs appréciations; le pressentiment de l'issue des affaires
politiques auxquelles ils prennent part, les moyens
qui leur permettent d'influencer les événements et
de les modifier à leur profit, telles sont précisément

les qualités et aussi les défauts des grands conduc-
teurs de nations, tels que Bismark.

Au contraire, lorsqu'il s'agira de prévoir un
phénomène purement matériel, d'ordre physique,
chimique ou mécanique, dont la réalisation est iné-
vitable et ne peut se produire que d'une seule
manière, conformément aux conditions dans lesquelles il doit inévitablement avoir lieu, dès
qu'elles sont réalisées, la prévision de ce phénomène est, dans l'état actuel de la science, possible
et certaine. Les physiciens prévoient les effets de
la plupart de leurs expériences ; les astronomes cal-
culent les éclipses et les retours de certaines
comètes, plusieurs années d'avance ; les chimistes
connaissent les réactions qui vont se produire, dans
les conditions préparées par eux.

En présence d'une résolution à prendre, tel
homme n'hésite pas à faire ce qu'il croit conforme
à ses intérêts pécuniaires ; la moralité de l'acte ne
l'embarrasse nullement : c'est un fripon. Tel autre
hésite ; il ne sait à quoi se résoudre ; ses intentions
sont pures, mais il est incapable de se guider ; son
intelligence est obtuse : c'est un imbécile. Tel
autre enfin, n'hésite pas plus que le premier ; mais,
il fait ce qu'il doit faire ; il connaît son devoir et il
l'exécute, dût-il en souffrir : c'est un honnête
homme. Cependant, ces trois hommes sont libres ;
ils agissent de leur propre mouvement et de propos
délibéré ; ils font le bien ou le mal ; et non seulement ils sont aptes à agir comme ils l'entendent,
mais ils peuvent aussi s'abstenir de prendre une

décision quelconque. Il en résulte que la prévision
d'actes plus ou moins libre, est fort aléatoire.

Il n'y a pas de différence absolue entre les manifestations biologiques et les phénomènes purement
physico-chimiques : il n'y a que des nuances, des
gradations, conséquences de l'analogie universelle.

Les phénomènes physico-chimiques sont caractérisés par leur invariabilité ; il s'ensuit qu'on peut
prévoir et calculer exactement les résultats des
combinaisons chimiques, par exemple, mais non
des combinaisons des éléments du sang et des différents tissus ; les résultats distincts de ces combinaisons organiques ne varient pas seulement selon
les tissus, mais ils sont soumis aux influences de
l'évolution organique : enfance, jeunesse, âge mûr
et vieillesse ; de plus, les combinaisons organiques
se détournent parfois de leur voie normale et
donnent lieu à des processus morbides ; or, aucun
chimiste n'a constaté la production de phénomènes pathologiques dans ses cornues et ses
creusets.

Certes, les phénomènes physiques sont invariables ; mais il serait inexact de prétendre que les
phénomènes biologiques soient essentiellement
instables ; ne sont-ils pas partiellement soumis aux
lois physico-chimiques, en tant que la matière participe à la constitution des organismes vivants ? Je
pense donc que plus le phénomène mis en observation est dû à l'intervention de facteurs organiques,
plus il est susceptible de varier, et comme tel, plus
il échappe au calcul ; lorsqu'on cherche à prévoir

les phénomènes de la vie, même les plus stables de
l'évolution organique, la croissance d'un enfant,
par exemple, n'en est-on pas réduit à de vagues
suppositions?

L'instabilité plus ou moins grande des manifestations organiques fait donc qu'on en est réduit à des
approximations plus ou moins plausibles et les
difficultés de ces prévisions se compliquent parfois
encore de manifestations pathologiques. Et pourtant celles-ci seraient relativement aisées à étudier
et peut-être à prévoir, s'il ne s'y présentait de
l'imprévu; chaque cas n'a-t-il pas ses caractères
spéciaux, échappant partiellement aux prévisions
des médecins et des chirurgiens doués de science et
d'expérience, à cause du caractère propre à chaque
individu?

Si des phénomènes biologiques si proches des
combinaisons chimiques se différencient nettement
par une variété extrême, non seulement d'un individu à un autre, mais parfois chez le même à des
moments différents de son évolution, que doit-il en
être des phénomènes moraux, qui s'écartent le plus
des manifestations physico-chimiques de la vie
humaine? tels sont les actes de notre conscience ;
nos intentions, nos décisions, nos regrets, nos
remords, nos espérances, nos peines, nos antipathies, nos sympathies. Impossible d'y appliquer le
calcul. Le savant le plus perspicace, familiarisé
avec toutes les ressources de l'esprit et de la
méthode, n'en est-il pas réduit aux présomptions
les plus vagues et aux probabilités les plus incer-

taines, lorsqu'il s'avise de prévoir et de satisfaire les caprices de la plus charmante des coquettes ! Oserai-je avouer que je n'ai pas rencontré de créatures plus insupportables : elles échappent même aux prévenances ! Tout cela, parce que l'organisme humain réalise des phénomènes vitaux irréductibles aux lois physiques pures ! La plupart des physiologistes modernes proclament le contraire, je ne l'ignore pas ; mais lorsqu'ils cherchent à réduire aux lois de la matière qu'ils appellent un la peu à légère, j'ose l'écrire, *manifestations cérébrales*, il y a toujours un petit *résidu*, qui les gêne, si toutefois ils sont gênés par si peu de chose (1). C'est précisément ce *résidu*, joint à d'autres considérations, qui imposera toujours la croyance à l'existence de l'âme, ainsi qu'à ses défaillances et à ses caprices qui parfois déroutent absolument les prévisions les plus rationnelles.

D'après tout ce que nous venons de rapporter de cet intéressant procédé méthodique, la portée de l'observation est donc considérablement augmentée par l'inférence.

L'art d'observer, d'expérimenter et surtout d'inférer, que Bacon, dans son langage pittoresque, appelait la *chasse de Pan*, consiste à varier les phénomènes de telle façon, qu'ils nous livrent toutes les données qu'ils sont susceptibles de produire, c'est-à-dire le plus de sensations possible et d'impressions différentes, dans les conditions les

---

(1) Voir Introduction, § 2, d, *La Méthode des résidus*.

plus variées, afin de pouvoir multiplier les inférences; celles-ci peuvent alors être complétées et
contrôlées les unes par les autres. Est-il nécessaire
d'ajouter que les connaissances ainsi obtenues sont
et restent toujours perfectibles.

Par l'observation du milieu ambiant au moyen de
la vue, de l'ouïe, du toucher, du goût et de l'odorat,
chacun sait que nous ne pouvons saisir l'objet
extérieur lui-même ; nous ne sommes impressionnés
que par la sensation qu'un objet excite en nous. Ce
n'est en réalité qu'une modification de nos sens,
qui provoque notre attention, qui est ensuite
perçue et à laquelle s'applique notre entendement,
afin de reconnaître l'objet d'où cette sensation
émane.

Dans toute constatation de fait au moyen de nos
sens, il y a inférence; telles sont l'affirmation de
l'extériorité et la conjecture au sujet de la nature
de l'objet que nous cherchons à connaître, selon
l'espèce, la quantité et la qualité des sensations
qu'il est susceptible de faire naître en nous (1).

Il y a donc une différence énorme entre ce qui
est réellement perçu par l'observateur, la sensation, d'une part, c'est-à-dire une couleur et une
forme au moyen des yeux, un son au moyen des
oreilles, une saveur et une odeur au moyen de la
bouche et du nez, une forme et une résistance au
moyen de la main et, d'autre part, la nature de la
chose qu'il cherche à reconnaître.

---

(1) Voir STUART MILL, *Logique*, t. II, p. 186.

Les résultats de presque toutes nos observations faites par les sens sont en conséquence des inférences et non pas des connaissances de fait, comme se plaisent à le croire et à le persuader les partisans exclusifs de l'observation et de l'expérimentation. Confiants dans le rôle des yeux, les sensualistes aux théories si catégoriques n'affirment guère pourtant qu'hypothèses et simples conjectures, et non pas, vérités incontestables; il ne suffit pas d'avoir vu de ses propres yeux pour se faire une conviction absolue! « Ce qu'on rapporte vulgairement à l'observation, n'est d'ordinaire qu'un résultat composé dans lequel cette opération peut n'entrer que pour un dixième, les neuf autres dixièmes provenant d'inférences (1).

« J'affirme, par exemple, que j'entends la voix d'un homme. Dans le langage ordinaire, ceci serait assimilé à une perception directe. Et pourtant ma perception réelle se réduit à l'audition d'un son. Que ce son est une voix, et la voix, une voix d'homme, ce sont là non des perceptions, mais des inférences. J'affirme avoir vu mon frère, ce matin à certaine heure, S'il est quelque proposition concernant un fait dont on puisse dire communément qu'elle est un témoignage direct des sens, c'est assurément celle-là. Telle n'est pourtant pas la vérité. Je n'ai vu en réalité, qu'une surface colorée, ou plutôt j'ai éprouvé le genre de sensations

_____

(1) Stuart Mill ou plutôt son traducteur, désigne par inférence, un raisonnement quelconque.

visuelles qu'excite ordinairement une surface
colorée; et de ces sensations, reconnues par des
expériences antérieures, être des marques, j'ai
conclu que je voyais mon frère. J'aurais pu, mon
frère n'étant pas là, éprouver des sensations exactement semblables. J'aurais pu voir quelque autre
personne, dont la ressemblance avec mon frère
était assez grande pour qu'à distance, et avec le
degré d'attention que j'y apportais, je l'eusse faussement prise pour lui. J'aurais pu dormir et le voir
en rêve, ou me trouver dans un état de trouble nerveux et éprouver tout éveillé, une hallucination.
Bien des gens ont cru de cette manière, voir des
personnes connues, qui étaient mortes ou fort
éloignées. Si l'une de ces suppositions s'était
réalisée, je me serais trompé en affirmant que
j'avais vu mon frère. Mais la matière de ma perception directe, à savoir les sensations visuelles,
aurait été réelle. L'inférence seule eût été mal
fondée; j'aurais attribué ces sensations à une cause
qui n'était pas leur cause (1). »

Voici un autre exemple, bien plus frappant
encore, de la valeur incertaine des résultats de
l'observation, faite dans des conditions scientifiques. Il est pris dans l'histologie; or, les histologistes emploient actuellement les méthodes d'investigation les plus perfectionnées; n'ont-ils pas

___

(1) STUART MILL, *Système de logique*, traduit par L. Peisse, Paris,
1866, t. II, p. 183, § 2, « ce qui semble simple observation est en
grande partie inférence ».

constamment le microscope et l'objectif photographique à la main?

« L'idée qu'éveille le mot *cellule* dans l'esprit du naturaliste a varié d'une manière incroyable depuis les quelque deux siècles que l'on connaît cet élément.

« Les personnes qui, sans être étrangères aux sciences naturelles et à l'histologie ne sont pas cependant tout à fait versées dans ces sciences et surtout ne se sont pas tenues au courant des derniers progrès de celle-ci, se représentent la cellule comme un corps microscopique formé d'une petite masse de *protoplasma*, entouré d'une *membrane* et contenant un *noyau*. Ce dernier est lui-même une petite vésicule de nature également protoplasmique et contient souvent une granulation volumineuse que l'on appelle le *nucléole*. Le *protoplasma* est une matière gélatineuse, douée de vie, homogène et formée de substances albuminoïdes fort complexes et mal définies. La cellule se reproduit par division en s'étirant, elle et son noyau, de manière à prendre la forme d'un biscuit, puis d'un sablier dont les deux moitiés finissent par se séparer et s'arrondir de nouveau. Les deux cellules ainsi formées sont désormais entièrement indépendantes l'une de l'autre, soudées peut-être par leurs membranes, mais isolées dans leurs protoplasmas.

« Cette conception est celle qui a été enseignée dans leur jeunesse aux personnes arrivées à l'âge moyen de la vie. Elle est fausse dans la plupart de ses points et entièrement insuffisante dans tous. Il est impossible de suivre les progrès de la Biologie générale sans savoir plus à fond et plus exactement ce qu'est la cellule et quelles sont ses fonctions (1). »

L'observateur le plus perspicace, armé des instruments les plus perfectionnés, n'atteint jamais le résultat complet et définitif. Chose invraisemblable, des erreurs ont été enseignées pendant des siècles, alors qu'une observation attentive, faite à l'œil nu, permettait de les reconnaître; la lecture des ouvrages des anciens anatomistes est parfois stupéfiante à cet égard; qu'on en juge : « La cloison qui sépare les deux ventricules (du cœur) n'est point percée. Comment donc se fait-il que Galien la crût, la vît percée? C'est qu'il avait imaginé qu'il fallait qu'elle le fût... Pour les premiers anatomistes modernes, la cloison fut percée, parce que Galien l'avait dit.

« Mondini dit que la cloison est percée; Vasseus ou Le Vasseur,... dit comme Mondini; vingt autres disent comme ces deux-là. Bérenger de Carpi, le premier, avoue que les trous *ne sont pas bien visibles;* et Vésale, le grand Vésale, le père de l'anatomie moderne, Vésale seul ose dire *qu'ils n'existent pas.* Encore n'en vient-il pas là tout de suite. Il commence par répéter, avec tous les autres, que le sang passe d'un ventricule dans l'autre *par les*

---

(1) DELAGE, Y., *La Structure du protoplasma et les théories sur l'hérédité et les grands problèmes de la Biologie générale,* Paris, 1895, pp. 19 et suiv.

trous de la cloison; mais bientôt, emporté par la force du fait qu'il voit, qu'il touche, il déclare qu'il n'a parlé de la sorte que *pour s'accommoder aux dogmes de Galien* (1). »

Cependant les incorrections, les contradictions et les erreurs disparaissent graduellement; le progrès est indéniable; il est et restera toujours devant nous, à notre portée, sous nos yeux. La science est infinie parce qu'elle s'alimente à une source inépuisable, le Cosmos (2).

---

(1) FLOURENS, P., *Histoire de la découverte de la circulation du sang,* Paris, 1854, pp. 7 et suiv.
(2) Voir le post-scriptum, à la fin de l'ouvrage.

INTRODUCTION

---

§ **2**. a. 3. — LA GÉNÉRALISATION.

La *généralisation* est ce procédé analytique qui consiste à s'emparer des résultats de l'observation et de l'inférence, à les comparer, en faisant abstraction des particularités inhérentes à chaque fait, pour arriver, soit aux notions généralisées d'*espèce* et de *genre*, soit à classer ou à compléter la connaissance d'un fait nouvellement découvert. En anthropologie, les notions généralisées sont, d'une part, la connaissance des types de la nature humaine et de ses organes, d'autre part, celle des fonctions qui représentent des séries de phénomènes similaires; la fonction est en quelque sorte le mode de réalisation d'une de ces séries.

La méthode analytique doit débuter en constatant le plus grand nombre possible de faits, et toute recherche, à quelque objet qu'elle s'applique, doit être précédée d'un examen critique des matériaux scientifiques amassés par les devanciers; en les négligeant, on s'expose à perdre le fruit de vérités acquises, ou à s'attribuer, de bonne foi, la découverte d'un fait connu d'Aristote.

La généralisation est *inductive* ou *analogique*; l'une est basée sur l'*extension*; l'autre, sur la *compréhension* des notions.

La généralisation se fait à l'aide de l'*abstraction*, opération intellectuelle qui consiste à séparer mentalement des choses qui, en réalité, sont inséparables. Lorsqu'on observe un individu, par exemple, il est fait abstraction de son milieu, afin de pouvoir le considérer isolément ou en lui-même. On peut ensuite analyser une des propriétés de cet individu; abstraction est alors faite de toutes les autres propriétés de sa nature. L'analyse consiste, dans ce cas, à décomposer mentalement la nature d'un être ou d'un phénomène en ses éléments constitutifs, afin de pouvoir considérer un seul ou plusieurs de ceux-ci, en eux-mêmes, après avoir éliminé les autres, par voie d'abstraction.

« L'*extension* d'une notion est l'ensemble des individus ou des objets auxquels elle s'applique; la *compréhension* d'une notion est l'ensemble des propriétés ou des caractères qu'elle possède (1). »

L'extension et la compréhension d'une notion sont donc inverses l'une de l'autre; plus une notion a d'extension, moins elle a de compréhension; exemple : la notion *être*, qui désigne une infinité d'êtres, — et plus elle a de compréhension, moins elle a d'extension; exemple : la notion *individu*;

---

(1) Voir TIBERGHIEN, G., *Logique*, t. Ier, pp. 200-211.

celle-ci ne désigne qu'un seul être, mais l'individu possède un nombre indéfini de propriétés, tandis que l'*être* n'en possède nécessairement qu'une seule. La notion *espèce* a nécessairement plus de compréhension, c'est-à-dire un plus grand nombre de caractères distinctifs que la notion *genre*; tandis que celle-ci a plus d'extension, c'est-à-dire qu'elle désigne un plus grand nombre d'individus que la notion espèce.

Dans les sciences naturelles, ces deux procédés de généralisation sont surtout basés sur l'extension et sur la compréhension des notions d'êtres et de phénomènes, ayant entre eux des rapports naturels de coexistence et de succession dans le temps et dans l'espace.

Généraliser par induction consiste, après avoir analysé des faits particuliers à rapports naturels ou connexions organiques, à faire abstraction de tout ce que ces faits offrent de spécial; puis, ne tenant compte que de leurs caractères communs, à obtenir des généralités, dont on constitue la compréhension, soit de la notion espèce, s'il s'agit d'êtres ou de choses, soit de la notion de fonction ou loi qui les régit, s'il s'agit de séries de phénomènes.

Il est indispensable, nous insistons sur ce point, que ces êtres et ces phénomènes aient entre eux des rapports organiques de coexistence ou de succession.

L'induction part donc de l'extension de faits individuels ou particuliers, pour aboutir à la compréhension des notions d'espèce et de genre, ou à la connaissance des lois expérimentales.

La généralisation par analogie suit une marche inverse. S'appuyant sur la compréhension des êtres ou des phénomènes à classer, ainsi que sur la compréhension des notions préalablement généralisées par voie inductive, elle introduit des êtres ou des phénomènes nouvellement découverts, dans les espèces ou les fonctions reconnues.

Ce procédé de généralisation aboutit par conséquent à l'extension de notions généralisées. Tel est le cas d'un genre dont l'extension est augmentée, lorsqu'on y introduit une espèce nouvellement découverte.

En généralisant par induction en anthropologie, on obtient soit le type de l'être ou d'un de ses organes, soit la fonction, selon qu'il s'agit de faits-nature ou de faits-phénomènes ; de sorte que là où l'observation des faits anthropologiques ne nous donne que résultats individuels ou particuliers, la généralisation nous donne des résultats spécifiques ou relativement généraux, bien que perfectibles à mesure que la connaissance des faits s'étend et se complète.

En anthropologie, il ne s'agit pas d'arriver, par la généralisation inductive, à des moyennes arithmétiques, trop souvent artificielles, mais d'aboutir à la connaissance d'un type, constitué et caractérisé par une moyenne naturelle et vraiment biologique.

Les partisans exclusifs de la psychologie soi-disant expérimentale, s'acharnent actuellement à la poursuite de chimères, sous prétexte de moyennes arithmétiques.

En attendant que les travaux des spiritualistes et autres philosophes fossiles, soient définitivement jetés à l'ossuaire de la bêtise humaine, la « psychologie expérimentale étend ses recherches et gagne du terrain; les laboratoires s'élèvent sur l'ancien et sur le nouveau continent; les recueils spéciaux se multiplient; le nombre des travaux augmente dans des proportions considérables; des relations s'établissent entre les savants de pays différents, et les psychologues se réunissent en congrès. Le premier en date, celui de Paris, a eu, en 1889, un succès inespéré; le second, celui de Londres, s'est réuni au mois d'août de l'année dernière; il promet d'être fécond pour la science de l'esprit, si on en juge par le nombre et la valeur des travaux qu'il a suscités.

« La lecture de ces communications est curieuse... (1). »

En effet, l'extrait suivant est tout à fait curieux, suggestif même et de nature à justifier singulièrement les appréciations de M. A. Binet et à rallier de nouveaux adeptes à la nouvelle école, la seule et unique école scientifique. Qu'on en juge :

« Un dernier mot sur toutes ces questions. On pourrait croire, si on jugeait la psychologie des laboratoires d'après les seuls exemples énumérés, que c'est une psychologie élémentaire, confinée dans l'étude des sensations et des mouvements,

---

(1) REVUE DES DEUX MONDES, *La Psychologie expérimentale d'après les travaux du congrès de Londres*, par A. BINET, t. CXVI, p. 431, Paris, 1893.

et des éléments les plus simples de la pensée.
A cette objection, il faut répondre en citant la belle
étude de M. Munsterberg. M. Munsterberg, récemment encore professeur à Fribourg, appelé maintenant à diriger un laboratoire en Amérique, est un
psychologue très ingénieux et très actif, auquel on
doit de nombreux travaux de psychométrie. Elar-
gissant le cadre habituel de ses recherches, M. Munsterberg a fait au congrès, une communication sur
le fondement psychologique des sentiments. Il a
ainsi démontré qu'on peut appliquer les méthodes
de mesure non-seulement à la sensation, mais encore
aux sentiments, c'est-à-dire à ce qu'il y a en nous
de plus changeant et de plus fugitif. L'ingéniosité
du procédé mérite bien un moment d'attention.
M. Munsterberg s'enferme dans son laboratoire; il
exécute avec la main droite un petit mouvement
dans le sens centrifuge, c'est-à-dire de gauche
à droite; il cherche à parcourir une longueur de
10 centimètres; puis, avec la même main, il fait
un mouvement centripète, c'est-à-dire de droite
à gauche, en essayant de parcourir la même longueur; il note en même temps son état émotionnel
du moment, triste, gai, actif, déprimé, colère ou
content, etc. Cette expérience si simple, il la répète
pendant des mois, dans les mêmes conditions, et
avec le même soin; et arrivé au terme de ce travail
qui paraîtra fastidieux à beaucoup, il analyse les
documents réunis, et voit se manifester une loi bien
curieuse : dans le chagrin, les mouvements d'extension sont plus courts que dans la joie; c'est le

contraire pour les mouvements de flexion; les différences sont de 1 à 2 centimètres (1). »

N'est-ce pas attendrissant?!

J'admire ce succulent M. Munsterberg, enfermé
dans son laboratoire, enfermé! le pauvre homme!
et se livrant, pendant des mois, oui, pendant des
mois! à ses ingénieuses expériences, plus souvent
triste et déprimé, probablement, que gai et content.

J'en reviens à la généralisation.

Le but de la généralisation par analogie est de
classer les faits nouveaux, de compléter la connaissance de faits peu connus ou, dans certains cas, de
phénomènes futurs, en tenant compte des affinités
organiques des objets auxquels ces faits se rapportent.

Dès qu'un certain nombre d'observations nouvelles ont été faites, il est possible d'en utiliser
doublement les résultats, d'abord, ces faits fournissent des matériaux aptes à compléter la détermination du type de l'être, et de ses organes ou de
ses fonctions; en second lieu, ils servent à compléter la connaissance d'autres faits ou à aider à
leur classification.

L'induction doit être basée sur de nombreuses
observations de faits similaires et s'accomplir dans
les limites des propriétés fondamentales des êtres
ou des phénomènes dont il s'agit. Il faut également

(1) REVUE DES DEUX MONDES, *La Psychologie expérimentale d'après les travaux du congrès de Londres*, par A. BINET, t. CXVI, p. 439. Paris, 1893.

tenir compte des conditions de réalisation pour ce qui concerne les phénomènes, et des conditions d'existence, s'il s'agit d'êtres ou d'organes.

Citons un exemple.

Chaque fois qu'il aura été constaté un certain nombre de phénomènes physiologiques, présentant assez de caractères communs, c'est-à-dire d'analogie organique, pour que nous puissions les considérer comme formant un groupe naturel, nous obtiendrons un *fait généralisé* après avoir fait abstraction des particularités qui les distinguent. Ce fait ainsi généralisé comprend tous les faits particuliers qui nous ont conduit à sa connaissance; il porte en physiologie le nom de *fonction*. Quand plusieurs fonctions analogues sont suffisamment connues, elles deviennent à leur tour l'objet d'une généralisation plus élevée; elles sont alors elles-mêmes comprises dans des faits plus généralisés encore, qui contiennent des groupes de fonctions corrélatives, dont les propriétés distinctives disparaissent les unes dans les autres, en devenant de plus en plus générales.

En continuant ainsi, de généralisation en généralisation, on arrive aux fonctions fondamentales, tant corporelles que spirituelles de l'organisme vivant, et enfin, à la vie elle-même, comme fonction essentielle générale, comprenant toutes les autres fonctions; celles-ci sont organiquement combinées dans l'unité de la vie, selon les rapports de corrélation et de subordination qu'elles ont naturellement entre elles.

Les premiers résultats de la généralisation des phénomènes anthropologiques sont des *lois empiriques*; le terme *empirique* fait assez comprendre que ces lois s'élèvent peu au-dessus des résultats de l'observation des phénomènes. A mesure qu'elles peuvent être amenées à une généralité plus étendue, ces lois acquièrent un caractère synthétique et fondamental et se dégagent de plus en plus de l'expérience. Grâce à la connaissance de semblables lois, certains faits biologiques peuvent être prévus, calculés avant leur réalisation. Tous les phénomènes anthropologiques respectivement dus au corps et à l'esprit sont caractérisés par leur loi fondamentale et générale; les uns, d'ordre physiologique, n'ont généralement qu'un mode de réalisation; les autres peuvent, le plus souvent, être réalisés de plusieurs manières; ils sont plus ou moins libres (1).

La généralisation par analogie, bien qu'étant d'une application fréquente en ethnologie, et, en général, dans les classifications de l'histoire naturelle, est un procédé moins connu que l'induction.

Elle se fait en inférant, de l'observation d'un être ou d'un phénomène, soit une analogie organique suffisante avec les espèces ou les fonctions connues pour le ranger parmi une de celles-ci, soit une analogie insuffisante, c'est-à-dire l'existence de différences organiques assez caractéristiques, pour constituer une nouvelle espèce ou une fonction distincte.

(1) Voir *Lois fondamentales de la vie*, liv. Ier, chap. II, § 1er.

Une importante application de ce mode de généralisation est constamment mise en œuvre par les paléontologistes. Lorsque des fossiles nouveaux ont été mis au jour et analysés, plusieurs cas peuvent se présenter : si l'individu nouvellement découvert appartient à une espèce connue, le fait n'est intéressant que s'il est rencontré dans une couche géologique où sa présence n'avait pas encore été signalée; mais, si la nature de cet individu s'écarte suffisamment des espèces connues, sa découverte peut donner lieu à la création d'une espèce ou même d'un genre nouveau; dans ce cas, elle peut acquérir une importance considérable, tant au point de vue de la connaissance de la faune que de la couche où cet individu était enfoui.

Les physiologistes pratiquent également la généralisation par analogie, lorsqu'après avoir découvert et analysé un fait biologique, ils cherchent à le classer. D'après les caractères de ce phénomène, ils le rattachent à une fonction connue ou bien ils parviendront à établir l'existence d'une nouvelle fonction au moyen de ce fait. Telle est la découverte de la substance glycogène dans le foie, par Cl. Bernard (1).

---

(1) Voir BEAUNIS, H., ÉLÉMENTS DE PHYSIOLOGIE HUMAINE, 2e édit., Paris, 1881, p. 847, *Physiologie du foie.*

INTRODUCTION

---

§ **2**. *a*. 4. — LA CLASSIFICATION.

Après avoir généralisé les résultats de l'observation et de l'inférence, il reste à les classer.

Classer consiste à réunir, à grouper et à systématiser des êtres ou des phénomènes, d'après leurs ressemblances ou, ce qui revient au même, à les séparer et à les éloigner en proportion des différences de nature qu'ils présentent.

Comme pour la classification des plantes et des animaux en espèces, en genres, en familles, en ordres, la subordination et la corrélation des *caractères* servent de base à la classification naturelle des organes, séparément reconnus par voie d'observation. Il en est de même de la classification des phénomènes biologiques.

Classer les organes et les éléments organiques de l'homme consiste donc à les systématiser logiquement, en se basant sur leurs affinités et leurs analogies organiques, c'est-à-dire d'après les connexions qu'ils ont entre eux.

La propriété par laquelle un être se distingue des

autres êtres est *le caractère de son individualité*; ce caractère permet même de le distinguer des êtres de son espèce; d'autre part, le groupement naturel des individus en *espèces* est rendu possible par l'existence d'autres caractères qui leur sont communs; de plus, d'autres caractères, encore communs à certaines espèces, permettent de les classer en genres, en familles et ainsi de suite.

Les *caractères* ne sont donc pas l'ensemble des propriétés d'un être ou quelques-unes de celles-ci, mais ils constituent, ou bien *l'individualité*, c'est-à-dire la caractéristique propre à un seul être, lui appartenant exclusivement et permettant, en conséquence, de le distinguer de tous les autres; ou bien, la similitude spécifique ou l'analogie organique, propres à un groupe naturel d'individus. Le *caractère* est donc, en général, *une manière organique particulière ou collective d'exister, de vivre et de se reproduire.*

Les méthodes de généralisation et de classification sont basées sur les *caractères communs* à certains groupes d'individus, d'organes et de phénomènes, tandis que l'observation s'attache surtout aux *caractères propres*, c'est-à-dire à la détermination des individus. L'observation précède donc nécessairement la généralisation et la classification; il est indispensable d'étudier les méthodes dans l'ordre logique de leur enchaînement.

Pour classer, il faut se guider d'après la subordination et la corrélation des caractères communs, mis en évidence par une généralisation méthodique,

afin d'aboutir à un système organique des choses à
classer. C'est le principe d'organisation, toujours le
même dans ses lois fondamentales, qui est le seul
guide à suivre dans la solution des problèmes scientifiques les plus divers et les plus compliqués. Ces
lois sont les bases de la classification naturelle ;
celle-ci est donc, en réalité, la science des affinités
et des analogies organiques que les individus, ainsi
que leurs organes et les différentes fonctions, ont
respectivement entre eux, pour constituer une véritable hiérarchie naturelle, depuis l'être le plus
simple, l'organisme vivant le plus primitif, jusqu'aux espèces les plus élevées de l'animalité et,
enfin, jusqu'à l'homme, dont la nature est la synthèse de tous les différents degrés d'organisation
que nous observons sur notre planète.

Tous les organes d'un être vivant étant compris
les uns dans les autres, lorsqu'il s'agit de les
classer, il est indispensable de les considérer successivement au triple point de vue de leur nature,
de leur fonction et de leur évolution respectives.
Les plus importants, au point de vue hiérarchique,
c'est-à-dire les organes fondamentaux, sont ceux
qui représentent la nature entière de l'homme, ou,
en d'autres termes, qui intéressent l'ensemble de la
vie et président en quelque sorte à son évolution
organique, depuis l'ovule jusqu'à l'être complet.
Pour ce qui concerne la classification des organes
du corps vivant, il faudra donc considérer, afin de
pouvoir reconnaître les organes fondamentaux,
l'étendue de leur nature et de leurs fonctions, par

rapport à l'étendue du corps lui-même et des connexions qu'ils présentent entre eux.

Ainsi le système cellulaire, étant en quelque sorte la matière constitutive des organes, est un organisme partiel fondamental du corps ; mais, il est coordonné au système vasculaire ; pourrait-on concevoir le corps vivant comme non entièrement parsemé de vaisseaux, dans lesquels circulent les matières propres à faire vivre les cellules ; il y a donc entre les cellules et les vaisseaux du corps vivant, une corrélation organique nécessaire (1).

Dans la classification des plantes et des animaux, le moyen de juger de l'importance des organes est de rechercher la généralité qu'ils prennent dans leur organisation respective ; ils en deviennent ainsi le caractère dominateur ; il est clair que l'organe ou le système organique qui, par son extension, appartient, soit à toutes les plantes, soit à tous les animaux, est le plus général et partant le plus important au point de vue hiérarchique ; surtout, si au point de vue de l'évolution des individus, il est en même temps celui qui varie le moins.

Les difficultés de la classification des plantes et

_____

(1) Les histologistes et les physiologistes comprennent généralement sous le nom de *nutrition*, toutes les fonctions de la cellule et même tous les phénomènes internes de l'organisme vivant ; certains vont jusqu'à y comprendre les fonctions génératrices. Je n'ai pu me résoudre à laisser au terme *nutrition*, une extension aussi considérable et, partant, une valeur mal définie. Tous les termes de l'espèce sont expliqués dans le chap. 1er du liv. II. Le lecteur est prié d'y jeter un coup d'œil, afin d'éviter tout malentendu.

des animaux ne commencent réellement que pour la constitution des genres, des familles, des ordres et ainsi de suite. Une espèce naturelle se constitue d'elle-même; la filiation, comme base de classification, est tout indiquée : sont de la même espèce, les individus procréés les uns par les autres.

Mais, pour grouper les espèces en genres, il faut nécessairement recourir à d'autres caractères fondamentaux, de manière à ce que toutes les espèces d'un genre soient, sous tous les rapports, plus semblables entre elles, qu'à aucune espèce d'un genre voisin. Il y a donc surtout à tenir compte du degré d'analogie organique plus ou moins complet qui existe entre des espèces différentes.

L'étude des classifications botaniques et zoologiques devient ainsi le corollaire indispensable de l'étude de la subordination et de la corrélation des organes d'un être vivant, telle que je l'ai faite pour la nature humaine.

Mais, pour apprécier la valeur inhérente *aux caractères* des organes vivants de l'homme, il ne suffit pas de les distinguer et de les classer selon leur degré d'importance organique; il faut encore les étudier à chaque point de vue organique spécial, sous lequel ils doivent, en raison des faces multiples de leur nature respective, être considérés.

En effet, j'ai présenté le corps vivant, sous quatre aspects essentiellement distincts, d'après quatre propriétés fondamentales, savoir : comme organisme cellulaire (cellules, tissus) ; comme organisme vasculaire (organes de la nutrition proprement dite); comme organisme sensible (irritabilité) et comme organisme moteur (motricité, mouvement proprement dit). Chaque organe devra donc être classé selon chacune de ces quatre faces essentiellement différentes d'un même organisme, et l'importance organique de chaque organe variera selon la propriété spéciale en raison de laquelle il sera considéré.

L'importance relative des organes est en rapport avec celle des fonctions.

Le corps de l'homme fait de celui-ci l'être harmonique de la Terre; la vie humaine physiologique est en quelque sorte le reflet de tous les phénomènes organiques, physiques, chimiques et mécaniques. L'âme par contre fait de l'homme l'être harmonique du monde moral; l'espèce humaine est capable de droits, de devoirs, de science, d'art, de religion.

Le corps comprend comme organismes partiels fondamentaux, l'organisme animal et l'organisme végétatif; l'âme comprend l'intelligence et le sentiment, et ainsi de suite, à partir des organismes partiels possédant les propriétés les plus importantes et les plus générales, jusqu'à ceux dont les propriétés sont les plus inférieures et les plus spéciales, comme organisation et comme fonction par rapport les unes aux autres.

Il en est de même de leur coordination, c'est-à-dire de la nécessité de leur coexistence, de leur adaptation organiques et fonctionnelles. Je rappelle que tel caractère donné par le tissu orga-

nique, supérieur et prééminent lorsque le corps est
considéré comme organisme cellulaire, devient
subordonné, lorsque le corps est considéré comme
organisme vasculaire; dans ce cas, le vaisseau
devient le caractère dominant, et ainsi de suite.
L'importance du caractère dominant varie donc
d'un point de vue à un autre, ou d'un organisme
partiel à un autre.

Toutes les propriétés ne sont pas d'une importance
organique égale. La propriété fondamentale consiste en une disposition spéciale, qui s'étend à la
nature entière de l'être, et y exerce une action prépondérante dans la vie; il en résulte que cette propriété constitue un des points de vue fondamentaux
du corps humain.

Chaque organisme possède comme tel une importance relative, dont il y a surtout à tenir compte,
lorsqu'il s'agit de le classer; de plus, un même
organe possède des propriétés différentes, de valeur
relative, conformes au point de vue organique spécial sous lequel il est considéré, en raison des différentes particularités dont il est doué et de la variété
des fonctions qu'il remplit dans le cours de la vie;
de là, son importance relative dans les différents
organismes partiels, dont il fait respectivement
partie.

Tel est le *cœur*, considéré soit comme organe central de la circulation du sang, soit comme organe
composé de tissus cellulaires. En effet, comme
organe de la circulation, le cœur étend ses ramifications dans tout l'organisme corporel, et ses fonctions

s'exercent dans toute l'étendue du corps. Au point de vue cellulaire, par contre, le cœur n'est plus qu'un ensemble de tissus, dépourvu d'importance organique spéciale. Si, d'autre part, le cœur est considéré aux points de vue de la sensibilité et de la motricité, son importance organique et fonctionnelle est insignifiante. En effet, le cœur ne participe qu'aux déplacements et aux mouvements généraux du corps, sans y intervenir comme organe moteur; il en est de même au point de vue de la sensibilité; à l'état normal, le cœur fonctionne d'une manière insensible et il ne prend part qu'à la sensation vague et interne que nous avons parfois de notre organisme physique.

Au double point de vue anatomique et physiologique, le cœur est donc placé, en raison de ses différentes propriétés, à des degrés organiques différents, dans le classement des organes, c'est-à-dire qu'il fait partie, à ces différents points de vue, des organismes partiels vasculaire, cellulaire, moteur et sensible; dans chacun de ceux-ci, il participe à des fonctions essentiellement différentes.

C'est en classant méthodiquement les organes qu'il faut surtout attacher de l'importance aux particularités distinctes, inhérentes à la nature de chacun d'eux; on constate qu'ils ont des aspects multiples, en rapport avec les différentes fonctions qu'ils exercent; chacun de ces aspects les place dans un organisme partiel différent.

Les anatomistes n'ont pas tenu compte de ce caractère des organismes vivants et ils ont divisé

mécaniquement le corps en un certain nombre
d'appareils, essentiellement distincts les uns des
autres, tandis qu'ils ont entre eux l'analogie et
même la similitude organiques la plus complète,
comme éléments constitutifs d'un être vivant (1).

Il est donc indispensable de tenir compte des
subordinations et des corrélations des organes entre
eux, parce que de leur importance organique relative, résulte la place hiérarchique qu'ils doivent
logiquement occuper dans leur classement.

Comme organe de la circulation, le cœur occupe
une place prépondérante dans l'organisme vasculaire ; il intervient d'une manière générale dans la
circulation organique, commune à tout l'organisme corporel ; il exerce une fonction générale ; les
fonctions spéciales ayant un milieu d'action plus
restreint, sont nécessairement subordonnées aux
fonctions générales. Chaque organe possède des
propriétés et des fonctions de valeur différente, pour
ce qui concerne la classification, selon qu'elles sont
particulières à cet organe ou qu'elles appartiennent
à l'organisme corporel entier ; ces dernières caractérisent les organismes partiels, représentatifs du
corps entier.

Tous les organes ont en nature et en activité,
jusque dans le mode de développement embryonnaire, un caractère général commun, constituant
les grands traits de leur structure particulière ; c'est
ce qui permet d'abord de considérer chacun des

(1) Voir liv. II, chap. 1er, § 2.

organismes partiels, comme étant un ensemble naturel et relativement indépendant de tous les autres, au double point de vue de leur nature et de leurs fonctions respectives, et ensuite de les sub-diviser à leur tour, en tenant compte des particularités de moindre importance organique, qui en caractérisent, de la même façon, les différents éléments. Ceux-ci ont également entre eux des connexions de subordination et de corrélation, conformément au degré plus ou moins fondamental de leur organisation respective. Lorsque, par exemple, je compare un organe quelconque à la cellule, j'y retrouve la constitution cellulaire, parce que tous les organes sont composés de tissus; lorsque je compare un organe à un vaisseau : veine, artère ou capillaire, je constate que tous les organes sont vasculaires; il en est de même aux points de vue de la motricité et de la sensibilité : chaque organe est plus ou moins sensible et il est plus ou moins apte à se mouvoir. Cependant aucune de ces propriétés n'est absolument délimitée; elles se pénètrent et se fusionnent en quelque sorte d'une manière qui échappe à l'observation, tout comme le commencement et la fin d'un phénomène biologique quelconque ne sauraient être aisément fixés; serait-il même possible de le faire d'une façon absolument exacte, en tenant compte de toutes ses conditions intrinsèques et extrinsèques?

Cette méthode conduit donc à établir une classification naturelle, en systématisant, par rapport aux autres, chaque organisme partiel selon son impor-

tance organique relative, et chaque élément organique, d'après le même procédé.

Il est de fait que le corps vivant possède des
degrés organiques divers, se subordonnant les uns
les autres. On s'en rendra aisément compte, en
descendant graduellement du corps à ses organismes partiels fondamentaux, et de ceux-ci à
chacun de leurs éléments constitutifs. Il semble
alors de toute évidence que l'organisme humain
doive se comporter dans son évolution embryonnaire, selon les lois de la subordination et de la corrélation organiques ; que le développement graduel
de l'ovule, comme la subdivision de plus en plus
grande du mouvement fonctionnel, sont les résultats
d'organes de plus en plus complets, provenant les
uns des autres, selon les lois de la subordination
et de la corrélation ; celles-ci ne sont complètement
réalisées que lorsque l'homme a atteint son développement complet. Lorsque l'embryon se forme, on
reconnaît, en effet, successivement et graduellement
en lui, les linéaments des organismes partiels fondamentaux, qui doivent fonctionner les premiers
et qui, en conséquence, préparent le développement
subséquent des autres.

Dans l'ovule existe l'unité de la nature humaine
dans son expression la plus simple ; puis apparaissent successivement par phases graduées, selon
les lois fondamentales de leurs subordinations et de
leurs corrélations organiques, les différents organismes partiels du corps.

L'observation ne nous a pas encore révélé grand'

chose, en ce qui concerne le développement de l'esprit et de ses facultés. Assigner un moment à l'apparition de l'organisme spirituel, étant une impossibilité manifeste, il me paraît rationnel de croire à la présence, dans la nature humaine, de l'esprit et de toutes ses facultés, à tous les stades de son évolution. Comme les facultés paraissent avoir besoin d'organes corporels spéciaux concomitants pour pouvoir s'exercer à l'extérieur, l'observation des enfants tend plutôt à faire admettre que les facultés spirituelles ne prennent naissance qu'avec le cerveau. Je ne saurais me rallier à cette manière de voir; à mon avis, l'âme est toujours complètement organisée.

Dans l'organisme humain, toutes les facultés intellectuelles et morales sont subordonnées à l'esprit et tous les organes physiques sont subordonnés au corps, de même que l'esprit et le corps sont corrélatifs entre eux et subordonnés à l'homme; ils coexistent, organiquement combinés et adaptés entre eux dans l'organisme humain, pendant tout le cours de la vie.

La subordination des propriétés, dans le cas qui nous occupe, est un rapport de contenance qui les unit les unes aux autres, c'est-à-dire que la nature et les fonctions spéciales qui correspondent à une de ces propriétés, sont entièrement prépondérantes par rapport à celles qui correspondent à la propriété subordonnée. Lorsque le corps est considéré comme organisme cellulaire, par exemple, tous les organes sont envisagés au point de vue exclusif des tissus qui entrent dans leur constitution; par contre, lorsque le corps est considéré comme organisme vasculaire, le caractère fondamental est le vaisseau, comme véhicule de la matière qui circule en nous afin de s'organiser et de se désorganiser; cette circulation s'opère dans l'étendue entière de l'organisme corporel; à ce point de vue, il possède donc un caractère fondamental, en nature et en activité.

Il n'est pas aisé d'apprécier la valeur de la classification des organes que je préconise, avant de s'être rendu compte de la nature complexe de l'organisme vivant et des faces multiples, essentiellement différentes les unes des autres, qu'il possède. Il en est ainsi, parce que jusqu'à présent, je le répète, le corps vivant a toujours été divisé *mécaniquement* par les anatomistes et les physiologistes, alors qu'il ne peut être divisé que d'une façon *organique*, c'est-à-dire en tenant compte de la vie et surtout des lois de l'organisme corporel (1).

L'analyse anthropologique de la main, par exemple, comprend quatre points de vue fondamentaux, essentiellement différents les uns des autres. Considérée au point de vue de sa constitution cellulaire, la main est un ensemble organisé de tissus, qui manifestent des fonctions exclusivement cellulaires; celles-ci consistent dans l'entretien normal et le renouvellement constant de ces tissus. Considérée au point de vue de sa constitution vasculaire, la main est un ensemble organisé de

---

(1) Voir liv. II, chap. 1er, § 2.

vaisseaux, qui réalisent des fonctions exclusivement vasculaires ; dans la main, en effet, circulent les matériaux qui s'y organisent et s'y désorganisent sans cesse. Considérée comme organe sensible, la main est constituée au point de vue exclusif de sa sensibilité externe et interne ; l'ensemble des sensations qu'on y éprouve, en forme dans ce cas la fonction fondamentale. Considérée comme organe moteur, la main est constituée en organisme de moteurs, composé de tendons, de muscles et d'os ; comme telle, la main possède une fonction comprenant les mouvements généraux et spéciaux de cet organe, la préhension.

La main possède donc quatre propriétés organiques fondamentales, essentiellement différentes les unes des autres, manifestant quatre fonctions distinctes, respectivement dues à chacun des quatre organismes partiels dont elle fait respectivement partie et qui, chacun, représentent tout le corps à un point de vue organique spécial.

Il est donc indispensable de se pénétrer exactement de ce que l'on doit entendre par subordination organique, avant de pouvoir apprécier la classification naturelle des organes vivants.

La corrélation organique est la connexion de coexistence et d'adaptation d'un organisme partiel par rapport à un autre ; les organismes partiels corrélatifs ne peuvent fonctionner que l'un par l'autre, étant directement et complètement combinés ; ils ne peuvent donc exister et vivre que l'un avec l'autre. Les organes corrélatifs possèdent une égale importance organique; ils sont subordonnés au même ensemble, qui les contient dans sa nature et dont ils sont les deux faces relativement distinctes.

Chaque organisme partiel, et même chaque élément organique, doit occuper dans la classification, la place indiquée par ses affinités.

L'ensemble des organes ne forme donc pas une série en *ligne droite*, parce qu'ils sont organiquement combinés entre eux dans la nature humaine; aussi, pour les classer, faut-il les grouper systématiquement dans l'unité de l'ensemble, conformément aux affinités et aux adaptations organiques qui les caractérisent. Les organes doivent être systématisés en groupes relativement distincts ou organismes partiels, caractérisés chacun par une affinité et une adaptation organiques, communes à tous leurs éléments respectifs.

La nature humaine, en tenant compte des caractères fondamentaux et différentiels d'organisation qu'elle possède, doit d'abord être divisée en deux organismes partiels fondamentaux. La distinction de l'esprit et du corps repose sur des caractères essentiels irréductibles, tant au point de vue de leur nature respective, qu'à celui des fonctions qui leur sont propres et des forces qui les animent pendant le cours de la vie. Tous leurs éléments organiques possèdent, dans la constitution et l'activité propres à chacun d'eux, des dispositions générales communes, formant les grands traits de leurs structures particulières : la spiritualité des uns et la corporalité des autres ; c'est ce qui fait que l'esprit et le corps doivent être considérés comme étant en quelque sorte, les embranchements primordiaux de la subdivision organique de la nature de l'homme vivant.

Pour subdiviser à son tour chacun de ces organismes partiels fondamentaux, on tient compte des particularités de deuxième ordre, qui en caractérisent chacun des différents éléments.

On arrive ainsi à établir la classification hiérarchique des organismes partiels et de tous les éléments compris dans l'unité de la nature humaine, d'après l'ordre naturel de leurs subdivisions respectives.

Bien que possédant chacun leur caractère propre, tous les éléments organiques relèvent cependant, chacun en raison de ses affinités et de ses adaptations spéciales, d'organismes partiels relativement distincts ; ceci ne les empêche pas d'être doués, en même temps, d'une analogie organique fondamentale, qui fait que chacun d'eux participe aux propriétés générales et individuelles de l'unité de l'organisme vivant. Leur analogie fondamentale les rattache à l'ensemble et leurs affinités et adaptations organiques particulières, respectivement aux différents organismes partiels que la nature humaine comprend dans son unité.

Pour ce qui concerne la classification des fonctions et des forces de l'organisme vivant, un procédé méthodique similaire doit être suivi ; nous ne nous y arrêterons pas.

---

§ **2.** a. 5. — RÉSUMÉ DE LA PARTIE ANALYTIQUE DE LA MÉTHODE ANTHROPOLOGIQUE.

Tel est l'ensemble de la première partie ou division analytique de l'anthropologie. Elle comprend tous les résultats de l'observation et des inférences tirées des faits relatifs à l'homme, à sa vie, à son milieu, et enfin, les résultats de la généralisation et de la classification de tous ces faits particuliers.

En résumé, nous voyons que la méthode analytique d'investigation que nous avons appliquée à la détermination de la nature humaine, consiste à s'emparer de tous les faits observés et d'arriver, par eux, à la connaissance analytique complète de la nature humaine, conçue conformément aux lois fondamentales de son organisation. La connaissance de ces lois résulte de l'analyse de l'homme, parce que chaque fait porte en lui l'empreinte de la loi qui le régit, en ce sens que le fait est une réalisation particulière de la loi ; mais la valeur objective de ces lois ne peut être justifiée avec rigueur, que dans la science de l'organisme en général.

Cependant, la question de savoir si la connaissance des lois de la nature humaine obtenues par la
méthode inductive de généralisation n'est pas viciée
par des erreurs d'observation, peut se résoudre
approximativement et graduellement en constatant
que les faits nouveaux, au fur et à mesure de leur
découverte, ne font pas exception aux lois basées
sur les faits précédemment connus.

Nous y reviendrons à propos de la théorie de la
démonstration (1).

L'unité de la nature humaine et la totalité des
éléments organiques ayant été reconnus séparément, on compare d'abord chaque élément à l'unité
ou ensemble complet de l'organisme vivant; on compare ensuite tous les éléments organiques entre
eux, en tenant compte de leurs propriétés caractéristiques respectives, et des ressemblances et
différences qu'ils offrent les uns par rapport aux
autres. Grâce à ce procédé, on arrive à la classification naturelle et complète des éléments organiques,
puisque de la nature propre de chacun d'eux résulte
son degré d'analogie avec les autres. De là dérivent
les corrélations et les subordinations organiques de
chaque élément, en rapport avec les autres et avec
l'unité fondamentale de l'ensemble. Aux rapports
de corrélation et de subordination d'un élément
correspond la place hiérarchique qu'il doit occuper
dans le système organique dont il fait partie.

_____

(1) Voir Introduction, § 2, c, *La Démonstration*, et d, *La Méthode
des résidus*.

De la comparaison des éléments organiques, séparés et considérés d'abord en eux-mêmes par intuition, résulte que malgré la nature propre de chacun d'eux, ils ont une ressemblance plus ou moins grande; leurs analogies organiques permettent de les grouper en systèmes partiels, dont chacun des termes ou organes possède une qualité commune constante, qui est la caractéristique du groupe ou système organique, dont ils sont les membres constitutifs.

Chaque système partiel a donc, lui aussi, sa caractéristique, dont chacun des termes n'est qu'une modification partielle ou expression déterminée.

Comparés entre eux, soit dans leur unité, soit terme à terme, les systèmes partiels se trouvent être organisés sur le même plan et avoir par conséquent entre eux, une analogie plus ou moins complète, malgré les caractères propres à chacun d'eux. De même que les éléments, les systèmes partiels ont une affinité organique plus ou moins grande les uns pour les autres, en raison de laquelle on les groupe en systèmes de plus en plus généraux, de sorte que les plus semblables par leur organisation sont plus rapprochés entre eux que de tous les autres. On arrive ainsi à reconnaître, que les principaux systèmes ou organismes partiels, ne sont que des expressions diverses ou des points de vue différents, relativement distincts, de l'unité fondamentale de la nature humaine.

En groupant les systèmes organiques partiels,

comme je l'indique dans les tableaux synopti-
ques (1), j'ai tenu compte, non seulement des connexions organiques directes, mais aussi des connexions indirectes ou correspondantes, qui existent
entre les éléments d'un organisme. Dans un organisme vivant, tout est uni à tout, mais non d'une
manière uniforme, en ce sens que tel système a une
connexité organique plus directe et plus complète
avec tel autre, plutôt qu'avec un troisième, et ainsi
de suite.

Pour être classé, chaque organe doit réunir certaines conditions, en rapport avec la nature du
système dans lequel on croit devoir le faire entrer.
Quand l'organe est suffisamment connu, il est aisé
de constater si la place qu'on lui assigne dans un
système est conforme à la nature de chacun d'eux,
les conditions organiques requises étant d'ailleurs
connues.

Il se présente inévitablement des cas douteux ; la
solution est alors conjecturale et par conséquent
provisoire. La voie que j'ai suivie est en grande
partie nouvelle et les connaissances spéciales indispensables pour appliquer, en n'importe quel cas, le
procédé méthodique, m'ont fait défaut en maintes
circonstances. Lors de mes premières recherches, je
me heurtai souvent à des difficultés qui me parais-
saient insurmontables. Lorsque le plan de mon
ouvrage se dessina nettement à mon esprit, tout

_____

(1) Voir Introduction, § 4, *Tableau synoptique fondamental de l'organisation de la nature humaine.*

dans la science de l'homme sembla devenir pour moi clair, ordonné et facile. Mais, quand vint l'heure de l'exécution, lorsqu'il me fallut ranger dans les lignes régulières du plan que j'avais méthodiquement conçu, la masse considérable des matériaux anthropologiques rassemblés jusqu'à ce jour, alors seulement j'arrivai à l'épreuve la plus décisive de mon labeur. Je crois l'avoir subie de manière à prouver que j'ai suivi la seule voie scientifique où puisse progresser l'anthropologie.

Le procédé méthodique qui consiste à comparer et à grouper les éléments de l'organisme, n'est pas seulement la principale règle de systématisation analytique des organes et des fonctions; il permet encore d'inférer des organes complètement connus, la connaissance d'autres organes jusqu'alors incomplète, tant au point de vue de leur nature et de leurs fonctions, que de la place qu'ils doivent occuper dans leur système organique respectif; pour obtenir ce résultat, il suffit de se baser principalement sur l'analogie pour déterminer les systèmes organiques partiels ou combinaisons d'organes semblablement ordonnés et respectivement analogues et correspondants.

L'analogie organique comprend les ressemblances et les différences qu'ont entre eux, sous tous les rapports de nature, de vie et de force, les organes d'un être vivant.

On ne désigne généralement par analogie que la *ressemblance* des organes; mais, en reconnaissant de l'analogie entre deux ou plusieurs organes, on

leur attribue incontestablement aussi des différences ; sinon, il ne s'agirait pas d'organes analogues, mais d'organes similaires, tels que les mains,
les bras, et ainsi de suite ; et encore, entre ceux-ci
existent toujours des nuances qui permettent de les
distinguer. Nous désignons donc par analogie organique, les ressemblances et les différences ou l'homogénéité et l'hétérogénéité de deux ou de plusieurs
organes. Celles-ci se limitent réciproquement : plus
les ressemblances l'emportent sur les différences,
plus l'analogie se rapproche de la similitude ; cette
dernière existe donc à peu près entre le pied droit
et la main droite.

La loi de l'analogie organique a été spécialement
étudiée par E. Geoffroy Saint-Hilaire ; il l'a appelée
Unité de composition. Voici comment il s'exprime
à ce sujet, dans son *Mémoire sur les rapports naturels des Makis :* « Une vérité, constante pour l'homme
qui a observé un grand nombre de productions du
globe, c'est qu'il existe entre toutes leurs parties,
une grande harmonie et des rapports nécessaires ;
c'est qu'il semble que la nature s'est renfermée dans
de certaines limites, et n'a formé tous les êtres
vivants que sur un plan unique, essentiellement le
même dans son principe, mais qu'elle a varié de
mille manières dans toutes ses parties accessoires.
Si nous considérons particulièrement une classe
d'animaux, c'est là surtout que son plan nous
paraîtra évident : nous trouverons que les formes
diverses sous lesquelles elle s'est plu à faire exister
chaque espèce, dérivent toutes les unes des autres ;

il lui suffit de changer quelques-unes des proportions des organes, pour les rendre propres à de nouvelles fonctions, ou pour en étendre ou restreindre
les usages. La poche osseuse de l'Alouate, qui donne
à cet animal une voix si éclatante, et qui est sensible au devant de son cou, par une bosse d'une
grosseur si extraordinaire, n'est qu'un renflement
de la base de l'os hyoïde; la bourse des Didelphes
femelles, un repli de la peau qui a beaucoup de profondeur; la trompe de l'Éléphant, un prolongement
excessif de ses narines; la corne du Rhinocéros, un
amas considérable de poils qui adhèrent entre
eux, etc... Ainsi les formes, dans chaque classe
d'animaux, quelque variées qu'elles soient, résultent toutes, au fond, d'organes communs à tous : la
nature se refuse à en employer de nouveaux. Ainsi
toutes les différences les plus essentielles qui affectent chaque famille dépendant d'une même classe,
viennent seulement d'un autre arrangement, d'une
complication, d'une modification enfin de ces
organes (I). »

« Les Monstres eux-mêmes n'échappent pas aux
lois générales de l'organisation; ils en subissent
l'empire, et en prouvent l'universalité. » écrit Isidore
Geoffroy Saint-Hilaire (2).

Admettre le principe de l'analogie universelle
dans la Nature, consiste à croire qu'elle est une
œuvre harmonique, un Cosmos, ou Organisme

---

(1) *Magasin encyclopédique*, 2ᵉ année, 1796.
(2) *Vie, travaux et doctrine*, Paris, 1847, p. 272.

infini, dont tous les éléments, bien que pouvant
être de constitution relativement différente, sont
néanmoins conformes à l'ensemble et, par conséquent, analogues entre eux. La loi de l'analogie
universelle implique nécessairement l'unité de la
Nature et la corrélation de ses différents éléments;
elle semble être justifiée par le peu que nous connaissons actuellement de l'Univers.

Aristote (1), Buffon (2) et Cuvier ont reconnu
d'une façon plus ou moins générale, la loi de
l'analogie organique dans la nature des animaux.

Cuvier se refusait à admettre un seul plan de
composition dans le règne animal; d'après lui, il y
en a quatre, représentés par les vertébrés, les mol-
lusques, les articulés et les zoophytes. « Si l'on
considère le règne animal..., ... en n'ayant égard
qu'à l'organisation et à la nature des animaux,
... on trouvera qu'il existe quatre formes principales, quatre plans généraux, si l'on peut s'exprimer ainsi, d'après lesquels tous les animaux
semblent avoir été modelés, et dont les divisions
ultérieures, de quelque titre que les naturalistes
les aient décorées, ne sont que des modifications
assez légères, fondées sur le développement ou

---

(1) Voir ARISTOTE, *Histoire des animaux*, t. Ier, liv. Ier, chap. Ier, pp. 1
et suiv., et t. Ier, liv. II, chap. Ier, p. 98. Traduction Barthélemy
Saint-Hilaire, Paris, 1883.

(2) Voir BUFFON, HISTOIRE NATURELLE, t. 14, *Nomenclature des
singes*, p. 13, Amsterdam, 1770, et t. 4, *De l'Asne*, p. 146, Amsterdam, 1766.

l'addition de quelques parties, qui ne changent rien
à l'essence du plan (1). »

Cuvier, en admettant l'existence de quatre plans
primordiaux, semble avoir eu le tort de s'attacher à
des caractères trop spéciaux; au fond, l'accord
existe entre Cuvier, Aristote, Buffon et les
Geoffroy Saint-Hilaire. Il est incontestable que
plus l'organisation des êtres, comparés entre eux,
offre de différences, plus les analogies sont éloignées, c'est-à-dire tirées des caractères les plus
généraux, tels que la motricité et ses organes,
la nutrition et ses fonctions, la sensibilité, et ainsi
de suite.

Considérée de cette façon générale l'unité de
composition devient évidente.

Et les recherches doivent être poussées plus loin :
au point de vue de la constitution physique, des
principes immédiats, des lois physico-chimiques.
L'analogie éclate alors entre les animaux et les
plantes, et même entre ceux-ci et la matière brute.
En effet, les forces mécaniques, physiques et
chimiques agissent en toutes choses de la même
façon, mais les êtres vivants réagissent d'une façon
spéciale, conforme à leur nature individuelle et à
l'état de celle-ci. Cependant le corps vivant est
composé de la même matière que le corps brut;
mais, dans le corps vivant, la matière existe sous
forme de combinaison organique, d'un ordre
spécial, qui en fait de la matière vivante. Il y a

(1) CUVIER, G., *Le Règne animal*, t. Ier, Introduction, p. 54.

donc au point de vue de la composition matérielle, analogie entre le charbon, le bois et le corps vivant; leur homogénéité même réside dans la présence du carbone.

En toutes choses du monde qui nous entoure, nous constatons l'existence de gradations dans leur nature, leurs forces et leurs activités respectives, mais nulle part nous ne constatons de différences absolues. Ce principe devient évident pour ce qui concerne l'animalité, lorsque au lieu de rechercher les analogies d'un organe dans les différentes espèces d'animaux, nous le faisons aux divers points de vue de l'organisation, de l'individualité, de la motricité, de la sensibilité, de la circulation et de la constitution cellulaire.

L'analogie générale de l'état initial des animaux sous forme d'œuf, et leur évolution, sont des points qui paraissent définitivement acquis à la science : *omne vivum ex ovo* est un principe d'analogie organique; malgré les différences caractéristiques qu'ils présentent à l'état parfait, l'existence de tous les animaux sous forme d'ovule est un fait qui, à lui seul, démontre l'analogie de leur organisation.

C'est de généralisation en généralisation qu'on arrive au principe de l'analogie universelle et qu'on parvient à en apprécier la grandeur et la philosophie.

Unité de composition signifie donc analogie d'organisation. Entre la nature, la vie et la force de tous les êtres vivants et les phénomènes qu'ils

manifestent, et entre tous les éléments constitutifs
d'un même être et ses manifestations, existent des
ressemblances et des différences ou des homogénéi-
tés et des hétérogénéités, c'est-à-dire des analogies
organiques.

Lorsque l'on affirme que tout se meut dans la
Nature, on proclame une analogie universelle.

Lorsque, comme Littré, on cherche à définir
l'animal, en disant : « Être vivant, doué de la
faculté de sentir et de mouvoir tout ou partie de
son corps (1), » on affirme tout simplement le principe de l'unité de composition du règne animal
aux points de vue restreints de la sensibilité et
de la motilité.

_____

(1) *Dictionnaire.* Tomo I, p. 148.

INTRODUCTION

§ 2. *b*. — La synthèse.

La méthode synthétique consiste à réunir, au moyen d'une déduction rationnelle, basée sur les lois de l'organisation, tous les faits reconnus séparément par l'analyse.

La déduction est le résultat du rapport direct et inéluctable qui existe entre une chose à reconnaître et une chose reconnue, l'une étant la conséquence logique et évidente de l'autre.

La déduction de tous les éléments organiques que la nature humaine contient ne peut se faire qu'en passant, à partir de l'unité fondamentale, graduellement, d'un résultat obtenu à sa conséquence logique la plus directe, de manière à suivre la voie tracée par la loi de la subordination organique. D'après cette loi, ces éléments d'être vivant sont connexes et compris dans l'unité de l'ensemble, en rapport avec leur importance organique relative.

En d'autres termes, la synthèse est le procédé méthodique dont les résultats dérivent les uns des

autres, par une véritable filiation logique, émanant
de lois organiques inéluctables. Ils se subordonnent naturellement entre eux, dans un ordre
déterminé par ces lois.

Chaque fait, qu'il s'agisse d'un organisme ou d'un
phénomène, a une *raison d'être*, scientifiquement
déterminable en elle-même et dans ses conséquences; il peut donc être étudié en rapport avec
les lois qui règlent son mode d'existence : telle est
la connaissance synthétique.

En conséquence, lorsqu'il s'agit de déduire les
éléments constitutifs d'un organisme vivant, cette
opération logique devra être faite, en ayant en vue,
d'une part, les lois fondamentales de l'ensemble et,
d'autre part, le caractère propre à l'élément dont il
s'agit. Chacun des éléments étant à son tour caractérisé par une modification spéciale du caractère
de l'ensemble, la place de chacun d'eux sera
indiquée par la corrélation qui l'unit aux autres
éléments, et par la subordination qui le fait dépendre de la nature de l'être que l'on considère.

Nous avons vu que dans les sciences naturelles,
les inférences sont surtout basées sur des rapports
de coexistence et de succession (1). Les déductions,
par contre, doivent être nécessairement basées sur
la subordination d'un organe à l'organisme, ou d'un
phénomène à sa fonction.

L'analyse comparée des éléments constitutifs
d'un organisme vivant, conduit à la découverte de

(1) Voir Introduction, § 2, *a*, 2, *L'Inférence*.

leurs analogies organiques; elles sont graduées. L'analogie organique existe spécialement entre les organes corrélatifs ; elle atteint la similitude complète entre certains organes, les mains, dont les fonctions respectives sont similaires et diminue graduellement à mesure que les éléments organiques sont éloignés l'un de l'autre, c'est-à-dire qu'ils se trouvent dans des organismes partiels de plus en plus distincts.

Les analogies réciproques des organes doivent être prises en sérieuse considération, lorsqu'il est procédé à une déduction.

Tout organisme vivant est une combinaison naturelle d'organes; cependant, toutes les combinaisons ne sont pas possibles, parce que l'organisme est soumis aux *lois ou conditions d'existence* (1) *et de vitalité* (2).

En d'autres termes, tout être est organisé conformément au milieu dans lequel il existe, où, pour vivre, il doit être apte à agir et à recevoir les influences indispensables à sa vie. Il en résulte que certaines formes organiques sont incompatibles; tel organe en exclut un autre; leurs fonctions ne s'harmonisent pas. Il est donc possible, en se basant sur les lois de l'organisation et des conditions d'existence et de vie, de déduire méthodiquement les organes les uns des autres.

Pour atteindre ce but, il est indispensable

(1) Voir liv. Ier, chap. Ier, § 3, *B*.
(2)   »   »   II, § 2, *D*.

d'avoir spécialement en vue les subordinations organiques et les conditions naturelles d'existence des différents organes. Ces conditions sont leur adaptation réciproque, aussi bien par rapport à l'organisme dans la nature duquel ils sont combinés, et qui, par ce fait, est leur milieu commun, que par rapport au milieu extérieur, auquel cet organisme lui-même est adapté.

Citons quelques exemples, afin de faire comprendre et apprécier, mieux qu'on ne le fait généralement de nos jours, l'importance et la valeur de la méthode synthétique d'investigation.

Un résultat mémorable a été obtenu par Le Verrier, lorsqu'il établit théoriquement l'existence de la planète *Neptune.*

Dans le volume de la *Connaissance des temps* pour l'an 1849 (1), Le Verrier a publié les étapes successives de sa découverte, les quatre mémoires, qu'il avait présentés à l'Académie des sciences de Paris.

Dans la troisième partie de son travail (p. 151), il montre que sa découverte est basée sur la connaissance qu'il avait de notre système solaire. Ce sublime organisme, dont le fonctionnement est mathématiquement réglé selon les lois de la mécanique céleste, se prête on ne peut mieux à une application de la méthode synthétique, faite dans le but d'arriver à la découverte d'un de ses invisibles organes, la planète *Neptune,* dont les per-

_____

(1) Additions, pp. 1 à 254, Paris, 1846.

turbations d'*Uranus* avaient fait soupçonner l'existence.

Voici les principales considérations que Le Verrier fit valoir, pour établir l'existence, la nature et la place de Neptune dans le système solaire :

« 85. A peine avait-on commencé il y a quelques années, à soupçonner que le mouvement d'Uranus était modifié par quelque cause inconnue, que déjà toutes les hypothèses possibles étaient hasardées sur la nature de cette cause. Chacun, il est vrai, suivit simplement le penchant de son imagination, sans apporter aucune considération à l'appui de son assertion. On songea à la résistance de l'éther; on parla d'un gros satellite qui accompagnerait Uranus, ou bien d'une planète encore inconnue, dont la force perturbatrice devrait être prise en considération; on alla même jusqu'à supposer qu'à cette énorme distance du soleil, la loi de la gravitation pourrait perdre quelque chose de sa rigueur. Enfin, une comète n'aurait-elle pas pu troubler brusquement Uranus dans sa marche?

« Je le répète, toutes ces opinions ont été émises sous forme d'hypothèses, et sans qu'on ait cherché à étayer aucune d'elles, par des considérations positives. On ne doit pas s'en étonner. Le problème du mouvement d'Uranus n'avait pas été traité avec une rigueur telle, qu'il fût démontré qu'on ne pourrait pas parvenir à le résoudre, par la considération des forces actuellement connues. Dans cette incertitude il était sans doute permis de hasarder une hypothèse. Mais nul n'aurait pu se résoudre

à entreprendre un travail considérable, sur des inégalités dont l'existence était encore problématique.
Aujourd'hui il en est tout autrement. On ne saurait
plus douter de ces inégalités, et le moment est venu
de chercher à démêler la direction et la grandeur
de la force qui le produit.

« Je ne me dissimule pas les écueils dont est semée
la route que je vais actuellement parcourir. Plus
d'une fois, des obstacles imprévus m'auraient fait
renoncer à mon entreprise, si je n'avais eu la
profonde conviction de son utilité. Comment, en
effet, les astronomes observateurs arriveraient-ils
à découvrir, dans l'immense étendue du ciel, la
cause physique des perturbations d'Uranus, si l'on
ne parvient pas à jalonner leur travail, à circonscrire leurs recherches dans une enceinte déterminée? Et quel est celui d'entre eux qui se
résoudrait à chercher un astre télescopique, successivement dans les douze signes du zodiaque?
Il faut donc commencer par prouver que les observations doivent être concentrées dans un petit
nombre de degrés. On pourra alors compter que les
veilles des observateurs ne feront pas défaut;
qu'avant peu, l'astronomie physique se sera enri-
chie de l'astre dont l'astronomie théorique aura à
l'avance dévoilé l'existence et fixé la position.

« 86. Je ne m'arrêterai pas à cette idée, que les
lois de la gravitation pourraient cesser d'être
rigoureuses, à la grande distance à laquelle Uranus
est situé du Soleil. Ce n'est pas la première fois
que, pour expliquer des inégalités dont on n'avait

pu se rendre compte, on s'en est pris au principe de la gravitation universelle. Mais on sait aussi que ces hypothèses ont toujours été anéanties par un examen plus approfondi des faits. L'altération des lois de la gravitation serait une dernière ressource à laquelle il ne pourrait être permis d'avoir recours qu'après avoir épuisé l'examen des autres causes, qu'après les avoir reconnues impuissantes à produire les effets observés.

« Je ne saurais croire davantage, dans la circonstance actuelle, à l'influence de la résistance de l'éther; résistance dont on a à peine entrevu des traces dans le mouvement des corps de la densité la plus faible; c'est-à-dire dans les circonstances qui seraient les plus propres à manifester l'action de ce fluide.

« Les inégalités particulières d'Uranus seraient-elles dues à un gros satellite qui accompagnerait la planète? Les oscillations qui se manifestent dans la marche d'Uranus affecteraient alors une très courte période; et c'est précisément le contraire qui résulte des observations. Les inégalités qui nous préoccupent se développent avec une très grande lenteur. Il est donc impossible de recourir à l'hypothèse actuelle, d'autant plus que le satellite devrait être effectivement très gros, et n'aurait pu échapper aux observateurs.

« Serait-ce donc une comète qui, tombant sur Uranus, aurait, à une certaine époque, changé brusquement la grandeur et la direction de son mouvement? J'ai déjà dit qu'on satisfaisait assez

bien au mouvement de la planète entre 1781 et 1820,
sans le secours d'aucune force extraordinaire. Cette
remarque, qui semble prouver que la force perturbatrice n'a point exercé d'influence sensible durant
cette période, serait assez conforme à l'hypothèse
actuelle d'une altération brusque du mouvement de
la planète. Mais alors la période de 1781 à 1820
pourrait se lier naturellement, soit à la série des
observations antérieures, soit à la série des observations postérieures, et ne serait incompatible qu'avec
l'une d'elles. Or, c'est ce qui n'a pas lieu. On
peut prouver que la série intermédiaire ne peut
s'accorder, d'une part, avec les anciennes observations, et, de l'autre, avec les nouvelles.

« Il ne nous reste ainsi d'autre hypothèse à
essayer que celle d'un corps agissant d'une manière
continue sur Uranus, changeant son mouvement
d'une façon très lente. Ce corps, d'après ce que
nous connaissons de la constitution de notre
système solaire, ne saurait être qu'une planète
encore ignorée. Mais cette hypothèse est-elle plus
plausible que les précédentes? N'a-t-elle rien d'incompatible avec les inégalités observées? Est-il
possible d'assigner la place que cette planète
devrait occuper dans le ciel?

« 87. Et d'abord, on ne saurait la placer au-
dessous de Saturne, qu'elle dérangerait plus qu'elle
ne trouble Uranus; et l'on sait que son influence
sur Saturne doit être peu sensible.

« Peut-on la supposer située entre Saturne et
Uranus? Il faudrait par la même raison que nous

venons d'indiquer, la placer beaucoup plus près de l'orbite d'Uranus que de celle de Saturne ; et dès lors sa masse devrait être assez petite pour ne produire sur Uranus que des perturbations qui sont, en définitive, peu considérables. Il est facile d'en conclure que son action perturbatrice ne s'exercerait qu'au moment où elle passerait dans le voisinage d'Uranus ; et le peu de différence qu'il y aurait entre les durées de révolutions des deux astres ferait que la circonstance présente ne se serait rencontrée qu'une fois dans la période qu'embrassent les observations de la planète. Cette conséquence est contraire à ce qu'on déduit des observations. La période comprise entre 1781 et 1820 n'offre aucune trace de grandes perturbations ; et, d'un autre côté, elle ne peut se lier ni aux observations antérieures, ni aux observations postérieures.

« La planète perturbatrice sera donc située au-delà d'Uranus. Nous ne devrons pas supposer qu'elle en soit voisine, car alors sa masse serait très petite, et nous retomberions ainsi dans les mêmes impossibilités que précédemment. Ce sera bien loin au-delà d'Uranus, que nous pourrons espérer découvrir ce nouveau corps, dont la masse sera assez considérable. Nous savons par la singulière loi qui s'est manifestée entre les distances moyennes des planètes au soleil, que les planètes les plus éloignées sont situées à des distances du centre qui sont, à très peu près, doubles les unes des autres ; il serait donc naturel d'admettre que le nouveau corps est deux fois plus éloigné du Soleil qu'Uranus, si la considération suivante ne nous en faisait à peu près une loi. J'ai dit que la planète cherchée ne pouvait être située à une petite distance d'Uranus. Or il n'est pas plus possible de la placer à une très grande distance, à une distance triple de celle d'Uranus au Soleil par exemple. Il faudrait, en effet, dans cette hypothèse, attribuer à cette planète une masse très-considérable ; la grande distance à laquelle elle se trouverait à la fois de Saturne et d'Uranus rendrait ses actions, sur ces deux planètes, comparables entre elles, et il ne serait point possible d'expliquer les inégalités d'Uranus sans développer dans Saturne des perturbations très-sensibles et dont il n'existe point de traces.

« Ajoutons que les orbites de Jupiter, Saturne et Uranus étant fort peu inclinées à l'écliptique, on peut admettre, dans une première approximation, qu'il en est de même pour la planète cherchée ; les observations des latitudes d'Uranus le prouvent sans réplique, puisque ces latitudes n'ont guère d'autres inégalités sensibles que celles qui sont dues aux actions de Jupiter et de Saturne. Nous sommes ainsi conduits à nous poser la question suivante :

« *Est-il possible que les inégalités d'Uranus soient dues à l'action d'une planète située dans l'écliptique, à une distance moyenne double de celle d'Uranus ? Et, s'il en est ainsi, où est actuellement située cette planète ? Quelle est sa masse ? Quels sont les éléments de l'orbite qu'elle parcourt ?* »

7

« Tel est l'énoncé du problème que je vais résoudre (1). »

Grâce aux inférences et aux déductions de Le Verrier, J. B. Gall et H. d'Arrest, assistants de l'Observatoire de Berlin, aperçurent Neptune, le 23 septembre 1846. Cette découverte *de visu* est la démonstration expérimentale du fait de l'existence de cette planète, théoriquement établi par le célèbre directeur de l'Observatoire de Paris.

Bouvard inféra la présence de Neptune des perturbations d'Uranus, dont il publia les Tables en 1821.

Adams entreprit la solution du problème de l'existence de Neptune en 1843. Deux ans plus tard, son travail, dont les conclusions diffèrent peu de celles de Le Verrier, était terminé et communiqué « à quelques astronomes anglais. Un d'eux consentit bien à chercher la planète annoncée, mais, par défiance, sans doute, on ajourna la publication du mémoire de M. Adams à l'époque où l'on aurait trouvé la planète d'après ses indications (2), » c'est-à-dire au moment où cette publication aurait perdu beaucoup de son intérêt.

Depuis quelques années, le fait de la découverte d'astres par inférence et par synthèse, s'est reproduit. Bessel inféra l'existence du satellite de Sirius, de certaines irrégularités de son mouvement; en 1851, Peters en avait calculé l'orbite elliptique et ce

---

(1) *Connaissance des temps pour* 1849. Additions, pp. 151 et suiv.
(2) FAYE, H., *Cours d'astronomie*, Paris, 1883, t. II, p. 204.

ne fut qu'en 1862, que Alran Clark aperçut à la place que lui avait assignée Peters, l'astre dont Bessel avait pressenti l'existence. Il en fut de même du satellite de Procyon, dont l'existence fut constatée *de visu* par O. Struve, à la place que les calculs de Auwers avaient désignée.

La possibilité de faire des découvertes au moyen de la méthode synthétique est d'ailleurs réalisée depuis longtemps par les astronomes. Dans l'antiquité, ils prédisaient déjà certains phénomènes avec certitude, en les déduisant de leurs causes génératrices. Actuellement, ne calcule-t-on pas des phénomènes astronomiques du passé, non relatés par les anciens, et ne corrige-t-on pas leurs erreurs d'observation? L'astronomie mathématique n'est-elle pas à peu près complètement dégagée de l'observation?

Parmi les sciences mathématiques, la géométrie offre actuellement encore, l'exemple le plus remarquable de la valeur de la méthode synthétique; tous les axiomes et les théorèmes géométriques ne sont-ils pas déduits, comme conséquences, par le raisonnement seul, du principe de cette belle science, l'*étendue*; « cause d'infériorité », devraient conclure ceux qui ne reconnaissent de valeur scientifique qu'à la méthode d'observation; cependant la géométrie est sous tous les rapports, la plus complète et la plus correcte de nos sciences.

La physique est depuis quelques années entrée dans la même voie. Dans la partie synthétique de cette science, que l'on désigne sous le nom de

physique mathématique, des résultats importants
ont déjà été obtenus ; et on en arrivera certainement à la déduction et à la classification de toutes
les lois empiriques, dont la connaissance partielle a
été péniblement obtenue par la physique expérimentale. La physique mathématique révélera,
outre la formule exacte de chacune des lois, telles
que les lois de la lumière, de l'acoustique, de la
chaleur, de l'électricité, de la chute des corps, de la
capillarité, et ainsi de suite, les rapports de corrélation et de subordination que ces lois ont entre
elles, dans la loi fondamentale du *mouvement*, qui
régit tous les phénomènes purement physiques de
l'Univers.

Dans le *Cours de physique de l'École polytechnique* (1), les auteurs exposent la question de la
valeur et de l'avenir de la méthode synthétique
dans les sciences physiques, d'une façon remarquable : « *Théories mathématiques.* Dans chaque
branche des sciences physiques, on trouve diverses
classes de phénomènes généraux qui sont réglées
chacune par des lois spéciales. Dans le cas de la
lumière, par exemple, un grand nombre de ces lois
sont connues, et, par suite, il est facile de résoudre
tous les problèmes de la propagation de la lumière
à travers une succession quelconque de milieux, en
acceptant ces lois comme principes et sans autre
secours que le raisonnement mathématique. Or, si

---

(1) JAMIN et BOUTY, *Cours de physique de l'École polytechnique*,
Paris, 1891, 4ᵉ édit., p. 6.

toutes les lois élémentaires de l'Optique et en
général d'une science quelconque étaient connues,
on pourrait abandonner la marche expérimentale
qui a servi à les découvrir, et, en changeant de
méthode, il n'y aurait plus qu'à descendre des principes à leurs conséquences. Nous sommes loin d'en
être arrivés là; mais c'est un but qu'il est raisonnable de se proposer, qu'il n'est pas impossible
d'atteindre un jour, et auquel on est arrivé déjà
pour une science au moins, qui est la Mécanique
rationnelle. Elle se présentait à nous, avec tous les
caractères d'une science d'observation, car on ne
peut deviner *a priori* les lois des mouvements des
corps sous l'effet soit d'impulsions extérieures, soit
de leurs réactions réciproques; ces mouvements
sont des phénomènes physiques qu'il fallait d'abord
observer si on voulait les connaître. Ce travail a
été long et pénible; mais, à cause sans doute de
leur simplicité et de leur petit nombre, les lois élémentaires de cette science ont fini par être découvertes, et, depuis qu'on les connaît, la branche de la
Mécanique qui les utilise est devenue une science
rationnelle, elle est exclusivement mathématique
et se passe de l'expérience.

« Ce qui est arrivé dans ce cas particulier, on
cherche à le réaliser pour toutes les autres sciences
physiques; on y est déjà parvenu pour les mouvements des astres, pour une partie des phénomènes
de l'Optique, de l'Électricité, etc. On voit donc que
ces sciences observent afin de conquérir leurs principes et qu'elles cherchent à remonter des effets

qui les frappent à ces principes qu'elles ignorent, uniquement afin de pouvoir un jour embrasser tous les détails dans des formules générales qui les contiendront tous et d'où on les fera découler par la méthode de déduction. »

L'emploi du procédé synthétique est déjà mis en œuvre par les chimistes.

Sous le nom de *Système périodique des éléments*, les travaux de MENDELEJEFF et de LOTHAR MEYER ont ouvert une voie nouvelle aux recherches. Ils ont déjà amené la revision des poids atomiques de plusieurs éléments; les découvertes du *gallium* par Lecoq de Boisbaudran et du *scandium* par Nilson et Cleve, ont confirmé des prévisions théoriques; de plus, certaines lacunes du *système* font pressentir la découverte de nouveaux éléments restés inconnus jusqu'à présent.

La méthode par inférence a également été employée pour arriver à ces résultats.

Dans le domaine des sciences anthropologiques, existe un remarquable exemple de découverte, faite au moyen de la méthode synthétique d'investigation. Cette déduction, judicieusement préparée et étayée d'observations et d'inférences habiles, fut réalisée par le célèbre W. Harvey, lorsqu'il établit théoriquement le fait de la grande circulation du sang et surtout la nécessité organique du passage du sang des artères dans les veines, longtemps avant que Malpighi l'eût constaté *de visu*.

Le premier résultat des études d'Harvey sur la circulation du sang, fut de le convaincre que cette question n'avait pas été résolue par ses devanciers. Il commence son mémorable ouvrage *Traité anato-mique sur les mouvements du cœur et du sang chez les animaux*, publié à Francfort en 1628 (1), par la phrase suivante : « Ayant eu l'occasion de faire de nombreuses vivisections, j'ai été amené d'abord à étudier les fonctions du cœur et son rôle chez les animaux en observant les faits, et non en étudiant les ouvrages des divers auteurs, et j'ai vu tout de suite que la question était ardue et hérissée de difficultés, en sorte que je pensais presque, comme Fracastor, que le mouvement du cœur n'était connu que de Dieu seul. »

Les nombreuses observations et les expériences d'Harvey, lui fournirent des arguments pour signa-ler les erreurs de ses prédécesseurs, en même temps que des indices qui le mirent sur la voie de sa découverte.

Les huit premiers chapitres de son ouvrage sur la circulation sont en quelque sorte consacrés à l'exposé des faits et des expériences, d'où il inféra les conjectures qui l'amenèrent graduellement à l'hypothèse de la grande circulation. Ces conjec-tures, il les résume presque toutes comme suit dans le chapitre VIII, page 57 : « En considérant la grande quantité de sang que je trouvais dans les vivisec, tions et les ouvertures d'artères, la symétrie et l'étendue des ventricules et des vaisseaux afférents et efférents, je me disais souvent que la nature,

_____

(1) Traduction Ch. Richet, Paris, 1892.

n'ayant rien fait en vain, ne pouvait avoir donné en vain à ces vaisseaux une telle étendue; enfin, en réfléchissant à l'admirable mécanisme des valvules, des fibres et de toute la structure du cœur, à l'abondance du sang mis en mouvement, à la rapidité de ce mouvement, je me demandais si le suc des aliments ingérés pouvait suffire à renouveler incessamment le sang, incessamment épuisé. Je compris que les veines seraient vidées et épuisées, et que, d'autre part, les artères se rompraient à cet afflux continuel de sang, si le sang ne retournait par quelque voie, des artères dans les veines et ne revenait dans le ventricule droit du cœur.

« Je me suis donc d'abord demandé si le sang avait un mouvement circulaire, ce dont j'ai plus tard reconnu la vérité; j'ai reconnu que le sang sortant du cœur, était lancé par la contraction du ventricule gauche du cœur, dans les artères et dans toutes les parties du corps, comme par la contraction du ventricule droit, dans l'artère pulmonaire et dans les poumons. De même, passant par les veines, il revient dans la veine cave et jusqu'à dans l'oreillette droite, et, passant par les veines pulmonaires, il revient dans l'oreillette gauche. »

Dans le chapitre IX, Harvey décompose sa conclusion en trois hypothèses « qui, si elles sont reconnues vraies, » écrit-il, page 60, « démontreront clairement ce que j'avance et en feront éclater la vérité :

« 1° Le sang, poussé par la contraction du cœur, passe continuellement de la veine cave dans les artères, en si grande quantité que les aliments ne pourraient y suffire, et la totalité du sang suit ce passage en un temps très-court.

« 2° Le sang, poussé par les pulsations artérielles, pénètre continuellement dans chaque membre et chaque partie du corps, et il en entre ainsi bien plus que la nutrition du corps ne l'exige, et bien trop pour que la masse du sang y puisse suffire.

« 3° Les veines ramènent constamment le sang de chaque membre dans le cœur.

« Je dis qu'alors évidemment le sang circule, qu'il est chassé du cœur aux extrémités, et qu'il revient des extrémités au cœur, et ainsi de suite, accomplissant ainsi un mouvement circulaire. »

Les chapitres X, XI, XII et XIII sont consacrés « à la confirmation » de ces trois hypothèses. « Cela fait, » écrit-il, page 86, « nous pourrons considérer les trois propositions fondamentales que nous avions établies pour démontrer la circulation du sang, comme certaines, comme vraies, comme sûres, comme suffisamment prouvées pour être admises. »

Dans le chapitre XI, l'auteur établit la nécessité organique de la *circulation capillaire*. « Le passage du sang dans les artères, quand la compression est incomplète, et ce gonflement des veines placées au-dessous, nous démontre que le sang va des artères dans les veines et non en sens contraire, et qu'il y a des anastomoses entre ces vaisseaux, ou des *porosités dans les tissus qui permettent le passage du sang.* »

On sait que la découverte *de visu* de la circulation

capillaire est due à Malpighi, en 1661, au moyen du microscope, qui venait d'être inventé. Hook, par ses injections des artères, a établi l'existence des vaisseaux capillaires d'une façon expérimentale. Enfin, dans le chapitre XIV, Harvey expose la *Conclusion de la démonstration de la circulation du sang*.

« Maintenant nous pouvons exprimer nos idées sur la circulation du sang et proposer cette doctrine à tous.

« Les raisonnements et les démonstrations expérimentales ont confirmé que le sang passe par les poumons et le cœur, qu'il est chassé par la contraction des ventricules, que, de là, il est lancé dans tout le corps, qu'il pénètre dans les porosités des tissus et dans les veines, qu'il s'écoule ensuite par les veines, de la circonférence au centre, et des petites veines dans les grandes, qu'enfin il arrive à la veine cave et à l'oreillette droite du cœur. Il passe ainsi une très grande masse de sang, et dans les artères où il descend, et dans les veines où il remonte, beaucoup trop pour que les aliments puissent y suffire, beaucoup plus que la nutrition ne l'exigerait. Il faut donc nécessairement conclure que chez les animaux le sang est animé d'un mouvement circulaire qui l'emporte dans une agitation perpétuelle, et que c'est là le rôle, c'est là la fonction du cœur dont la contraction est la cause unique de tous ces mouvements. »

Les trois derniers chapitres sont consacrés à la vérification expérimentale de sa découverte.

« Tous ces phénomènes, » écrit Harvey, en terminant son œuvre, « que j'ai observés en disséquant, ainsi que beaucoup d'autres qu'il faudrait développer avec talent, peuvent éclairer et confirmer la vérité de ce que nous avons exposé plus haut, et contredire les idées généralement reçues. Mais il me semble qu'il serait bien difficile de les expliquer autrement que nous l'avons fait ».

Enfin le fait constaté par Malpighi et les expériences de Hook, furent la démonstration expérimentale définitive, qui mit à néant toutes les objections faites à la grande découverte d'Harvey, établie au moyen d'inférences et de déductions méthodiquement faites.

L'œuvre d'Harvey est à la fois un modèle d'observation exacte et pénétrante, d'expérimentation ingénieuse, d'inférence sagace, d'hypothèse hardie et enfin, de déduction magistralement faite.

La découverte de la grande circulation et de la circulation capillaire du sang par Harvey est analogue à celle de Neptune par Le Verrier ; de même que les perturbations d'Uranus firent soupçonner l'existence de Neptune, de même, les inconséquences que faisaient naître les théories galéniques du cœur et des vaisseaux, professées à cette époque par Fabricius, Columbus et d'autres savants, et que montraient à l'évidence les observations et les expériences contradictoires d'Harvey, le mirent sur la trace d'arguments décisifs en faveur de la circulation du sang. Et, de même que l'hypothèse de Le Verrier justifiait les perturbations d'Uranus, de même les hypothèses d'Harvey

étaient en concordance avec tous les faits connus,
relatifs à la circulation du sang, et, chacun de ces
faits fournissait des indices d'autant plus favorables
à ses prévisions, qu'ils se renforçaient en se justi-
fiant mutuellement.

Tout savant qui observe, et surtout les expéri-
mentateurs, qu'ils le sachent ou qu'ils l'ignorent,
procèdent d'une façon plus ou moins synthétique,
en ce sens qu'ils sont presque toujours guidés par
la théorie. Nul ne fait de recherches expérimentales sans savoir pourquoi, sans avoir de but, sans
être stimulé et guidé par une idée directrice plus
ou moins précise et préconçue, qui conduit méthodiquement l'investigateur par des observations et
des inférences, des inductions et des déductions,
vers le fait nouveau qu'il recherche.

Loin de moi la pensée de nier la possibilité
de constater un fait imprévu; on trouve parfois
ce que l'on ne cherchait pas; une découverte importante peut être uniquement due au hasard. Mais,
j'affirme qu'à mesure que la science progresse, certains faits sont en quelque sorte pressentis et
prévus par la théorie. Ces prévisions sont, peut-on
dire, des découvertes faites par les voies de l'inférence et de la synthèse; ces méthodes d'investigation devancent alors l'observation et l'expérience;
elles les dirigent; leur prescrivent en quelque sorte
leur tâche et les points où leurs recherches doivent
porter. L'inférence et la synthèse, en suivant les
liens ou relations logiques indiqués par les connexions naturelles des choses, mettent ainsi en

évidence certains faits que l'observation et l'expérience seules, n'eussent probablement pas découverts avant longtemps; l'inférence et la synthèse principalement sont mieux que les flambeaux dont s'éclairent les plus lointains horizons du connu : elles projettent aussi des lueurs au delà des connaissances actuellement acquises.

En anthropologie, le procédé synthétique est basé sur les lois fondamentales. de la nature humaine; il doit pouvoir être justifié par elles. D'après ces lois, tous les organes sont construits sur le même plan; degrés organiques successifs d'un même type fondamental, ils sont reliés en systèmes organiques parallèles. De là, dans les analogies organiques plus ou moins complètes, la gradation établie entre les organismes partiels que la nature humaine comprend et entre les éléments organiques de ceux-ci.

Chacun des systèmes organiques étant un organisme partiel, fondé dans l'organisme total, il se fait que non seulement ces systèmes, mais encore chacun des organes qui les composent, considérés dans leur ordre hiérarchique ou importance organique relative, peuvent être méthodiquement déduits du *moi*. En effet, ces éléments sont des unités partielles de divers ordres, se comprenant les unes les autres, conformément à leurs corrélations et subordinations organiques réciproques, et elles sont toutes comprises dans l'unité fondamentale de la nature humaine, qui est le *moi*, l'homme. En ce sens, la nature humaine est le principe de tous ses organes; l'évolution en est du reste une preuve expérimentale, puisque tous les organes apparaissent successivement dans l'ovule.

Ma synthèse, méthodiquement réalisée, quoiqu'elle ait encore des points bien faibles, dus en grande partie à mon insuffisance et un peu aussi aux lacunes des méthodes et des matériaux scientifiques réunis actuellement par les observateurs, et quel que soit, d'autre part, le sort que lui réservent les futurs progrès de la science, offre néanmoins l'avantage d'établir un lien logique entre tous les faits relatifs à l'homme, dont la signification avait échappé tant qu'ils étaient demeurés isolés : la synthèse est la base de l'encyclopédie des sciences anthropologiques.

INTRODUCTION

---

§ **2.** *a*, *b*. -- CONSIDÉRATIONS COMPLÉMENTAIRES RELATIVES A L'ANALYSE ET A LA SYNTHÈSE.

Comme nous l'avons exposé, l'analyse décompose la nature humaine en ses éléments organiques, afin de reconnaître chacun d'eux directement en lui-même, d'une manière intuitive, après avoir reconnu l'ensemble dans son unité organique fondamentale.

La synthèse recompose cette même nature, en rattachant entre eux, dans l'unité fondamentale, tous les éléments organiques séparés par l'analyse, et cela au moyen d'une déduction méthodique, basée sur les lois naturelles, d'après lesquelles la nature de l'homme est organisée.

L'emploi combiné de l'analyse et de la synthèse, combinaison qui consiste à comparer les résultats de l'observation à ceux de la déduction, et réciproquement les déductions aux faits observés, permet de découvrir et de combler les lacunes qui existent, soit dans la partie analytique, soit dans la partie synthétique de l'anthropologie. Dans le vaste domaine de la science de l'homme, beaucoup de faits ont encore échappé à l'analyse, mais, au moyen de la déduction, il est possible de compléter les résultats de l'observation. En même temps que la déduction permet de constater dans la nature humaine, l'existence de certains éléments organiques échappés jusqu'alors à l'analyse, elle fait connaître l'importance du rang et des rapports organiques qu'ils ont avec les autres éléments.

Il importe de remarquer, pour ce qui concerne la déduction des faits particuliers, que tous les cas possibles, soit parmi les êtres, soit parmi les phénomènes, ne sont pas réalisés en un même temps donné et que maint d'entre eux peut-être ne trouveront pas à se réaliser. Or, en poussant la déduction des généralités aux particularités, on arrive forcément à tous les cas possibles, c'est-à-dire réalisables. Il est donc indispensable que l'observation intervienne pour compléter les résultats de la déduction, en signalant parmi les possibles, les cas actuellement réalisés : lorsque la synthèse révèle une possibilité, il appartient à l'analyse d'en reconnaître la réalité (1).

C'est dans ce sens que nous avons dit que la synthèse est une méthode de découverte, pouvant parfois précéder et guider l'observation, en révélant soit l'existence de lois secondaires et d'êtres finis, soit la possibilité de certains phénomènes non encore reconnus expérimentalement.

----

(1) Voir GEOFFROY SAINT-HILAIRE, Is., *Histoire naturelle générale*, t. Ier, pp. 410 et suiv.

Les résultats de l'observation, non comparés d'abord, ni généralisés, ni classés, puis réunis et systématisés par la déduction, ne seraient qu'une liste de faits incohérents, à laquelle viendraient se joindre successivement les nouvelles découvertes. Beaucoup de faits restent isolés et dépourvus de portée scientifique, parce que les liens qui les rattachent aux autres faits anthropologiques sont encore ignorés. De là, les incohérences qui existent actuellement dans la science de l'homme et l'isolement dans lequel se développent les diverses sciences particulières, ayant chacune un point de vue spécial de la nature humaine pour objet. Seule la méthode synthétique permet de reconstituer scientifiquement cet admirable réseau de rapports organiques, qui existent entre les éléments si hétérogènes, et pourtant si unis, de l'organisme humain.

Proclamer que l'observation est la seule méthode vraiment scientifique me semble donc être une grave erreur. Tel est cependant le cas de beaucoup de savants, qui n'ont pas hésité à rejeter la méthode synthétique. J'ai lieu de craindre que ceux-ci ne connaissent pas suffisamment cette méthode, faute de culture générale ou faute de l'avoir examinée à fond, exclusivement absorbés qu'ils sont par la science et la méthode particulières dont ils s'occupent. Néanmoins, je m'empresse de reconnaître que la synthèse est encore actuellement d'une application restreinte et même dangereuse dans certaines sciences. Mais, rendre la méthode synthétique en quelque sorte responsable des bévues qui ont été commises par son emploi inconsidéré, me paraît peu sérieux. Un semblable procédé fait songer à l'enfant imprudent, qui gronde le couteau dont l'usage maladroit vient de le blesser.

J'ajoute qu'en contestant toute valeur à la synthèse, certains savants ne paraissent pas se douter que la méthode est elle-même un des objets les plus importants dont la science ait à s'occuper. En effet, les procédés méthodiques sont susceptibles de perfectionnements et, de fait, on les améliore sans cesse. Il me semble donc imprudent et présomptueux même de rejeter la méthode synthétique et de méconnaître ainsi la possibilité de la perfectionner.

Je crois, au contraire, que plus les observations se multiplieront et se compléteront, plus la nécessité de l'emploi de la méthode synthétique se fera vivement sentir. Quand la synthèse aura un nombre suffisant de faits exacts à sa disposition, sa valeur et son importance comme procédé méthodique dépasseront de beaucoup celles de l'analyse en général et de l'observation en particulier.

Qu'il me soit permis de rappeler l'opinion de Cuvier au sujet de l'emploi de la méthode synthétique dans les sciences naturelles. « L'histoire prouve que les résultats théoriques, successivement introduits dans la science, même ceux qui y ont jeté le plus d'éclat, n'y ont eu qu'une existence passagère : les faits, au contraire, une fois aperçus, sont pour jamais acquis : donc les faits sont, pour l'esprit humain, la seule acquisition durable, et c'est vers leur découverte que les esprits sages doivent diriger leurs efforts (1). »

Cuvier a eu raison de prétendre que « les résultats théoriques, successivement introduits dans la science, n'y ont eu qu'une existence passagère : » et que « les faits, au contraire, une fois aperçus, sont pour jamais acquis ; » raison, pour autant qu'il ne faille revoir, corriger et compléter sans cesse ces théories, produits de la pensée humaine, dont l'évolution doit toujours se soumettre à l'influence de quelque fait nouveau. Cuvier, ainsi que tous les partisans exclusifs de l'observation et de l'expérience, se trompent fort lorsqu'ils posent des bornes aussi mesquines à la science, en la limitant à la connaissance des faits particuliers.

L'un procédé méthodique doit nécessairement compléter l'autre, l'analyse et la synthèse sont indispensables toutes deux et leurs résultats doivent être vérifiés au moyen du procédé méthodique final, qui est la démonstration.

---

(1) Citation d'Is. GEOFFROY SAINT-HILAIRE, *Histoire naturelle générale*, t. Ier, p. 328. Voir FLOURENS, P., *Recueil des éloges historiques*, *G. Cuvier*, t. Ier, p. 160, Paris, 1866.

INTRODUCTION

---

§ 2. c. — La démonstration.

La démonstration est le procédé méthodique qui a pour but de contrôler les résultats acquis, soit au moyen de l'analyse, soit en opérant par synthèse; c'est le procédé méthodique de *vérification*.

Vérifier ou se rendre compte de la valeur objective d'une connaissance est tout autre chose que reconnaître un objet, soit par analyse, soit par synthèse, bien que le procédé démonstratif puisse être analytique ou synthétique.

La vérification est le complément indispensable de chacun des deux autres procédés méthodiques, puisque la valeur scientifique d'une connaissance ne peut être assurée que par la démonstration, lorsque, bien entendu, la vérité n'en est pas évidente par elle-même.

La vérification analytique ou démonstration expérimentale est basée sur des expériences ou sur des faits, cités comme preuves à l'appui, soit d'un fait à vérifier, soit d'une déduction ou conséquence à justifier.

La portée d'un canon se calcule au moyen des éléments fournis par le poids du projectile, la force de projection de la charge, la résistance de l'air, la pesanteur, et d'autres conditions encore. Le résultat de cette inférence et de cette déduction est alors expérimentalement vérifié au moyen du tir.

La vérification est synthétique (démonstration proprement dite ou rationnelle), lorsqu'elle est obtenue au moyen d'une combinaison logique de jugements certains, dont la conclusion est la vérification cherchée d'un fait observé ou d'une déduction obtenue.

La démonstration synthétique, telle qu'elle est faite par les géomètres, du théorème : le carré de l'hypothénuse égale la somme des carrés des deux autres côtés d'un triangle rectangle, prouve que ce théorème a une portée générale, c'est-à-dire qu'il est vrai de tous les triangles rectangles. La démonstration analytique, par contre, consisterait à mesurer les carrés construits sur les côtés d'un triangle rectangle donné et à constater que le carré de l'hypothénuse égale la somme des carrés des deux autres côtés du triangle en question, mais non pas de tous les triangles rectangles. De plus, comme il est quasi impossible de construire une figure parfaite, le procédé analytique pourrait laisser subsister un doute, provenant, par suite d'un vice de construction de la figure, d'une petite différence des résultats du mesurage, tandis que la démonstration synthétique ne laissera pas subsister le moindre doute, pour ce qui concerne l'exactitude et la généralité du théorème.

Le résultat de la démonstration expérimentale est d'une valeur relative, puisqu'il est exclusivement basé sur des faits pouvant varier selon les temps et les lieux, ou selon les circonstances dans lesquels ils se produisent : dans ce cas la loi qui régit ces faits est supposée inconnue.

Le résultat de la démonstration synthétique est absolu, s'il est tiré de principes généraux et certains, parce que ceux-ci sont indépendants de l'espace et du temps, c'est-à-dire qu'ils sont partout et toujours les mêmes.

La preuve de l'accord de la connaissance avec la réalité, ou du subjectif et de l'objectif, pouvant s'obtenir d'une manière analytique ou d'une manière synthétique, selon le cas, il en résulte que la démonstration offre toutes les ressources méthodiques de l'analyse et de la synthèse.

Lorsque l'accord de la pensée et de la réalité est perçu directement, la certitude est évidente.

Dans la démonstration, la perception de cet accord est indirecte. En effet, lorsque la certitude résulte de la démonstration, elle est la conséquence d'autres certitudes, dont elle dépend et dont l'intervention est indispensable, pour arriver à la certitude cherchée, en se basant sur les liens logiques qui existent entre elles. Tel est spécialement le cas dans la démonstration synthétique; la certitude résulte de la perception directe des rapports qui existent entre les membres de la combinaison

logique, dont découle, comme conséquence, la certitude cherchée. Celle-ci doit donc toujours être
basée sur une ou plusieurs certitudes directes, de
la combinaison desquelles résulte une certitude
nouvelle, qui est la certitude cherchée et démontrée. « Chaque degré de la déduction doit être
connu intuitivement et par lui-même (1). »

Généralement, la *connaissance de fait* se vérifie
au moyen de la démonstration synthétique, c'est-
à-dire que le *fait* s'explique et se justifie le plus souvent au moyen de la *loi;* tandis que la valeur d'une
déduction peut être assurée au moyen de faits
observés, cités comme preuves à l'appui.

Beaucoup de savants prétendent que la réalité
d'un fait n'a pas besoin d'être démontrée. C'est que
maint d'entre eux ignore que nos soi-disant
connaissances de faits ne sont pour la plupart
qu'inférences, sujettes à caution; je n'en veux
pour preuve que les transformations constantes
subies par les sciences d'observation et d'expérimentation (2).

Il convient d'insister de nouveau ici sur la
différence capitale déjà signalée au chapitre
observation (3), différence qui existe entre certains faits connus d'une façon immédiate, par
l'observation interne et personnelle, tels que : j'ai
soif, je pense, j'aime, je marche, et d'autres faits,

---

(1) Voir LOCKE, J., *Essai philosophique concernant l'entendement humain,* liv. IV, chap. II, § 7, traduction Coste, Amsterdam, 1740.
(2) Voir Introduction, § 2, a, 2, *L'Inférence.*
(3) Idem, § 2, a, 1, *L'Observation et l'expérimentation.*

connus d'une façon médiate, par l'observation externe, pratiquée au moyen des sens, tels que : je vois une comète, ce silex a été taillé par l'homme.

En ce qui nécessite l'emploi de la démonstration pour justifier la valeur objective de ces derniers faits, la distinction que je viens de rappeler a une importance fort grande. En effet, le but de la démonstration d'un fait extérieur est surtout de convaincre des contradicteurs, en en prouvant scientifiquement la réalité ; tandis que les résultats de l'observation interne sont pour ainsi dire exclusivement du domaine intime et privé de chacun. Les inférences basées sur les sensations puisées par l'observation externe doivent satisfaire aux légitimes exigences de la science, et surtout de la méthode. Dans l'observation des phénomènes astronomiques, par exemple, l'intervention des procédés démonstratifs est le plus souvent indispensable, afin de pouvoir rectifier les erreurs quasi inévitables, inhérentes à ce procédé méthodique. C'est dans ce sens que la réalité de certains faits, convenablement observés d'ailleurs à l'aide d'instruments, doit être démontrée. Il est souvent constaté alors qu'il y a loin de l'apparence à la réalité. Ce n'est le plus souvent que grâce au raisonnement et au calcul que la probabilité d'une inférence peut être transformée en une certitude scientifiquement établie.

Cependant, les résultats de l'observation peuvent être soumis à un double contrôle. D'abord, comme nous venons de le voir, à celui de la démonstration synthétique; ensuite, chaque fois que fait défaut la connaissance des lois relatives à la chose observée, on recourt à l'examen de faits similaires ou d'expériences permettant d'établir des concordances.

La démonstration possède également deux moyens de vérifier les résultats de la synthèse : d'abord l'observation, qui peut être appelée à fournir des faits à l'appui des résultats obtenus par voie déductive; ensuite la démonstration synthétique elle-même, mais seulement lorsque la possibilité existe, de rattacher la proposition à démontrer à un principe plus général qui la contient, et contre lequel le doute ne prévaut pas.

La vérification étant faite, il est utile de se rendre compte des conséquences de la certitude acquise, afin de tirer tout le parti du résultat de sa découverte, car toutes les vérités se soutiennent et se fortifient mutuellement.

Les démonstrations analytique et synthétique sont directes, en ce sens que les arguments ou les preuves de la vérité sont tirés de la nature même de la chose en question, ou du milieu en raison duquel elle existe.

Un autre procédé démonstratif, indirect celui-ci, parce que les preuves de la vérité ne sont pas tirées de la chose dont il s'agit, consiste à faire apprécier, soit l'absurdité ou l'impossibilité d'une ou de plusieurs hypothèses contraires à la proposition que l'on cherche à démontrer, soit l'absurdité ou l'impossibilité d'une ou de plusieurs conséquences auxquelles conduirait la négation ou le contraire de la proposition en question.

Il est évident que le résultat d'une semblable démonstration n'est que plus ou moins probable, puisque la proposition contraire peut n'être qu'un des cas possibles, les autres étant ignorés, et il serait indispensable, pour arriver à une certitude, de tenir compte de tous les cas; ou bien, par suite de circonstances ou de causes inconnues, les conséquences impossibles peuvent n'être pas de nature à entraîner l'absurdité ou l'impossibilité de la proposition à démontrer.

La démonstration indirecte est connue sous le nom de réduction à l'absurde ou de démonstration par l'impossible, parce qu'elle est fondée, soit sur l'absurdité ou l'impossibilité de la proposition contraire ou opposée à celle qui est à démontrer, soit sur l'absurdité ou l'impossibilité des conséquences qui résulteraient de la négation de cette proposition : on conclut alors à sa légitimité ou à sa véracité.

En anthropologie, l'emploi de la réduction à l'absurde conduira donc à une impossibilité organique, c'est-à-dire à un fait contraire aux lois naturelles de l'organisme vivant.

Quand après avoir affirmé, par exemple, que la nature humaine comprend un esprit ou âme, doué des facultés de penser, de sentir, de vouloir et d'aimer, je me demande ce qui en serait de l'homme s'il n'avait pas d'âme, s'il était dépourvu d'intelligence, s'il n'éprouvait ni plaisir ni peine, ni sympathie, ni antipathie, s'il n'était pas libre et n'était pas capable d'aimer? Mais, l'homme ne serait même pas un singe! L'homme n'existerait pas!

Les conséquences absurdes de la susdite proposition et son impossibilité organique manifeste, prouvent que j'ai fait une bonne réduction à l'absurde. Donc ceux qui croient à l'existence de l'âme sont dans le vrai.

———

INTRODUCTION

§ 2. *d.* — La méthode des résidus.

Je terminerai les considérations fort longues que j'ai consacrées à l'exposé de la méthode anthropologique, par la théorie de *la méthode des résidus*.

Cette méthode est à la fois analytique, synthétique et démonstrative.

Sa partie analytique est la décomposition du fait soumis à l'examen, en ses éléments constitutifs.

Sa partie synthétique consiste à rechercher les causes ou les raisons d'être de tous les éléments du fait en question.

Enfin, sa partie démonstrative comprend la justification du résultat de la partie synthétique.

En résumé : la méthode des résidus est un procédé d'investigation qui débute par la décomposition analytique d'un fait complexe en ses éléments constitutifs les plus simples, afin de pouvoir rechercher la raison d'être ou la cause respective de chacun de ces éléments. Celui d'entre eux dont il n'est pas possible de rendre compte d'une façon claire et évidente, en raison des faits scientifique-

ment constatés et des lois exactement connues, est
un résidu.

Ce premier résultat obtenu, devient généralement
le point de départ d'une hypothèse, faite au sujet
de la raison d'être ou de la cause du résidu, l'existence de l'une ou de l'autre en étant inférée, selon
que le résidu en question est un être ou un phénomène.

Cette seconde recherche est en quelque sorte la
partie synthétique de cette méthode, puisqu'il
s'agit de rattacher logiquement le résidu à sa raison
d'être ou à sa cause, selon qu'il est relatif à un être
ou à un phénomène.

La déduction s'opère en passant d'un fait connu à
sa conséquence logique la plus directe. Dans la
méthode des résidus, au contraire, cette opération
se fait en sens inverse, en passant d'une conséquence, qui est le résidu, au fait qui en est la cause
ou la raison d'être logique la plus directe ; il est
procédé ainsi de proche en proche, jusqu'à ce que
l'on aboutisse à une loi ou à un fait général, qui permette d'établir la justification complète du résidu.

La recherche des facteurs qui interviennent dans
la production des phénomènes biologiques, offre
d'intéressantes applications de la méthode des
résidus.

Il est procédé d'abord à la décomposition analytique du phénomène en ses éléments constitutifs.

Tous les éléments qui sont les effets d'une ou de
plusieurs causes physiques, telles que le corps
vivant et son milieu ambiant, sont alors retranchés.

Si cependant il reste de ce phénomène un élément quelconque, un résidu qu'il a été impossible de rattacher logiquement, comme effet, aux susdites causes, il est légitime d'en conclure, à une interprétation entachée de lacune et même d'erreur.

Il doit sembler alors indispensable d'attribuer le résidu, cet élément réfractaire aux causes physiques, à une cause morale, essentiellement distincte des précédentes, afin de pouvoir fournir du résidu une explication satisfaisante.

Tel est précisément le cas des physiologistes de l'école matérialiste, lorsqu'ils cherchent à rendre compte de toutes les actions humaines, en les rattachant exclusivement aux causes physiques de la vie : la partie morale de nos manifestations vitales reste ainsi incompréhensible.

Beaunis, dans son savant traité de physiologie (1), donne un exemple fort intéressant de l'application de la méthode des résidus à l'analyse d'un phénomène biologique : l'action de lancer une pierre.

En décomposant cette action en ses stades successifs, Beaunis obtient :

1° Volonté d'étendre le bras.

2° Extension du bras.

3° Projection de la pierre.

« Je néglige à dessein, » écrit Beaunis, « pour ne pas compliquer le raisonnement, quelques autres mouvements, tels que l'extension des doigts et l'ouverture de la main, qui laissent la pierre libre.

---

(1) Paris, 1881, 2ᵉ édit., pp. 9 et suiv.

« Les deux derniers actes, 2° et 3°, sont évidemment des mouvements; le premier, non, et le phénomène paraît d'un tout autre ordre. Cependant analysons le phénomène de plus près et voyons jusqu'où on peut aller. »

Après une analyse relatant des manifestations musculaires et nerveuses de l'intérieur du bras, Beaunis conclut que l'intervention de la volonté est connue immédiatement, mais pas comme mouvement.

« Il y a là quelque chose de singulier; nous trouvons en nous-mêmes quelque chose qui ne se révèle pas à nous comme mouvement, mais comme cause de mouvement. Mais continuons notre analyse et reprenons la chose d'un autre côté.

« Quelqu'un me lance une pierre; elle vient frapper ma figure; j'éprouve une vive douleur au point frappé; de colère j'en ramasse une, et je la lance à la figure de mon adversaire. »

Dans l'analyse détaillée des manifestations biologiques composant ces deux actes, Beaunis en découvre trois : *sensation de douleur, colère* et *volonté* : « Séries d'actes de conscience connus immédiatement, mais non connus comme mouvements; »

« Donc, dans cette série de phénomènes, » conclut Beaunis, « entre la modification du centre nerveux sensitif (3°) et celle du centre nerveux moteur (7°) se trouve interposée une série d'actes psychiques qui ne sont pas reconnus, même par une analyse délicate, comme des phénomènes de

mouvement, mais qui sont reconnus comme appartenant au moi, à ce même moi qui sent et qui
veut. »

De tout ce qui suit, je ne veux retenir qu'une
réflexion de Beaunis : la constatation que les actes
psychiques nous sont directement révélés par la
conscience, tandis que les phénomènes nerveux ne
nous sont connus que par *une analyse très rigoureuse et très difficile.*

Dans le second exemple de Beaunis, le *résidu* se
compose donc des actes psychiques : sensation de
douleur, colère et volonté, qui sont d'après notre
auteur « séries d'actes de conscience connus immédiatement, mais non connus comme mouvements »;

Malgré cette analyse si savamment et si impartialement faite, Beaunis admet que *les actes de
conscience, connus immédiatement, mais non connus
comme mouvements,* je répète ses propres termes,
*ne sont qu'un mode de mouvement (mode tout parti-
culier si l'on veut).*

Une tout autre conclusion ne s'impose-t-elle pas?
N'est-il pas tout à fait rationnel d'admettre qu'il
existe dans l'organisme vivant des facultés mentales, combinées d'une façon corrélative aux
organes corporels et agissant comme deux forces
concomitantes mais distinctes, inhérentes à la
nature humaine?

Ce qui prouve, d'autre part, qu'il en est bien
ainsi, c'est que tous les êtres et les phénomènes
distincts que nous observons sont perçus d'une
façon particulière, conforme à leur nature respec-

tive : les uns au moyen de nos sens corporels; tels sont la plupart des objets matériels et des phénomènes physiques, chimiques et mécaniques de notre milieu ambiant. Mais les autres, *les actes de conscience*, comme Beaunis les appelle, sont inaccessibles aux sens corporels, et la manière toute spéciale dont nous les connaissons, prouve une fois de plus qu'ils sont d'une nature tout à fait distincte de celle des faits physiologiques, tels ce que nous voyons, ce que nous entendons, ce que nous palpons.

La cause du *résidu* obtenu par Beaunis est donc notre esprit ou quelqu'une de ses facultés.

Dans la recherche des causes ou facteurs générateurs de certains phénomènes astronomiques, le *résidu* décèle généralement l'intervention d'un facteur ayant échappé à l'observation; c'est le cas dans la production d'un fait relatif aux mouvements de certains astres, dont on ne parvient pas à calculer tous les éléments, en raison des facteurs connus.

La présence du résidu fait donc naître un doute, elle suscite une présomption, elle provoque une hypothèse, elle ouvre en quelque sorte la voie à une application de la méthode synthétique, en suggérant des déductions à faire, en rendant indispensables des recherches dont le résultat n'est que présumé par l'inférence, bien que basé sur des faits scientifiquement constatés.

Les perturbations d'Uranus ne furent-elles pas les premiers indices d'où l'existence de Neptune fut inférée? Le résidu n'est donc que le premier résultat de l'enquête scientifique précédant une découverte.

Il n'est pas aisé de démêler exactement ce qui appartient en propre à chacun des procédés méthodiques dont j'ai essayé d'exposer la théorie ; il en est un peu des méthodes comme des organes et des systèmes : leurs limites absolues ne sauraient être actuellement fixées.

Il ne m'a donc pas été possible de préciser, autant que je désirais le faire, en délimitant chacune des parties de la méthode dans tous ses détails ; la logique est malheureusement par trop négligée à notre époque ; la plupart des savants travaillent en quelque sorte au hasard ; ils ne semblent pas se douter que l'avenir de la science dépend surtout des progrès de la méthode.

INTRODUCTION

---

§ 3. — Division fondamentale de l'anthropologie.

Livre Iᵉʳ. — L'homme. — Organisation de sa nature. — La vie et la force vitale de l'homme. — Rapports d'existence et de vie de l'homme avec le milieu ambiant de l'humanité.

Livre II. — Le corps humain. — Son organisation, sa vie et sa force. — Rapports d'existence et de vie du corps avec le milieu physiologique.

Livre III. — L'esprit humain. — Son organisation, sa vie et sa force. — Rapports d'existence et de vie de l'âme humaine avec le milieu moral.

Livre IV. — L'homme comme être générateur. — Son organisation, sa vie et sa force sexuelles. — Ses rapports d'existence et de vie avec l'espèce humaine.

INTRODUCTION

---

§ 4. — Tableau synoptique fondamental de l'organisation de la nature humaine.

UNITÉ . . . . . . Homme (être humain).
DUALITÉ . . . . . Esprit (être moral). — Corps (être corporel).
HARMONIE . . . . Homme (être générateur).

UNITÉ . . . . . . Corps humain (système nerveux).
DUALITÉ . . . . . Organisme animal. — Organisme végétatif.
HARMONIE . . . . Organisme génital.

UNITÉ . . . . . . Esprit humain (volonté).
DUALITÉ . . . . . Pensée. — Sentiment.
HARMONIE . . . . Amour.

UNITÉ . . . . . . Être générateur.
DUALITÉ . . . . . Homme. — Femme.
HARMONIE . . . . Famille.

LIVRE PREMIER

CHAPITRE PREMIER

§ Ier. — L'homme.
Aperçu général de l'organisation de sa nature.

L'anthropologie est la science de l'homme; elle a pour but la détermination complète de la nature humaine ou la connaissance du type selon lequel la nature de l'homme est organisée.

Les mots *organisme, organisation*, nous viennent du grec; ils ont à peu près encore la signification qu'ils avaient dans leur langue d'origine.

Les médecins, Hippocrate et Galien entre autres, ainsi que la plupart des philosophes naturalistes, désignèrent par le terme *organisation* la constitution spéciale des êtres qui possèdent la vie sous une forme quelconque, l'organisation étant considérée comme la cause des phénomènes biologiques (1).

« L'organisation, c'est l'association intime et har-

---

(1) Voir JOURNAL DE L'ANATOMIE ET DE LA PHYSIOLOGIE de ROBIN et POUCHET, année 1880, *Recherches historiques sur l'origine et le sens des termes* organisme *et* organisation, par CH. ROBIN.

monique de parties plus ou moins hétérogènes, se complétant par leur diversité même, pour consti- tuer *solidairement* un système, un tout, une unité distincte dans le grand ensemble; en un mot, un *individu.* D'où ce *consensus unus,* cette *conspiratio una,* déjà signalée par Hippocrate (*Liber de Ali- mento*) (1); »

L'organisation est en quelque sorte l'inverse de l'uniformité, parce qu'on y rencontre toujours une variété interne d'éléments hétérogènes, harmoni- quement combinés et en rapport avec le milieu ambiant, c'est-à-dire adaptés entre eux et à leur milieu. Il en est ainsi de la nature humaine.

La nature ou essence humaine est l'ensemble des propriétés de l'homme. Tel que nous l'observons, il est un organisme vivant, séjournant sur la Terre, à laquelle il est organiquement subordonné et dont il fait partie intégrante, bien que chaque orga- nisme y ait une essence, une activité et une force propres, relativement indépendantes. Chacun de ces organismes est un *tout,* nettement distinct par ses limites, constitué par une variété d'organes, naturellement et nécessairement unis entre eux ou corrélatifs, au double point de vue de leur nature et de leurs fonctions respectives.

Une machine n'a point d'organes, mais bien, des parties mises artificiellement en rapport et pouvant être perfectionnées et remplacées à volonté. Le

---

(1) GEOFFROY SAINT-HILAIRE, ISIDORE, *Histoire naturelle générale,* t. II, p. 57.

mécanisme se démonte; l'organisme vivant est indivisible, parce qu'il est un individu doué de vie.

La masse et l'activité des corps bruts sont indéfinies, tandis que celles des corps vivants sont délimitées par l'espèce à laquelle ils appartiennent et par le degré d'évolution organique qu'ils ont atteint.

« Lorsqu'un cristal augmente de volume, les molécules nouvelles ne pénètrent pas dans l'intérieur de la masse; elles se déposent seulement et dans un ordre déterminé, à la surface du noyau cristallin, dont la forme primitive se conserve invariablement la même. Dans le monde organique, au contraire, les matériaux nouveaux, utilisés pour le développement, pénètrent et prennent place dans l'intérieur de la propre substance de la cellule embryonnaire en voie d'accroissement. Simple d'abord, cette cellule devient un agrégat cellulaire, non par juxtaposition de cellules formées en dehors d'elle et, pour ainsi dire étrangères, mais par accroissement et division de la cellule primitive et par répétition de ces phénomènes d'accroissement et de division de toutes les cellules de nouvelle formation. — D'autre part, un cristal, pour se développer doit nécessairement trouver dans le liquide ambiant, à l'état de dissolution, une substance de même composition que lui. Le cristal de sulfate de soude, par exemple, ne peut augmenter de volume, qu'à la condition d'être immergé dans une solution de sulfate de soude; il ne peut pas fabriquer de toutes pièces les matériaux de son accroissement, il

les emprunte tout formés au milieu ambiant. Il en
est tout autrement du végétal. Lorsqu'une graine
se développe en une plante complète et fournit une
multitude de graines de même nature et de même
volume, elle accumule, dans son intérieur, des
quantités considérables de composés protéiques, de
cellulose, d'amidon, de graisse, de sucre, d'eau et
de sels minéraux. Si le milieu ambiant lui fournit
en nature l'eau et les sels minéraux, elle forme
de toutes pièces, les matériaux organiques de son
développement avec des éléments minéraux solides,
liquides ou gazeux empruntés au sol et à l'atmosphère (1). »

De plus, la composition et la contexture internes
et externes des corps inorganiques sont constantes,
les conditions extérieures restant les mêmes, tandis que celles des corps vivants ne varient pas
seulement d'une espèce à une autre et d'individu à individu de même espèce, mais encore chez
le même individu, ne sont pas identiques à elles-
mêmes, d'un instant à l'autre. L'organisme vivant
est entre autres animé d'une force de nature spéciale, qui est la cause de l'évolution constante
de sa constitution physiologique, à époques déterminées ou âges, depuis la naissance jusqu'à la
mort. Cette force est donc essentiellement distincte des forces physico-chimiques, qui règlent
la stabilité, l'agrégation et la forme des matériaux constituant les corps inorganiques. « Nous

_____

(1) *Encyclopédie* DECHAMBRE, au mot *Force*, p. 425.

no pouvons attribuer cette propriété qu'ont les corps organiques de résister jusqu'à un certain point aux actions purement chimiques des choses extérieures, qu'à des forces particulières qui dominent les affinités. C'est ce qui résulte de ce qu'aussitôt que leurs forces vitales sont éteintes, les influences extérieures produisent également en eux, d'après les lois des affinités chimiques, des changements ayant pour résultat la destruction de la forme et de la composition qui leur sont propres. Après la mort d'un corps organisé, les affinités chimiques entrent en jeu, de manière que sa forme et sa composition, qui souvent avaient bravé pendant un siècle et plus, l'action destructive des choses extérieures, sont abolies dans un court espace de temps (1). »

En général, le terme *partie* sert à désigner une fraction quelconque de matière. Le terme *organe*, par contre, n'est applicable qu'aux membres constitutifs d'un être organisé, dans la nature duquel ils sont fondés, et dont ils émanent originairement par le développement naturel ou évolution de l'être vivant.

Les organes, fondés dans un seul et même tout organisé, vivant d'une seule et même vie, sont *corrélatifs* entre eux et *subordonnés* à l'organisme qui les contient. Ils sont unis par des rapports

---

(1) TIEDEMANN, F., *Traité complet de physiologie de l'homme*, p. 103. (Lire dans cet excellent ouvrage, liv. Ier, *Comparaison des corps vivants avec les corps sans vie.*)

nécessaires de dépendance mutuelle ou d'adaptation complète et réciproque, indispensables à leur existence et à leur vie propres, relativement indépendantes. Dans la nature d'un être vivant, aucun organe n'est séparé des autres, ni confondu avec eux, quoique la connexité et la solidarité organiques soient plus ou moins directes et complètes.

Les organes sont à la fois *but* et *moyen* les uns pour les autres, comme le disait Kant, « ein organisirtes Produkt der Natur ist das, in welchem Alles Zweck und wechselseitig auch Mittel ist (1). »

Tous les éléments d'un produit organisé de la nature sont réciproquement but et moyen les uns par rapport aux autres.

Outre les causes et les conditions extérieures de l'organisme vivant, les organes ont chacun les conditions de leur nature et de leur vie non seulement en eux-mêmes, mais aussi dans les autres; leur raison d'être commune est l'organisme qui les contient et dont ils émanent. Séparé de celui-ci, l'organe meurt et se décompose, tandis que chaque partie d'un objet inorganique, dont elle ne diffère le plus souvent que par son volume nécessairement plus petit, continue, alors qu'elle en est séparée, une existence indépendante, en conservant toutes ses propriétés.

L'existence et la vie des organes dépendent sur-

(1) KANT, J., *Kritik der Urtheilskraft*, éd. Kirchmann, Berlin, 1869, p. 250.

tout de l'existence et de la vie de l'organisme qui les
contient. L'organe existe et vit dans son organisme
et par celui-ci; combinés, les organes sont vivants;
séparés, ils ne sont pas même viables, puisque leur
existence isolée est une impossibilité manifeste;
l'organe ne peut exister que grâce à l'organisme
qui le contient et de par son évolution organique.

L'organisme vivant contient non seulement des
organes, mais aussi des systèmes coordonnés
d'organes. Ces systèmes organiques représentent
chacun l'organisme total, à un point de vue
déterminé, et possèdent, à ce point de vue exclusif,
les caractères fondamentaux de l'organisme dont
ils font partie, en rapport avec leur nature propre et avec les fonctions spéciales qu'ils remplissent dans la vie. Ces systèmes sont autant
d'organismes particuliers, coexistant dans l'organisme général qui est l'être vivant. En d'autres
termes, la nature humaine est l'unité dont les
systèmes d'organes et les éléments organiques sont
les fractions. L'organisme vivant est un système
de systèmes organiques, dont chacun porte encore
en lui l'empreinte de l'organisme total. « Denn
jedes Glied soll freilich in einem solchen Ganzen
nicht bloss Mittel, sondern zugleich auch Zweck
und, indem es zu der Möglichkeit des Ganzen
mitwirkt, durch die Idee des Ganzen wiederum
seiner Stelle und Funktion nach bestimmt sein (1). »

---

(1) KANT, J., *Kritik der Urtheilskraft*, éd. Kirchmann, Berlin, 1869,
p. 249.

Car chaque membre (organe) ne sera pas seule-
ment moyen dans un tel ensemble (l'organisme),
mais, en même temps aussi but et, en tant qu'il
participe à la possibilité de l'existence du tout, il
sera déterminé selon l'idée (la nature) de ce tout,
conformément à sa position et à sa fonction propres.

La même idée, par rapport à l'organisation des
animaux, fut exprimée par G. CUVIER, dans son
Discours sur les révolutions de l'écorce du globe :
« Tout être organisé forme un ensemble, un
système unique et clos, dont les parties se correspondent mutuellement et concourent à la même
action définitive par une réaction réciproque.
Aucune de ces parties ne peut changer sans que
les autres changent aussi, et par conséquent chacune d'elles, prise séparément, indique et donne
toutes les autres (1). »

La reconstitution du squelette de l'animal dont il
ne possédait que des fragments fossiles, fut faite
par G. Cuvier, en se basant sur la loi qu'il appela
loi de corrélation des formes. Il nous semble plus
exact de l'intituler *loi de corrélation organique,*
afin de lui laisser toute sa généralité, vu que la
corrélation s'étend à la nature, à la vie et à la
force des êtres vivants, et non pas seulement à
leur forme. Plus on approfondit l'étude comparée
des organes physiques et spirituels, plus on leur
trouve de différences et plus aussi de ressemblances.

---

(1) Paris, 1877, p. 62.

Voici comment Flourens s'exprime à ce sujet dans son *Histoire des travaux de G. Cuvier :*

« Le principe qui a présidé à la reconstruction des espèces perdues, est celui de la *corrélation des formes*, principe au moyen duquel chaque partie d'un animal, peut être donnée par chaque autre, et toutes par une seule.

« Dans une machine aussi compliquée et néanmoins aussi essentiellement une, que celle qui constitue le corps animal, il est évident que toutes les parties doivent nécessairement être disposées les unes pour les autres, de manière à se correspondre, à s'ajuster entre elles, à former enfin, par leur ensemble, un être, un système unique.

« Une seule de ces parties ne pourra donc changer de forme, sans que toutes les autres en changent nécessairement aussi. De la forme de l'une d'elles, on pourra donc conclure la forme de toutes les autres.

« Supposez un *animal carnivore*, il aura nécessairement *des organes des sens, des organes du mouvement, des doigts, des dents, un estomac, des intestins*, disposés pour apercevoir, pour atteindre, pour saisir, pour déchirer, pour digérer une proie; et toutes ces conditions seront rigoureusement enchaînées entre elles; car, une seule manquant, toutes les autres seraient sans effet, sans résultat; l'animal ne pourrait subsister.

« Supposez un *animal herbivore*, et tout cet ensemble de conditions aura changé. Les *dents*, les *doigts*, l'*estomac*, les *intestins*, les *organes du mou-*

vement, les *organes des sens*, toutes ces parties auront pris de nouvelles formes, et ces formes nouvelles seront toujours proportionnées entre elles, et relatives les unes aux autres.

« De la forme d'une seule de ces parties, de la forme des *dents* seules, par exemple, on pourra donc conclure, et conclure avec certitude, la forme des *pieds*, celle des *mâchoires*, celle de l'*estomac*, celle des *intestins* (1). »

La vérité de cette loi de l'organisation ne peut recevoir de plus éclatante consécration que celle que lui donna Cuvier lui-même, en reconstituant le squelette du *palaeotherium*, au moyen de quelques fragments d'os, trouvés dans les carrières de gypse de Montmartre (2).

La découverte d'un squelette à peu près complet du *palaeotherium* vint, quelque temps après, confirmer les conjectures de Cuvier.

Un fait analogue s'est produit depuis.

La découverte des squelettes d'*iguanodons*, à Bernissart, a confirmé, en grande partie, les hypothèses du professeur Huxley, au sujet de la structure de l'*iguanodon*; or, Huxley n'avait à sa disposition que les quelques fragments, seuls connus, avant la riche découverte opérée dans la mine de Bernissart (3).

---

(1) FLOURENS, *Histoire des travaux de G. Cuvier*, Paris, 1858, p. 163. Voir CUVIER, G., *Anatomie comparée*, Préface.

(2) Voir FLOURENS, *Histoire des travaux de G. Cuvier*, pp. 183 et suiv.

(3) Voir *Bulletin du Musée royal d'histoire naturelle de Belgique*, 1883, t. II, n° 2, p. 87.

Nous connaissons les critiques qui ont été faites, par certains naturalistes, de la *loi de corrélation organique*; leurs objections sont principalement dirigées contre la généralité de cette loi.

Nous n'entendons pas rouvrir cette discussion. Nous nous sommes contenté de rappeler les brillants résultats obtenus par Cuvier, en se basant sur cette loi et sur quelques faits reconnus, afin de faire voir, sinon sa généralité, du moins son importance et sa valeur quant à l'organisation corporelle des vertébrés. D'autre part, les remarquables travaux d'Etienne et d'Isidore Geoffroy Saint-Hilaire au sujet de *la loi de l'unité de composition*, qui, de même que *la loi de corrélation des formes* de Cuvier, n'est qu'une expression particulière de *la loi de l'analogie universelle* d'Aristote (1), permettent de considérer la *loi de corrélation organique*, comme ayant une valeur indiscutable en anthropologie.

Unité de l'ensemble; variété des organes; juste proportion et dépendance mutuelle de ceux-ci dans le tout, auquel chacun d'eux est subordonné; adaptation à son milieu, qui est la raison d'être de son existence et la cause externe des phénomènes biologiques qu'il manifeste, telles sont, avec la faculté de participer à la génération d'êtres semblables à elle, les propriétés fondamentales de la nature humaine.

---

(1) Voir PERRIER, E., LA PHILOSOPHIE ZOOLOGIQUE AVANT DARWIN, chap. II, *Aristote*, p. 8, et chap. IX, *E. Geoffroy Saint-Hilaire*, p. 92, Paris, 1884.

« Rien n'est séparé dans un organisme, tout est uni à tout; rien n'est confus, tout est distinct de tout; rien n'est livré au hasard, tout est exactement mesuré, pondéré, ordonné en rapport avec tout (1). »

---

(1) TIBERGHIEN, G., *Introduction à la philosophie*, 3e édit., p. 7.

LIVRE PREMIER

CHAPITRE PREMIER

§ 2. — Considérations relatives à l'unité de la nature humaine, à la substance vivante et aux différences de l'esprit et du corps.

En philosophie, on désigne généralement par le terme *moi*, l'homme considéré dans l'unité de sa nature.

Les modifications qu'elle subit, les phases qu'elle traverse pendant son développement graduel ou évolution organique, depuis l'état d'ovule jusqu'à celui d'homme fait, n'altèrent en rien son unité fondamentale.

Les propriétés de la nature humaine ne sont jamais séparées les unes des autres; elles restent inhérentes, pendant tout le cours de la vie, à l'individu dans lequel elles sont fondées, et où elles se combinent organiquement en se pénétrant et en s'équilibrant mutuellement; elles sont en connexion et solidaires les unes des autres. « Tout est lié dans la nature, » a dit Laplace, « et ses lois générales enchaînent les uns aux autres, les phénomènes qui semblent les plus disparates. » Il en est ainsi, à plus forte raison, dans un organisme vivant, tel que l'homme, et non seulement au point de vue des phénomènes, mais aussi au point de vue des organes, dont les phénomènes sont les manifestations.

L'existence d'une substance vivante, base constitutive de la nature de l'individu, semble se rattacher comme conséquence, à la conception unitaire de l'organisme humain.

Cette substance serait la combinaison organique de toutes les propriétés matérielles, morales et génératrices, qui interviennent de façon éminemment variable dans la production des phénomènes biologiques. En effet, les agents physiques et chimiques prédominent tellement dans certains de nos actes, qu'ils n'en font plus que des mouvements; d'autres actions relèvent surtout de l'intervention d'un agent moral; telles sont les productions scientifiques et artistiques, ou plus simplement, un mensonge, une charité, un plaisir, une déception, une calomnie, un déni de justice. Chercher à rendre scientifiquement compte de ces manifestations, en les rattachant à une autre cause qu'à l'intervention d'un agent moral, inhérent à la nature humaine, est, à mon avis, une impossibilité manifeste : autant vaudrait chercher à expliquer un mouvement, une sensation, la digestion, au moyen des lois de l'esthétique, du droit ou de la morale. Un acte libre, une décision prise de propos délibéré ne sont évi-

demment pas du domaine des sciences physico-
chimiques.

« La substance vivante serait donc une chose tout
autre qu'un corps simple ou une combinaison d'éléments chimiques : chercher à en faire la synthèse
chimique serait donc un travail dépourvu de
résultat.

. Sera-t-il jamais possible de fabriquer une composition douée de propriétés vitales, telles que celles
que comprend la nutriton, par exemple?

Le protoplasme, dont les histologistes et les biologistes s'occupent beaucoup actuellement (1), ne
diffère-t-il pas de tous les composés chimiques par
l'assimilation et la désassimilation; comme le corps
vivant, il semble être traversé par un véritable
courant de matière organique; il en résulte que sa
composition chimique est instable.

Les chimistes produiront-ils jamais une combinaison à principes immédiats variables?

Ne serait-ce pas la négation de toutes les lois de
la chimie?

Est-ce que dans toutes les analyses d'un composé
chimique ne se retrouvent pas des éléments identiques?

Il doit donc y avoir une différence essentielle
entre la matière et la substance vivante, parce que
dans celle-ci il y a mutation et même variabilité

---

(1) Voir PERRIER, E., *Les Colonies animales et la formation des organismes*, Paris, 1881. — Idem DELAGE, Y., *La Structure du protoplasma
et les théories sur l'hérédité et les grands problèmes de la biologie
générale*, Paris, 1895.

des principes immédiats, en même temps que stabilité de ses propriétés vitales. Par sa nutrition, le protoplasme maintient sa composition propre dans certaines limites de variation et dès qu'il a cessé d'être vivant, il se transforme en un mélange de substances albuminoïdes, encore mal définies, d'où tout phénomène de nutrition disparaît.

Le protoplasme est donc animé d'une force vitale, essentiellement distincte des forces physico-chimiques.

Plus la science progressera et mieux l'impossibilité de faire sortir la vie d'un alambic ou d'un creuset deviendra manifeste : nous croyons que seul l'organisme constitué par la substance vivante est apte à vivre et à engendrer son semblable ; seul aussi, l'organisme vivant est susceptible d'absorber de la matière à l'état inorganique, de l'organiser graduellement et de la faire participer à sa vie pendant un certain temps. Puis vient le moment de la désorganisation graduelle de cette matière, suivi de son expulsion, dans un état voisin de celui qu'elle avait à son entrée ; la matière a donc en quelque sorte vécu aussi longtemps qu'elle a fait partie constitutive d'un individu vivant ; ce sont là des lois biologiques vraies de l'homme, des animaux et des plantes.

Les tendances scientifiques deviennent de plus en plus unitaires.

L'unité de la matière, du mouvement et de leurs lois, est reconnue ; celle du monde moral, de ses phénomènes et de ses lois, est pressentie.

L'unité du monde organisé et vivant, semble évidente.

« N'est-il pas logique de croire à la vie universelle et à l'uniformité des lois biologiques? Tous les êtres vivants ne proviennent-ils pas de l'ovule et une profonde analogie n'existe-t-elle pas entre tous les tissus organiques?

Ces trois unités ne sont-elles pas comprises et dominées par l'unité de l'ensemble de tout ce qui est, conçue comme un Organisme infini et absolu?

Admettre l'unité du monde organique et surtout l'existence d'une substance vivante, base constitutive de la nature des êtres organisés, est, me semble-t-il, une voie ouverte à la conciliation des écoles matérialistes et spiritualistes trop exclusives, ... à moins que les mêmes discussions ne soient reprises alors, au sujet des propriétés à attribuer à la substance vivante ; mais, c'est plutôt de la cellule-germe ou ovule qu'il doit être question, puisqu'une substance dépourvue d'individualité n'est pas un être vivant.

Cette question a plus d'ampleur et présente plus de difficultés que la plupart des biologistes et des histologistes, amoureux de l'infiniment petit, ne le soupçonnent : l'expression *substance vivante* est actuellement encore, loin d'être exactement définie.

Malgré l'unité de la nature humaine et de la substance vivante, l'esprit et le corps conservent une indépendance relative; leur individualité propre persiste malgré leur combinaison. Il en résulte que la vie morale et la vie corporelle sont plus ou moins indépendantes l'une de l'autre, et peuvent même parfois être en antagonisme. Aussi, est-il indispensable, après avoir étudié l'organisme humain dans l'unité de sa nature, d'analyser ses éléments constitutifs, d'en signaler les analogies et les affinités, de formuler les lois de leur combinaison.

＊ ＊

L'observation de la nature et de la vie humaines nous dévoile des faits relatifs à une substance inaccessible aux sens; substance dont les manifestations, ainsi que la force qui les engendre, sont essentiellement distinctes de celles qu'on étudie en physiologie.

Cette substance, individualisée en nous, constitue l'*âme* ou *esprit humain*.

L'esprit humain se connaît et se sent lui-même, non pas comme il perçoit les objets qui l'entourent et qui, extérieurs, par conséquent, sont *autre chose que lui-même*, mais il est à la fois *le connaissant* et *le connu*, quand il s'observe. En termes de logique, l'esprit est à la fois *le sujet* et *l'objet* de la connaissance, dans la conscience qu'il a de lui-même; il connaît et sent sa propre nature, ses facultés, ses actes. Chaque esprit se révèle directement et intimement à lui-même, tandis qu'il ne reconnaît ses semblables, par exemple, que d'une manière indirecte et grâce à la sensibilité du corps auquel il est uni. Dès que nous observons notre propre nature, dans l'intimité de la conscience, nous constatons, *en fait,* l'existence de notre esprit (1) : l'âme est ce qui en nous, *veut, connaît, sent* et *aime;* le corps est ce qui est *étendu,* ce qui *se meut, se nourrit* dans la nature.

L'âme est l'enclos privé et impénétrable de chacun; elle est le for intérieur inviolable, tandis que le corps est exposé aux outrages les plus graves et aux attentats les plus ignobles; l'âme est l'enceinte morale de chacun; le sanctuaire de ses croyances, de ses opinions, de ses affections, de ses droits, de tout ce trésor intime qui appartient en propre à chaque personnalité; malheureusement pour beaucoup d'hommes, le plus précieux de nos biens, ce trésor inaliénable et imprescriptible qui se nomme conscience, dignité personnelle et honneur, est gâté par des regrets et des passions mauvaises, sali par des remords et parfois, hélas! souillé et empoisonné de vices.

En conséquence nous admettons, dans l'unité de la nature humaine, l'existence de deux éléments fondamentaux, de substantialité différente, le *corps* et l'*esprit* ou âme.

Chacun de ces éléments est doué d'une force qui lui est propre et manifeste une série distincte d'actes ou phénomènes; l'une de ces séries est la vie spirituelle ou morale; l'autre est la vie corporelle ou physiologique.

De ce que la nature humaine est essentiellement et primordialement *une,* ne résulte pas que sa

_____

(1) Voir DESCARTES, R., *Méditations.*

division en esprit et en corps, soit artificielle.
L'existence propre de l'esprit et du corps dans la
nature humaine est *réelle*, malgré son unité.
L'esprit et le corps sont deux êtres partiels, ayant
chacun sa nature distincte et sa vie propre, tout en
demeurant organiquement connexes dans la nature
d'un seul et même individu. Ils constituent
l'homme, comme par exemple, l'oxygène et l'hydrogène constituent l'eau ; mais, la nature humaine est
une *combinaison organique*, qui diffère essentiellement d'une *combinaison chimique*. En effet, les
éléments constitutifs de celle-ci, disparaissent
en quelque sorte dans la combinaison, douée,
elle, de propriétés essentiellement distinctes et
caractéristiques, que ne possède aucun de ses
éléments constitutifs ; de plus, elle peut être
décomposée et recomposée, au moyen de forces
physiques. Dans la combinaison organique, par
contre, qui ne se défait et ne se refait pas à notre
gré, chaque élément garde ses propriétés particulières et participe à celles de l'autre élément
constitutif. Cependant, la combinaison organique
possède tous les caractères de l'unité, sous forme
d'*individualité* ; c'est-à-dire que la combinaison
organique est un être vivant, dont un caractère
fondamental, l'individualité, s'étend de l'unité de
sa nature à chacun de ses éléments constitutifs. Je
pourrais dire en d'autres termes, que l'esprit et le
corps sont des organismes partiels distincts, de
substantialité différente, qui en se combinant orga-
ni   ement, conservent leur individualité et leur

nature propres, tout en constituant une individualité complète et harmonique, qui est l'homme. « La
formule de l'harmonie *(unir sans confondre et
distinguer sans séparer)* est en même temps la
mesure de toute organisation dans le domaine de la
nature et dans celui de l'art. Le chef-d'œuvre de la
nature sur la terre, est l'homme. Nulle part, en
effet, ne se manifestent à un plus haut degré, les
éléments constitutifs de l'harmonie, l'unité et la
variété, l'union et la distinction des parties.
L'homme est essentiellement *un*, un être, un
individu, une personne, un seul et même tout;
mais dans cette unité, l'analyse découvre aisément
une diversité radicale, sous forme de *dualité*,
l'antithèse de l'esprit et du corps, de l'âme et de la
matière, de la vie morale et de la vie physique.
L'esprit et le corps, comme nous le verrons, sont
profondément *distincts* et forment contraste à tous
les points de vue; mais ils sont aussi intimement
unis. Ils agissent et se développent ensemble, ils
s'influencent mutuellement, ils sont but et moyen
l'un pour l'autre. Jamais ils ne se séparent dans les
limites de la vie actuelle, jamais ils ne se confondent. Concevoir cet organisme et le poursuivre
dans ses détails, c'est proclamer toute la vérité sur
l'homme. Les erreurs capitales dans l'anthropologie
naissent de l'ignorance des véritables conditions
de l'harmonie. Tantôt on méconnaît l'unité de
l'homme, et alors on considère l'esprit et le corps
comme des substances séparées, juxtaposées,
vivant côte à côte, mais incapables de s'unir : tel

est le *spiritualisme abstrait*, qui remonte à Descartes. Tantôt on oublie la dualité de l'homme,
et alors on efface toute distinction entre l'esprit et
le corps; on confond ces deux substances entre elles
et avec l'homme, et l'on prend l'homme même, soit
pour un corps pur, soit pour un pur esprit : de là,
d'un côté, le *matérialisme*, qui nie l'esprit en tant
que distinct de la matière; de l'autre, l'*idéalisme
sceptique*, qui rejette l'existence de la matière en
tant que distincte de l'âme (1). »

L'unité et l'individualité fondamentales et essentielles de la nature humaine, et de l'organisme
vivant en général, ainsi que l'affinité et l'adaptation complètes des éléments de la combinaison
organique de l'esprit et du corps dans cette individualité, font que dans son état actuel, il ne me
paraît pas possible de distinguer et de délimiter
d'une façon absolue, les organismes partiels, corps
et esprit, compris dans l'essence de l'homme.

Les divisions que nous établissons dans sa
nature, correspondent cependant à des propriétés
réelles et fondamentales; elles sont, dans l'unité de
l'organisation, des unités secondaires ayant leurs
valeurs propres et leurs caractères distinctifs; leur
existence est aussi indispensable à l'ensemble, que
celui-ci à ses éléments constitutifs. Rien d'ailleurs
de plus conforme aux lois de l'organisation, que
cette décomposition de l'unité principale en unités

---

(1) TIBERGHIEN, G., *Introduction à la philosophie et préparation à la
métaphysique*, p. 101, Bruxelles, 1868.

secondaires, qui se subdivisent graduellement et successivement en éléments organiques de plus en plus simples (1).

De ce que l'esprit et le corps sont à la fois combinés et cependant distincts et relativement indépendants l'un de l'autre dans la nature humaine, résulte que chacun d'eux agit et réagit sur l'autre, mais seulement conformément à leur nature propre et à l'état dans lequel ils se trouvent, soit en agissant, soit en réagissant. Ainsi, pour agir sur le corps, la volonté et l'intelligence doivent tenir compte de son état et des lois physiologiques, sinon la réalisation de notre projet est impossible.

Nous venons de comparer la nature humaine, comme combinaison organique, à une combinaison chimique, l'eau. Cependant, il est indispensable de remarquer que la nature humaine, telle qu'elle nous est connue en fait, est une combinaison dont l'élément constitutif essentiel est l'*individualité* ou principe d'unité, en raison duquel chaque homme *est et reste lui-même* ou possède et conserve son *identité* pendant tout le cours de sa vie, malgré les influences de son milieu, malgré son évolution organique et la rénovation constante de ses tissus. L'idiosyncrasie du corps et le caractère moral distinct de chaque esprit sont autant de manifestations de l'unité organique, dont se retrouvent les

_____

(1) Voir liv. Ier, chap. 1er, § 3, *Lois fondamentales de l'organisation de la nature humaine.*

traces dans chacune des propriétés, dans chacun des actes et dans toutes les productions de l'individu que l'on considère. L'idiosyncrasie se retrouve jusque dans les maladies. « Quoique désignées par des noms propres, les maladies sont rarement dominées par une influence causale persistante, toujours identique. L'évolution morbide une fois engagée, représente un enchaînement phénoménal, un processus biologique dont l'issue définitive est précédée par des conditions qui varient à l'infini dans chaque cas individuel et qui, selon qu'elles sont jugées favorables ou défavorables, deviennent la source d'indications thérapeuthiques (1). »

Rien de semblable n'existe dans les combinaisons chimiques, composées exclusivement de *matière*; celles-ci, ainsi que leurs éléments respectifs, sont partout et toujours semblables; de même de leurs réactions, les conditions dans lesquelles elles se produisent étant identiques, en raison des lois du monde physique, qui sont fatales. Par contre, les êtres vivants et surtout les hommes, diffèrent tous et en toutes circonstances les uns des autres; bien plus, le même homme, les circonstances n'ayant pas varié, n'agira pas toujours de la même manière. En outre, dans la combinaison organique qu'est la nature humaine, l'esprit et le corps continuent à manifester les actes qui leur sont propres et ils combinent leurs manifestations en produisant des

_____

(1) Dechambre, *Dictionnaire*, 2ᵉ série, t. III. Schutzenberger et Hecht, *Lois en pathologie*, p. 67, Paris, 1870.

actes psycho-physiques. Bien que la nature et l'état
de l'un modifie la nature et l'état de l'autre, par sa
combinaison avec le corps, l'esprit est en quelque
sorte *matérialisé*, ce qui lui permet de recevoir l'influence de la matière : percevoir une sensation est
en quelque sorte une prise de contact de l'âme et de
la matière ; tandis que le corps est en quelque sorte
spiritualisé, ce qui lui permet de vivre selon les lois
de la raison, en pratiquant l'hygiène, en observant
les convenances. Le corps jouit d'une certaine
liberté ; l'homme se meut volontairement dans le
milieu qu'il occupe ; il marche, court et saute spontanément ; il profite de toutes les ruses que l'intelligence lui inspire, pour se soustraire à une poursuite ; il tire profit des conquêtes de l'art et de la
science, dues aux facultés de l'esprit combinées à
l'habileté du corps.

La matière du corps n'est vivante qu'aussi longtemps qu'elle fait organiquement partie de la nature
humaine, pendant le cours de la vie.

L'action de l'esprit et du corps est réciproque,
c'est-à-dire qu'un phénomène spirituel provoque un
phénomène physiologique réflexe et réciproquement.

Tous ces faits se réalisent grâce à la combinaison
organique de l'esprit et du corps et à leur coexistence, relativement indépendante dans la nature
humaine malgré leur combinaison. Il semble donc
y avoir en nous *deux individualités*, l'une morale,
l'autre corporelle. L'homme moral est un être
vivant, conscient et libre ; il se rend compte des

actes qu'il pose; il a le pouvoir d'agir selon ses
devoirs ou de faire le mal; il peut se développer en
opposition avec son milieu, c'est-à-dire être honnête
homme, tout en vivant dans une société démora-
lisée, ou bien, être méchant et malfaisant, bien
qu'ayant reçu une bonne éducation et n'ayant que
de bons exemples autour de lui. Les fonctions de
l'homme corporel, par contre, sont plutôt fatales,
en ce sens que les phénomènes physiologiques sont
plus soumis à l'influence de leur milieu ambiant
que les phénomènes psychiques; le corps n'est
cependant pas dépourvu de spontanéité. De plus,
l'esprit et le corps étant *milieu* l'un par rapport à
l'autre, il est à remarquer que l'esprit doué d'une
grande énergie peut dominer l'influence du corps,
tandis qu'une des principales causes des perturbations que nous constatons dans les fonctions corporelles, telles que la digestion, la respiration, les
battements du cœur, résulte des influences de
l'esprit, dont les émotions subites et violentes,
peuvent même provoquer la mort. Le corps ne peut
pas se soustraire aux influences de l'esprit, comme
celui-ci peut se soustraire aux influences du corps.
Ils sont donc essentiellement distincts l'un de
l'autre, chacun selon sa nature particulière, bien
qu'étant organiquement combinés; l'esprit reste
relativement libre, et le corps relativement soumis
à l'esprit. De là, la possibilité du suicide et les
résultats salutaires de la gymnastique pour l'organisme corporel. Cependant, l'un ne peut agir sur
l'autre, qu'en se conformant à sa nature et à son

état; tel est surtout le cas lors des interventions volontaires de l'esprit dans la vie du corps ; l'homme constate dans ces circonstances que *vouloir* n'est pas *pouvoir*.

L'essence du corps est *étendue*. Chaque organisme partiel physique y occupe une place déterminée et constante. Dans l'essence de l'esprit, qui est *inétendue* ou concentrée en elle-même, aucune place n'est assignable aux diverses facultés spirituelles, telles que l'intelligence et la volonté, le sentiment et l'amour. « Pour commencer donc cet examen, je remarque ici premièrement qu'il y a une grande différence entre l'esprit et le corps, en ce que le corps, de sa nature, est toujours divisible, et que l'esprit est entièrement indivisible ; car, en effet, quand je le considère, c'est-à-dire quand je me considère moi-même en tant que je suis seulement une chose qui pense, je ne puis distinguer en moi aucune partie, mais je connais et conçois fort clairement que je suis une chose absolument une et entière ; et quoique tout l'esprit semble être uni à tout le corps, toutefois lorsqu'un pied ou un bras, ou quelque autre partie vient à en être séparée, je connais fort bien que rien pour cela n'a été retranché de mon esprit : et les facultés de vouloir, de sentir, de concevoir, etc...., ne peuvent pas non plus être dites proprement ses parties, car c'est le même esprit qui s'emploie *tout entier* à vouloir, et tout entier à sentir et à concevoir, etc.... ; mais c'est tout le contraire dans les choses corporelles ou étendues, car je n'en puis imaginer aucune, pour petite qu'elle soit, que je ne mette aisément en pièces par ma pensée, ou que mon esprit ne divise fort facilement en plusieurs parties, et par conséquent que je connaisse être divisible. Ce qui suffirait pour m'enseigner que l'esprit ou âme de l'homme est entièrement différente du corps, si je ne l'avais d'ailleurs assez appris (1). »

Pour apprécier exactement la distinction capitale que Descartes a établie entre l'esprit et le corps, il est indispensable de bien se rendre compte, que ce n'est pas une faculté de l'esprit, la *pensée*, qu'il oppose à *l'étendue*, propriété fondamentale de la matière et en conséquence du corps, mais qu'il oppose au corps l'esprit tout entier, avant toute distinction de facultés ou de propriétés quelconques.

Descartes expose, dans le but d'éviter toute confusion, ce qu'il entend par *pensée*, dans sa dernière *Méditation :* « Mais qu'est-ce donc que je suis? Une chose qui pense. Qu'est-ce qu'une chose qui pense? C'est une chose qui doute, qui entend, qui conçoit, qui affirme, qui nie, qui veut, qui ne veut pas, qui imagine aussi et qui sent. »

Dans sa *Sixième Méditation*, le savant philosophe revient encore au même sujet : « et partant, de cela même que je connais avec certitude que j'existe, et que cependant je ne remarque point qu'il appartient nécessairement aucune autre chose à ma nature et à mon essence, sinon que je suis une chose qui pense, je conclus fort bien que mon essence consiste

---

(1) DESCARTES, ŒUVRES, *Méditation sixième*, p. 113, Paris, 1842.

en cela seul que je suis une chose qui pense, ou une substance dont toute l'essence ou la nature n'est que de penser. Et quoique peut-être, ou plutôt certainement, comme je le dirai tantôt, j'aie un corps auquel je suis très étroitement conjoint; néanmoins, pour ce que d'un côté j'ai une claire et distincte idée de moi-même en tant que je suis seulement une chose qui pense et non-étendue, et que d'un autre j'ai une idée distincte du corps en tant qu'il est seulement une chose étendue et qui ne pense point, il est certain que moi, c'est-à-dire mon âme, par laquelle je suis ce que je suis, est entièrement et véritablement distincte de mon corps, et qu'elle peut être ou exister sans lui. »

Grâce à la *concentration*, propriété fondamentale de la substance spirituelle, de même que l'*étendue* est la propriété fondamentale de la matière, l'esprit est susceptible de se combiner organiquement au corps, dans la nature d'un seul et même individu. L'esprit n'occupe aucune place déterminée dans le corps ou dans la nature humaine : s'enquérir de l'endroit qu'occupe l'esprit dans le corps, serait méconnaître son essence même : s'informe-t-on où se trouve l'oxygène dans l'eau? Cependant, l'esprit humain occupe une place dans le milieu ambiant de l'homme, puisqu'il est uni au corps.

L'esprit est apte à percevoir des sensations dans l'étendue entière du corps, donc il participe à cette étendue. Si l'esprit n'était uni qu'au cerveau, par exemple, il ne pourrait percevoir que dans cet organe; or, il est de fait, que l'esprit perçoit dans

9

tous les organes corporels, conformément à la nature
et à l'état de chacun d'eux : la lumière dans l'œil, le
son dans l'oreille, la faim dans l'estomac, la douleur
dans un membre malade, et ainsi de suite.

L'esprit et le corps se complètent mutuellement
dans la nature humaine. Grâce à l'*intimité* de leur
union, l'esprit est à même d'apprécier la nature,
l'état et les conditions du corps; d'autre part, le
corps a des organes qui sont entièrement assujettis
à l'action de l'esprit : les membres et les sens, dans
l'observation et l'expérimentation, par exemple.

Mais, du fait de la combinaison de l'esprit et du
corps résulte que l'un est en partie soumis à la
nature, aux lois et à l'état de l'autre. En effet, d'une
part, l'homme peut se soustraire aux influences et
résister aux menaces de ses semblables : la liberté
de conscience est inviolable; mais, d'autre part,
l'homme est parfois à la merci de la force brutale,
dont les abus sont heureusement limités par les
syncopes et par la mort, suprêmes garanties d'indépendance, données à la faiblesse originelle de notre
nature.

Bien que l'esprit occupe une place dans le monde
de par son union avec le corps, il reste cependant, en
mainte circonstance, indépendant de l'*espace* ou
étendue infinie de la Nature. Les causes et les conditions spéciales de son activité rationnelle restent
partout les mêmes pour lui, quel que soit le milieu
qu'il occupe; d'autre part, bien que la portée des
sens soit limitée, l'esprit a conscience de l'infini :
nous savons que l'Univers n'a pas de limites.

Il en est de même du corps, dont beaucoup de fonctions s'opèrent indépendamment et même à l'insu de l'esprit; il est certain qu'il est beaucoup de phénomènes physiologiques dont la science n'a pas encore reconnu l'existence, les découvertes en font foi.

Nous venons de voir que l'esprit et le corps sont organiquement combinés dans la nature humaine, tout en conservant leur individualité respective. Il en est de même de leurs éléments organiques, qui sont à leur tour systématiquement combinés entre eux. Il y a affinité et adaptation organiques complètes, entre les éléments d'un organisme. Nous nous contenterons provisoirement d'indiquer leurs combinaisons principales.

La volonté est surtout la cause de ce qui est libre dans nos actes, de ce qui est fait *motu proprio*; elle est donc la faculté maîtresse ou directrice des facultés de l'esprit, de même que le système nerveux est le moteur des organes du corps. Ils agissent ensemble, lorsque leur intervention est indispensable à la réalisation d'un acte; ils sont en relation organique, directe et constante. En effet, la volonté semble n'agir directement que sur les nerfs, comme l'indique l'expérience de la section d'un certain nerf, ce qui rend tout mouvement volontaire impossible de l'organe dans lequel se rend le nerf sectionné.

Le corps, dont souvent l'action se combine avec celle du monde extérieur, ne peut que disposer et solliciter la volonté, conformément aux pensées,

aux émotions et aux passions que les sensations
font naître; mais la décision dépend absolument du
libre arbitre, l'autonomie reste intacte, tant que
l'homme a complètement conscience de lui-même.
Pour réaliser un acte, la volonté et le système nerveux doivent nécessairement combiner leur action.

Les sensations évoquent spécialement les pensées ayant rapport aux objets dont ces sensations
proviennent, de même qu'elles peuvent naître des
pensées.

Les émotions modifient surtout les fonctions
végétatives, telles que la respiration, la circulation
du sang et les battements du cœur; celles-ci
réagissent plus sur le sentiment que sur l'intelligence (1).

Une corrélation fonctionnelle analogue se manifeste entre l'amour et l'organisme génital.

Pendant l'évolution de la nature humaine, depuis
la naissance jusqu'à l'âge viril, l'esprit et le corps
se développent d'une manière relativement indépendante l'un de l'autre, mais en rapport, surtout
en ce qui concerne le corps, avec le milieu dans
lequel l'homme est placé. Si ce milieu est favorable
au développement corporel, le corps atteindra son
état parfait, pendant que l'esprit, étant placé dans
un milieu moral défavorable, restera dans un état
voisin de l'enfance; parfois même il s'atrophiera

---

(1) Voir BICHAT, X., RECHERCHES PHYSIOLOGIQUES SUR LA VIE ET SUR LA
MORT, art. VI, *Différences générales des deux vies, par rapport au
moral*, pp. 36 et suiv., Paris, 1818.

et tombera dans l'imbécillité. Tel est le cas de l'homme vivant à la campagne, bien soigné et bien nourri, mais loin de tout centre intellectuel. Le contraire se présente, pour l'enfant de l'homme laborieux des grandes villes, qui sacrifie tout à l'instruction et à l'éducation de sa famille. Le premier milieu produira plus d'hommes robustes, présentant tous les attributs de la santé, tandis que le second produira surtout des hommes éveillés, intelligents et savants, mais le plus souvent d'une santé médiocre.

Cependant, l'influence d'un milieu moral favorable ne produira tous les effets salutaires qu'il est susceptible de réaliser, que chez ceux qui *veulent* et qui *savent* profiter des conditions favorables de leur milieu; tandis qu'un milieu physiologique favorable, produit toujours de bons effets, bien entendu si l'homme dont il s'agit est physiquement bien constitué et si son esprit n'y fait point obstacle.

Les rapports qui font dépendre la vie humaine du milieu où séjourne l'homme sont les lois biologiques externes ou conditions extrinsèques de la vie; nous y reviendrons (1). Contentons-nous de constater pour le moment, que la réalisation de ces lois est parfois facultative pour l'esprit, l'homme est libre; tandis que la plupart d'entre elles, les lois physiologiques spécialement, sont d'une réalisation fatale pour le corps. Il est indispensable, pour éviter toute confusion, de tenir

_____

(1) Voir liv. Ier, chap. II, § 2, *D*.

compte des influences réciproques de l'esprit sur le corps, ainsi que de leur état et des conditions dans lesquelles ils se trouvent respectivement.

En résumé, nous constatons que l'esprit et le corps sont des substances différentes ; ils sont animés chacun d'une vie propre, émanant en partie d'eux-mêmes et en partie du milieu dans lequel la vie de l'homme s'écoule. Ils sont soumis à des influences réciproques : l'esprit agit sur le corps et celui-ci agit sur l'esprit. Les influences physiques, venant du dehors, réagissent sur l'esprit par l'intermédiaire du corps, et les influences morales réagissent sur le corps par l'intermédiaire de l'esprit. Cependant chacun d'eux conserve sa nature, sa force et son activité propres et l'un ne peut agir sur l'autre qu'en se conformant à la nature et à l'état de cet autre. Le développement intégral de l'esprit et de chacune de ses facultés, la réalisation des actes moraux, ainsi que la succession de l'un par rapport à l'autre, dépendent surtout de nous, comme cause libre et consciente ; tandis que le développement du corps et de ses organes, l'activité fonctionnelle et la succession des phénomènes physiologiques ne sont pas libres ; ils dépendent du corps vivant et de son milieu, comme causes fatales et inconscientes, dont l'homme ne peut que favoriser ou entraver l'action (1).

Grâce à son esprit, l'homme a de l'empire sur soi et se gouverne lui-même ; il a conscience de sa pro-

(1) Voir TIBERGHIEN, G., *La Science de l'âme*, Introduction.

pre nature et du dehors ; il connaît ses droits et ses devoirs ; il se rend compte de sa responsabilité et du progrès dont sa nature est susceptible, par l'éducation et par l'instruction. L'esprit est donc à la fois la volonté libre qui assure notre autonomie dans le monde ; l'intelligence qui nous éclaire ; le sentiment qui nous émeut et la source des passions qui, bien plus que les besoins du corps, portent l'homme et la femme à s'unir pour constituer la famille.

L'esprit est aussi la conscience ; la conscience est l'esprit se connaissant, se sentant et se voulant. La conscience humaine est une balance de précision ; mais, un souffle la dérange ; que dis-je, un souffle ! ne suffit-il pas d'un regard de jolie femme, du reflet de l'or, d'un atome de vanité ou d'ambition pour rompre l'équilibre de ses plateaux ? La balance intacte, non faussée par les préjugés, l'intérêt, les défauts et les vices, donnerait avec une précision mathématique, le degré de moralité de nos actions ; elle ferait de son angélique propriétaire, si, bien entendu, il conformait ses actes aux indications de sa balance, un homme parfait, un être idéal, comme il n'en existe probablement pas, comme il n'en a jamais existé et comme il n'en existera jamais, tant qu'il y aura des hommes, toujours. L'homme n'est-il pas un être limité, par conséquent d'une intelligence exposée à l'erreur et au doute, d'une liberté problématique et hésitante, d'une moralité contestable et contestée en fait par chacun de nous, lorsque vient le moment, trop souvent tardif,

hélas! de la réflexion, c'est-à-dire de l'emploi de
notre balance de précision? Les autres instruments
de mesure, au moyen desquels le bon public
apprécie la pureté de ses intentions et la droiture
de ses actes, sont presque toujours faussés et gros-
siers; que valent en effet les *on dit*, même ceux
d'hommes relativement bons et convenablement
disposés les uns envers les autres? Ceux qui
règlent leur conduite sur l'opinion d'autrui sont des
drôles ou des imbéciles; l'honnête homme règle sa
conduite d'après les injonctions de sa conscience,
bien qu'il n'ait pas la prétention de posséder une
balance de précision infaillible; l'immense majorité
ne se soucie que d'être comme tout le monde, de
faire comme tout le monde, de penser comme tout le
monde et de dire comme tout le monde — nous
sommes une immense mare d'eau stagnante et conta-
minée; la vase grouille de misérables, abjection de
vices; les quelques nénuphars qui s'épanouissent à
la surface, se réchauffant au bon soleil et au grand
air, sont ces hommes d'élite, insoucieux du monde,
vivant en paix dans leur conscience et dans le bien
qu'ils font.

Il nous semble donc que les matérialistes qui
tentent de réduire les phénomènes de la conscience
aux lois de la matière, seront toujours arrêtés par
un *résidu* irréductible, l'âme (1).

Quant aux auteurs qui nient la liberté, volonté
consciente ou libre arbitre, sous prétexte que

(1) Voir Introduction, § 2, d, *La Méthode des résidus.*

l'homme n'est jamais absolument indépendant, ils devraient aussi méconnaître leur intelligence, sous prétexte qu'elle n'est jamais infaillible, puisque ceci revient exactement à prétendre que leur faculté de connaître n'est pas plus absolue que leur liberté.

LIVRE PREMIER

CHAPITRE PREMIER

§ 3. — Lois fondamentales de l'organisme humain.

Note. — J'ai concentré mes efforts sur la détermination des lois générales de la nature humaine, parce que c'est la partie essentielle de l'anthropologie, la moelle de la science de l'homme. Ces lois se réalisent d'une manière spéciale par tous les organes corporels et spirituels, ainsi que par les fonctions qu'ils remplissent respectivement pendant le cours de la vie. Il n'est donc pas difficile, une fois les généralités connues, d'en faire l'application à toutes les questions subalternes.

Lorsque les résultats de l'observation se seront multipliés, élargis et complétés, on pourra de mieux en mieux reconnaître ce que vaut ma conception des lois fondamentales de l'organisme humain, en la soumettant au critérium des faits nouvellement découverts. Si des exceptions se produisent et tendent à se multiplier à mesure que les résultats de l'observation de l'homme deviendront plus nombreux et surtout plus exacts, il sera certain que ma théorie est défectueuse.

« Les lois, dans la signification la plus étendue, sont les rapports nécessaires qui dérivent de la nature des choses; et, dans ce sens, tous les êtres ont leurs lois : la Divinité a ses lois, le monde matériel a ses lois, les intelligences supérieures à l'homme ont leurs lois, les bêtes ont leurs lois, l'homme a ses lois (1). »

Les lois naturelles sont l'expression de la manière d'être des choses, ou, en d'autres termes, les rapports généraux et nécessaires qui existent soit entre des êtres différents, soit entre des phénomènes variables. En ce qui concerne les êtres, les lois naturelles sont les conditions générales et nécessaires de leur existence, c'est-à-dire la façon permanente dont leur nature est constituée. En ce qui concerne les phénomènes, les lois naturelles sont les rapports généraux et nécessaires qui existent entre eux et leurs causes génératrices, c'est-à-dire l'ensemble des règles dérivant de la nature de ces causes, qui régissent la production de ces phénomènes.

Beaucoup d'auteurs désignent exclusivement par lois naturelles, les rapports de causalité qui existent entre une série de phénomènes et ses facteurs générateurs. En réalité, les lois ne régissent pas exclusivement la production des phénomènes; non

---

(1) MONTESQUIEU, *Œuvres*, t. Ier, DE L'ESPRIT DES LOIS, liv. Ier, *Des lois en général*, p. 4, Paris, 1856.

seulement la vie humaine a ses lois, mais la nature de l'homme a également les siennes, qui sont les conditions intrinsèques et extrinsèques indispensables à son existence.

Les lois fondamentales de l'organisme humain sont donc l'ensemble des règles générales, nécessaires et constantes, selon lesquelles l'homme est constitué et vit, conformément aux influences extérieures du milieu ambiant de l'humanité, ou en d'autres termes, les conditions générales intrinsèques et extrinsèques de l'existence de la nature et de la vie humaines.

Les hommes se succèdent en ce monde. Ils apparaissent, vivent, meurent et disparaissent pour ainsi dire comme des phénomènes. Pendant le cours de leur vie, ils sont tous organisés sur le même plan ; leur nature est réalisée selon le même principe d'organisation ; or, les caractères permanents de cette organisation sont précisément les lois fondamentales de l'existence de la nature humaine.

Quant aux lois de la vie, ce sont les rapports généraux, permanents et nécessaires qui existent entre les phénomènes variables qui la constituent ; ces lois sont les caractères constants de la vie de tous les hommes, c'est-à-dire une activité organique spéciale, comprenant une évolution organique, débutant à la conception et se terminant à la mort ; évolution pendant laquelle se manifestent des phénomènes moraux, physiologiques et sexuels, tous phénomènes dus à l'action combinée de la nature humaine et de son milieu.

J'ai désigné par loi fondamentale de la nature humaine, la similitude organique constante qui existe entre l'organisation de tous les hommes, aussi loin que l'observation nous a jusqu'à présent permis de la constater; d'autres auteurs mieux avisés peut-être, au lieu du terme *loi*, ont employé celui de *principe;* c'est là une question de mots; ces termes étant synonymes dans cette acception. Les lois fondamentales de la nature humaine en sont les principes qui régissent la dépendance mutuelle de tous les hommes d'une organisation spécifique uniforme.

Pour édifier la science de l'homme, il ne suffit donc pas d'enregister des faits; si même l'on pouvait arriver à constater tous les faits relatifs à la nature et à la vie humaines, l'anthropologie serait encore à constituer. Lorsqu'un fait a été constaté par voie analytique ou par voie synthétique, la mission du savant consiste à le comprendre et à l'expliquer; or, ce résultat bien autrement difficile et délicat à atteindre que les chiffres d'une statistique, ne peut être obtenu que grâce à la connaissance des lois de la Nature. La connaissance des lois qui régissent la production, la marche, la durée et la terminaison des phénomènes physiologiques, par exemple, est dans l'état actuel de la science, pour ainsi dire exclusivement due à l'observation, à l'expérimentation et à la statistique, qui est une espèce de généralisation arithmétique; mais la connaissance de la raison d'être de ces phénomènes et de la manière dont ils sont produits, ne peut s'obtenir que grâce à la connaissance, d'une part, des causes qui les engendrent, j'entends le corps et son milieu, et, d'autre part, des rapports qui unissent ces causes à leurs effets, qui sont les lois de ces phénomènes. « Or, si, pour connaître un fait, il peut suffire de s'en former une idée exacte et vraie, il faut, pour le comprendre, pouvoir se rendre compte de sa raison d'être; nous le comprenons, quand nous pouvons déterminer ses conditions, ses modes de production et ses effets. La nature des rapports de causalité nécessaires, la connaissance des lois régulatrices des phénomènes, l'intuition des principes dont les lois elles-mêmes dérivent, représentent les conditions essentielles de la compréhension scientifique (I). »

Nous mettons parfois un temps fort long à apprécier le sens d'un être ou d'un phénomène, c'est-à-dire à en découvrir la loi ; nous tâtonnons, nous conjecturons, enfin, après un travail long et patient, comprenant tous les stades de l'analyse : l'observation, l'expérimentation, l'inférence, la généralisation, la classification et, aussi, la méthode des résidus, nous ne parvenons, hélas ! qu'à la connaissance de quelque loi expérimentale sans portée. D'autres fois, par contre, le savant d'élite, frappé d'un fait, en perçoit directement la loi, par un trait de génie; c'est ce qui arriva à l'abbé Hauy, lorsqu'en examinant les morceaux d'un cristal de spath

---

(1) *Dictionnaire* DECHAMBRE, 2e série, Paris, 1870. SCHUTZENBERGER et HECHT, *Lois en pathologie*, p. 50.

calcaire, brisé par maladresse, il remarqua que les facettes des morceaux avaient une forme spéciale, différente de celle du cristal complet; cette constatation le mit sur les traces de la découverte de la loi des formes cristallines. Newton voyant tomber une pomme, eut un éclair de génie : la loi de la gravitation universelle était trouvée.

Le principe fondamental des sciences naturelles, la réalité, la nécessité et la permanence des lois des organismes vivants, est aussi celui de l'anthropologie. Il ne convient pas de soulever ici ces questions, qui nous entraîneraient à des discussions d'ordre métaphysique. Nous présumons donc que de tous les faits particuliers connus, les lois naturelles sont vraies et doivent l'être aussi, de tous ceux restés inconnus jusqu'à ce moment. « Les exceptions résultent des rapports de causalité mal déterminés, incomplètement connus ou négligés. Elles révèlent une science incomplète, mais n'infirment en rien le principe fondamental de la science. »

... « Il serait absurde de nier le principe même de la science, par cela seul, que ses problèmes sont difficiles et sa constitution définitive encore éloignée (1). »

L'existence d'êtres anomaux n'infirme en rien la généralité des lois fondamentales, tous les êtres

_____

(1) SCHUTZENBERGER et HECHT, *Dictionnaire* DECHAMBRE. *Lois en pathologie*, p. 52, voir le post-scriptum à la fin de cet ouvrage.

terrestres vivants existent et agissent en vertu de
leurs lois (1).

Les anomalies résultent de l'influence des causes
extérieures et intérieures sur la nature ou sur la
vie d'un être, alors que cette action s'exerce dans
des conditions qui s'écartent de la moyenne normale dans laquelle elle doit s'exercer. Si l'écart est
trop éloigné de cette moyenne, le monstre n'est pas
viable; mais dans aucun cas, il ne se produit un
fait contraire à la Nature.

Parmi les lois fondamentales de l'homme, il y a
lieu de distinguer *les lois du milieu ambiant de
l'humanité, des lois qui sont inhérentes à la nature
humaine elle-même*; nous nommerons celles-ci *lois
internes*, ce sont les conditions intrinsèques de la
nature humaine ; celles-là, *lois externes*; ce sont les
conditions extrinsèques de la nature humaine.

Pour ce qui concerne spécialement l'homme
comme *organisme vivant*, il y a lieu d'établir nettement la distinction qui existe parmi les lois
internes, entre *les lois de la nature humaine et les
lois de la vie humaine*.

Les lois de la nature humaine sont l'ensemble des
caractères, que l'on retrouve dans la constitution
de tout homme. Ces lois sont donc, prises dans leur

(1) Voir GEOFFROY SAINT-HILAIRE, ISIDORE, *Histoire générale et parti-
culière des anomalies de l'organisation chez l'homme et les animaux*,
Paris, 1832, 3 vol. et atlas.
Idem, DARESTE, C., *Recherches sur la production artificielle des
monstres*, Paris, 1877.
Idem, SERRES, *Recherche d'anatomie transcendante, (Ritta Christina)*.

ensemble, *le mode d'organisation propre à la nature humaine* ou *la forme générale* sous laquelle l'homme existe et qui permet de le distinguer, sous tous les rapports, comme membre de l'espèce humaine, de tous les autres organismes vivants : ce sont les conditions intrinsèques de l'existence de la nature humaine.

Les lois de l'activité ou de la vie humaine sont *les règles constantes et nécessaires* selon lesquelles se produisent les phénomènes biologiques, dont la nature humaine est le siège; ce sont les conditions intrinsèques de la vie humaine. *Une loi de la vie est donc la manière invariable et uniforme* selon laquelle se produit une *classe* de phénomènes particuliers. Tous ces phénomènes vitaux ont pour causes génératrices la nature humaine d'une part, et le milieu ambiant de l'homme, d'autre part.

J'estime qu'il y a lieu d'établir une division analogue à celle des lois internes, parmi les lois externes de l'homme. *Les lois externes d'existence* sont les conditions réunies par l'essence du milieu ambiant de l'humanité, indispensables à *l'existence de l'homme;* ce sont les conditions extrinsèques de l'existence de la nature humaine.

« Comme rien ne peut exister s'il ne réunit les conditions qui rendent son existence possible, les différentes parties de chaque être doivent être coordonnées de manière à rendre possible l'être total, non seulement en lui-même, mais dans ses rapports avec ceux qui l'entourent; » et, ajoutonsnous, avec le milieu dans lequel ils existent et où ils doivent vivre (1).

Les lois externes de la vie humaine, par contre, expriment l'intervention nécessaire du milieu ambiant, comme cause d'activité connexe à l'action de la nature humaine elle-même, dans la production des phénomènes vitaux; ce sont les conditions extrinsèques de la vie humaine.

La combinaison de ces deux facteurs ou causes d'action, à savoir, l'homme et son milieu, la limite qui les sépare, l'appréciation de leurs effets réunis, ou distincts, soulèvent des problèmes délicats, dont la solution n'est pas aisée.

Et la liberté humaine augmente encore dans des proportions considérables, les difficultés inhérentes à la solution de ce problème.

En effet, qu'est-ce que la liberté?

Être libre consiste à agir de propos délibéré et de son propre mouvement. Être libre est la capacité de soustraire ses décisions à toute contrainte extérieure, à agir exclusivement de soi-même. Mais le libre arbitre ne consiste nullement à nous permettre de soustraire nos actes aux lois naturelles internes. Tout ce qui peut être fait volontairement par l'homme et tous les autres phénomènes dont sa nature est susceptible d'être ou de devenir le siège, se réalisent fatalement suivant les lois biologiques internes de la nature humaine.

---

(1) Voir CUVIER, G., *Le Règne animal distribué d'après son organisation*, t. Iᵉʳ, Introduction, p. 8, Paris, s. d.

Il n'en est pas moins vrai que grâce à son libre arbitre, l'homme peut s'insurger contre les lois positives établies légalement. Jusqu'à un certain point, limité par sa nature elle-même qui, par rapport à son milieu, n'est que relativement indépendante, l'homme peut aussi agir contrairement aux principes de la morale et du droit naturel ; mais, en ne se pliant pas aux contraintes morales et juridiques, il agit encore conformément aux lois inhérentes à sa propre nature, puisque c'est de par elle qu'il jouit d'une indépendance relative ; mais l'homme ne pouvant réaliser que ce qui est humain, c'est-à-dire agir nécessairement, en toutes circonstances selon les lois de sa nature considérée en elle-même, la vie humaine n'est-elle pas le développement graduel et successif de ce qui est originairement enveloppé et contenu dans la nature humaine, en raison des influences extérieures ?

On voit que pour apprécier exactement l'essence de la liberté, il est indispensable de ne pas perdre de vue la différence capitale qui existe entre les lois internes et les lois externes de la nature humaine. Réaliser son devoir est pour l'homme agir conformément à la loi morale ; mais l'accomplir ou non, n'en est pas moins agir humainement ; en effet, d'un côté, la possibilité de faire le bien, de l'autre, celle de faire le mal, sont toutes deux inhérentes à la nature humaine.

Les phénomènes physiologiques de la vie, et principalement ceux qui sont dus à l'action d'une force physique sur le corps vivant, telle que la pesanteur, sont toujours conformes à la nature humaine et aux lois de la matière; cet accord est fatal, quoique l'homme, grâce à son industrie, puisse opposer une force physique à l'action d'une autre force physique extérieure. La résultante de la combinaison de ces forces, ainsi que les phénomènes qu'elle produira, seront toujours conformes aux lois fatales de la matière, en raison de l'intensité des différentes forces mises en action et des conditions dans lesquelles elles agissent. Il en résulte qu'il y a moyen de prévoir et de calculer avec précision, les effets des forces physiques sur le corps humain, si, bien entendu, une réaction volontaire n'intervient pas, pour régler, dans certaines limites déterminées par la force de l'homme dont il s'agit, la résistance de son corps à un agent extérieur.

D'autre part, l'action de l'homme sur la matière pure, sur les organismes terrestres vivants et même sur son propre corps, comme nous l'avons déjà constaté, a pour conditions et pour limites, l'essence et l'état de ces différents agents.

Il y a donc moyen, dans la production des phénomènes physico-chimiques, de calculer, avant l'expérience, comment et quand elle se produira, toutes les circonstances dans lesquelles elle doit se produire étant connues. Dans la production des phénomènes physiologiques cependant, la précision n'est pas aussi certaine, parce que dans mainte circonstance on doit tenir compte de l'élément individu et surtout de l'énergie morale et des dispositions dans

lesquelles se trouve l'être en observation. Un
cheval n'exécute pas également bien le même
travail tous les jours; un gymnaste ne soulèvera
pas aujourd'hui l'haltère qu'il a soulevé hier et
qu'il soulèvera encore demain.

Il y a, par contre, beaucoup de faits imprévus
dans la vie spirituelle, malgré le caractère absolu
de la loi morale, base de nos devoirs, qui est impé-
rative et catégorique. Il en résulte que dans le
domaine des faits moraux, toute prévision est
hypothétique puisqu'il appartient à chacun, en sa
qualité d'agent libre, de conformer ou de ne pas
conformer ses actes conscients et volontaires aux
lois morales et juridiques, qui sont essentiellement
indépendantes de tout être humain; l'homme fait le
bien et le mal.

En résumé, nous voyons que la possibilité
n'existe pas pour l'homme d'agir contrairement
aux lois internes de sa nature, ni aux lois du
monde physique, mais qu'il est en son pouvoir
d'agir contrairement aux lois externes, telles que
celles de la morale et du droit naturel.

La nature humaine étant une des causes de la
vie, il est possible à l'homme de modifier *sa
manière de vivre* dans certaines limites, déterminées par la nature humaine elle-même. Mais bien
que la manière de vivre réagisse sur l'état de la
nature de l'être vivant, l'homme ne peut modifier
sa *manière d'être*, c'est-à-dire l'organisation de sa
nature, parce qu'il n'a pas *la cause de son existence
en lui-même*. Il est d'ailleurs évident que la liberté

qui est l'homme en tant que cause consciente et volontaire, ne s'applique qu'à certains de ses actes, et non pas à ses propriétés, ni aux lois de sa nature.

La liberté consiste donc essentiellement à pouvoir faire un choix parmi les choses possibles qui s'offrent à notre activité; c'est la capacité que nous avons d'adopter une certaine manière de faire dans l'exécution d'un acte, ainsi que de choisir le moment de commencer et de finir, soit pour interrompre une action et l'abandonner, soit pour la poursuivre et la terminer. Et encore la continuité de l'activité elle-même, la succession des actes et des états, l'évolution de notre nature, échappent-elles à notre libre arbitre; elles constituent le côté fatal de la vie humaine. Le côté libre et indépendant se réduit donc à presque rien... oui, mais il en reste toujours quelque chose, et plus l'homme progresse par l'étude et la méditation, plus il accroît son indépendance. L'homme est l'artisan de son propre affranchissement; la liberté de conscience, notre liberté suprême, est dans ce sens la prise de possession de l'homme par lui-même. Mieux il se connaît, plus il est maître de ses actes, et mieux pourra-t-il régler sa conduite malgré les circonstances extérieures, en un mot, plus étendue sera sa liberté.

La droiture, la loyauté, la moralité, la religiosité sont les qualités connexes et maîtresses de l'homme vraiment libre; il fait son devoir; il pratique la vertu malgré tout; il est digne de la liberté.

L'influence du monde extérieur sur notre nature et

sur nos actes, ne détruit nullement la responsabilité humaine; elle ne fait que l'atténuer. Il est évident que la plupart des événements de la vie de chacun sont dus à l'intervention du milieu ambiant. La responsabilité qui nous incombe est donc diminuée en proportion directe de la part d'intervention des forces extérieures dans la réalisation de nos actes.

LIVRE PREMIER

CHAPITRE PREMIER

§ 3. *A.* — LOIS FONDAMENTALES INTERNES D'EXISTENCE DE LA NATURE HUMAINE.

Ces lois sont :

a) *La loi de l'unité organique ou de l'existence de l'homme comme individu.*

b) *La loi de la dualité organique ou de l'existence de l'homme comme esprit et comme corps.*

c) *La loi de l'harmonie organique ou de l'existence de l'homme comme être générateur.*

D'après la première de ces lois (a), la nature de l'homme vivant est une unité organique ou une individualité, à tous les degrés de son évolution.

En effet, tout homme possède soit dans l'ensemble de sa nature, soit dans un de ses éléments organiques, une *essence* dont l'état et les conditions lui sont *propres*. Chaque être humain a sa complexion, c'est-à-dire un ensemble de conditions organiques qui lui est exclusif; chacun a aussi son caractère, son tempérament, ses aptitudes et sa manière de faire, qui sont les formes diverses de sa constitution spéciale ou individuelle, en rapport avec son âge, son degré de culture, son sexe, sa race et son habitat. En vertu de son individualité, tout homme existe et vit d'une manière originale, qui lui est exclusivement propre et qui persiste pendant tout le cours de sa vie, malgré les modifications permanentes de sa nature : nous en avons une preuve directe dans *l'identité personnelle* de chacun.

La conséquence directe de la loi de l'individualité humaine est *l'égalité des hommes*, comme *membres de l'humanité* et leur différence comme individus. En effet, tout homme, à quelque race qu'il appartienne, et quel que soit son degré de culture, étant un exemplaire du type humain, absolu en lui-même, doit nécessairement en sa qualité d'individu, pouvoir jouir de tous les droits et se soumettre à tous les devoirs qui résultent de sa qualité de membre de l'humanité.

Mais, d'autre part, au point de vue historique de son développement organique, en raison de son âge, de son état de santé ou de maladie, de son degré de culture, de sa famille, de sa nationalité, de sa race, de son habitat, des différences fort grandes se manifestent entre les hommes.

Cependant, ces écarts n'existent qu'au point de vue de leur développement, qui est le côté historique et éminemment transitoire de leur évolution. Bien plus, par son évolution, l'individu n'est pas absolument égal à lui-même, à deux différents moments de sa vie; à plus forte raison, les individus diffèrent-ils, sous tous les rapports, les uns des autres; c'est la distinction entre la face éternelle

ou permanente et la face temporelle ou variable
de notre nature. L'homme se modifie constamment
au cours de la vie et cependant il reste le même
individu ; il conserve son identité personnelle d'une
façon permanente, malgré le changement qui s'opère
en lui d'une façon continue.

. .

b) *Loi de la dualité organique ou de l'existence de
l'homme comme esprit et comme corps.*

La nature de l'homme vivant contient nécessairement deux organismes partiels, l'un corporel,
l'autre spirituel, constitués d'après les lois de
l'organisme humain.

L'unité organique de la nature humaine n'est pas
incompatible avec sa dualité, parce que chacun des
membres de celle-ci n'est en réalité, qu'un des
éléments constitutifs de la combinaison organique,
dont la nature humaine est le résultat.

L'esprit et le corps ne sont que des organismes
partiels fondamentaux, réalisant, chacun au moyen
d'une base de substantialité différente, l'une matérielle et l'autre spirituelle, les lois fondamentales
de la nature humaine. Ces lois se répercutent pour
ainsi dire, de l'ensemble de l'organisme dans
chacun de ses éléments constitutifs, conformément
à la nature propre de chacun d'eux. De là, non seulement unité de l'ensemble, mais similitude dans
l'organisation des éléments constitutifs et, par
suite, analogie et affinité organiques de ces élé-

ments entre eux et avec le tout, malgré leurs différences respectives : il y a dans l'organisation de la nature humaine, *variété dans l'unité et unité dans la variété.*

Après avoir constaté que chaque être humain a *son caractère individuel ou son originalité*, nous remarquons que dans sa nature, chaque organisme partiel est caractérisé par une propriété fondamentale, la spiritualité pour l'âme et la matérialité pour le corps.

De plus, chacun des éléments d'un organisme partiel est à son tour caractérisé par une disposition organique spéciale, qui n'est qu'une *variante* de la qualité caractéristique du système organique dont cet élément fait directement partie, et auquel il est plus complètement uni qu'à tous les autres.

Les éléments organiques de l'homme vivant sont nécessairement tous connexes dans sa nature; mais la combinaison organique des uns est *directe*, au point de vue de leur essence, et *constante*, au point de vue de leur activité; tandis que celle des autres est *indirecte* dans la nature de l'homme et intermittente pendant le cours de sa vie.

La *connexion organique* est le rapport naturel de coexistence des organes entre eux; pour ce qui concerne l'esprit et le corps, elle comprend la *subordination* et la *corrélation organiques.*

Les organes à connexion directe et permanente sont généralement corrélatifs entre eux et subordonnés, d'une manière équivalente, à la combinaison organique dont ils sont les membres constitutifs fondamentaux; ils possèdent réciproquement, chacun, ce qui fait en partie défaut à l'autre; ils existent en vue l'un de l'autre; l'un est la condition de l'existence de l'autre; l'un est le complément de l'autre. De là, la nécessité de leur connexion corrélative ou combinaison organique complète, directe et constante pendant tout le cours de la vie.

Il est à remarquer que l'analogie qui existe entre des organes corrélatifs, se rapporte spécialement aux éléments constitutifs de l'organisme vivant, considérés comme tels, et non pas à la ressemblance ou à l'affinité plus ou moins complète des substances ou des éléments chimiques qui entrent comme *principes immédiats*, dans la constitution de la nature humaine.

C'est au point de vue *organique* et vivant seulement, que l'analogie fondamentale existe entre l'esprit et le corps. Ils sont, chacun dans la limite de sa nature particulière, des organismes doués d'une essence, d'une vie et d'une force propres, réalisés d'après les mêmes lois, celles de l'organisme humain. « L'esprit et le corps ont un ensemble de propriétés communes; ce sont des substances différentes, mais semblables, des expressions diverses, mais équivalentes de la même nature humaine. L'un et l'autre ont l'activité et par conséquent la faculté d'agir, quoique l'activité de l'un soit plus continue et celle de l'autre plus indépendante; l'un et l'autre sont spontanés et réceptifs, quoique l'un soit mieux organisé pour la réceptivité et l'autre pour la spontanéité; l'un et l'autre possèdent des forces et des tendances qu'indique leur destination, quoique les inclinations de l'un soient fatales et inconscientes, celles de l'autre libres et réfléchies. Les appétits et les instincts du corps répondent aux désirs et aux habitudes de l'âme. Le corps a son tempérament, son caractère, son sexe, ses dispositions naturelles, comme l'esprit, mais à sa manière, selon l'attribut de la liaison et de l'enchaînement qui distingue la matière. L'individualité du corps, analogue à celle de l'âme, persiste dans la vie, malgré le renouvellement perpétuel des molécules qui composent nos organes; et cette individualité se manifeste, soit dans la constitution physique, par la forme et la distribution des parties, soit dans les mouvements, par l'originalité, soit dans l'action des viscères, par une façon toute particulière de se comporter vis-à-vis des agents externes dans l'état de maladie ou de santé : c'est ce qu'on appelle *idiosyncrasie*. Chaque propriété de l'esprit rencontre donc dans le corps une propriété correspondante, et les deux organismes offrent à la fois la plus parfaite similitude et le contraste le plus complet (1). »

L'*analogie organique* est l'ensemble des rapports plus ou moins complets de ressemblance réciproque des êtres ou de leurs éléments constitutifs. C'est en quelque sorte la conformité proportionnelle qu'ont entre eux les organismes ou les organes.

L'*affinité organique* est l'ensemble des rapports de convenance, et même de solidarité, d'organisme

---

(1) TIBERGHIEN, G., *La Science de l'âme*, p. 34.

à organisme ou d'organe à organe. Il en résulte une tendance à l'adaptation organique réciproque de certains organismes dans un milieu ou des organes d'un être vivant, dans la nature de celui-ci.

Outre un degré assez complet d'analogie, l'affinité implique donc la connexion vitale. Elle comprend une analogie statique ou de plan de composition, et surtout une analogie dynamique ou fonctionnelle. Il en résulte que certains organismes sont susceptibles de vivre ensemble dans un milieu ou que les organes agissent avec ensemble dans un organisme. Lorsque ces organismes sont adaptés les uns aux autres dans un milieu, l'individualité de chacun d'eux persiste d'une façon relativement indépendante.

L'affinité chimique est en quelque sorte une force de la matière qui pousse certains éléments solides, liquides ou gazeux, à pouvoir être combinés plus ou moins facilement, sous l'action de la chaleur, de la lumière, de l'électricité, ou simplement par suite de leur contact ou de leur mélange. L'affinité organique est dans le système de l'organisation des êtres vivants, cette combinaison plus ou moins directe des différents organismes partiels ou même des organes entre eux. Dans les organismes vivants, le système cellulaire et le système de la circulation, par exemple, sont plus complètement unis entre eux, qu'à aucun autre organisme partiel.

Un degré plus élevé de connexion existe entre les éléments d'une combinaison organique, comme

celle de l'esprit et du corps dans la nature humaine :
ils sont en *corrélation organique*. Celle-ci implique
l'analogie, l'affinité et l'adaptation complètes, en
nature, en force et en activité ; de plus, la coexistence des éléments organiques corrélatifs est *nécessaire* pendant le cours de la vie.

Les éléments corrélatifs constituent une combinaison organique, dans laquelle leur individualité
respective est en quelque sorte absorbée ; tandis que
les êtres vivants corrélatifs, tels que parents et
enfants, ont une individualité respective dont l'indépendance peut devenir quasi complète pendant
la vie.

Les affinités et les adaptations réciproques de la
faune et de la flore d'une région peuvent être
simplement utiles aux êtres d'un milieu. Ces
rapports réciproques d'affinité et d'adaptation
n'impliquent donc pas la *nécessité*, qui caractérise
les combinaisons organiques des éléments d'un être
vivant ; aucun de ceux-ci ne peut disparaître, sans
que se détruise l'être auquel il appartient, tandis
que des espèces animales ou végétales peuvent
cesser d'exister, sans entraîner la disparition du
milieu dont elles étaient parties constitutives.

L'analogie d'éléments organiques est donc leur
rapport naturel le plus simple et le plus général,
tandis que leur corrélation est leur rapport le plus
complet et le plus spécial dans la nature d'un être
vivant.

*L'esprit et le corps sont corrélatifs dans la nature
humaine et subordonnés à l'unité de l'homme, au moi.*

Corrélatifs entre eux, c'est-à-dire coexistant avec
concordance dans la nature humaine et vivant dans
un rapport permanent de dépendance mutuelle.
Complètement et nécessairement unis, en nature,
en force et en activité, l'esprit et le corps sont condi-
tionnels, paralléliques et organiquement adaptés
l'un à l'autre, dans leur ensemble et dans chacun de
leurs organes respectifs. Ceux-ci sont en nombre
égal et semblablement disposés en systèmes organiques à termes correspondants, d'après les lois de
l'unité, de la dualité et de l'harmonie organiques,
parce qu'ils sont les deux faces relativement
distinctes d'un seul et même être vivant, l'homme.
L'esprit est donc caractérisé par ses ressemblances et ses différences avec le corps, et réciproquement ; non seulement ils sont analogues, mais
entre eux existe l'affinité organique la plus
complète.

Subordonnés au moi, c'est-à-dire : contenus dans
sa nature et vivant sous sa dépendance. C'est en ce
sens que l'homme est le principe de tous les organes
corporels et spirituels ; il est le premier et le plus
important dans l'ordre hiérarchique de la systématisation des organes ; il est le *germe* dont tous les
autres organes émanent et auquel ils sont subordonnés en essence, en force et en activité.

Il y a dans l'organisme vivant, non seulement
subordination des organismes partiels à l'organisme
total, mais encore subordination graduée ou hiérarchique entre les éléments organiques contenus dans
les différents organismes partiels. Cette subordi-

- 289 -

nation est conforme à l'importance relative des éléments, et à la place qu'ils occupent dans la combinaison organique dont ils font directement partie. Chaque élément organique est subordonné à celui qui lui est antérieur dans l'ordre systématique.

Dans l'unité de la nature humaine, nous avons la corrélation de l'esprit et du corps.

L'organisme animal et l'organisme végétatif sont corrélatifs entre eux et subordonnés au corps. L'organisme des vaisseaux et l'organisme cellulaire, corrélatifs entre eux, sont subordonnés à l'organisme végétatif. Dans le système complet des vaisseaux, une corrélation directe existe entre le système des vaisseaux digestifs et le système des vaisseaux excrémentitiels, entre le système veineux et le système artériel, et ainsi de suite (1).

Dans l'organisme spirituel, nous avons la corrélation de la pensée ou intelligence, et du sentiment. L'intelligence comprend diverses facultés telles que l'imagination et la raison, qui sont corrélatives entre elles et subordonnées à la faculté qui les contient.

Il y a en outre, entre les organismes partiels et les éléments qu'ils comprennent, des rapports réciproques de subordination, pouvant varier selon le degré de développement qu'ils ont acquis et l'activité plus ou moins grande qu'ils manifestent, au point de vue spécial sous lequel on les considère. Chez certaines personnes, par exemple, l'imagi-

---

(1) Voir liv. II, *Le Corps humain et ses lois d'organisation.*

40

nation à un développement tellement exagéré, qu'à l'activité de cette faculté sont subordonnées celles de toutes les autres facultés intellectuelles. Il n'y a pour ainsi dire pas un organe dans les êtres vivants, qu'on ne puisse, dans certains cas, en raison de leur suractivité, considérer comme étant le centre commun de tous les autres ; la pathologie en offre de nombreux exemples.

Deux éléments organiques, faisant respectivement partie de deux combinaisons différentes, sont *correspondants*, ont la même importance organique relative, lorsqu'ils sont indirectement subordonnés, au même degré, à un organisme partiel. Tel est le cas de la faculté de penser, qui correspond à l'organisme animal, et du sentiment, qui correspond à l'organisme végétatif ; ces quatre organismes partiels sont également subordonnés à la nature humaine, dans l'organisation de laquelle ils occupent des places correspondantes.

Il y a entre deux organes correspondants, une affinité organique et une adaptation plus complètes qu'entre l'un d'entre eux et les autres éléments organiques de la combinaison dont l'autre fait partie. Il en résulte que l'intelligence, par exemple, agit plus souvent de concert avec l'organisme animal, qu'avec l'organisme végétatif, dans l'observation des phénomènes physiques et surtout dans l'expérimentation.

La détermination synthétique de la nature humaine consiste principalement à grouper tous les éléments organiques reconnus séparément par l'analyse, selon les connexions organiques directes et correspondantes qu'ils ont entre eux.

L'extrême complexité des rapports organiques qui existent en permanence ou qui ne se produisent que temporairement au cours de la vie, entre les divers éléments que la nature humaine comprend, sont d'une étude fort délicate et offrent un champ immense à l'investigation. En effet, chaque élément est apte à se combiner avec tous les autres, soit un à un, soit un à deux, et ainsi de suite. Chacune de ces combinaisons organiques donne lieu à la production de phénomènes vitaux distincts les uns des autres, puisqu'ils portent chacun l'empreinte de la combinaison organique spéciale, qui est leur cause génératrice interne. Nous y reviendrons au livre consacré à la vie humaine.

.·.

c) *Loi de l'harmonie organique ou de l'existence de l'homme comme être générateur.*

La nature de l'homme vivant contient une variété d'organes. Leur ensemble n'atteint son état harmonique ou degré complet de développement et d'adaptation intérieure ou organique et extérieure ou de milieu ambiant, qu'après avoir subi, pendant son évolution, des modifications profondes et variées. Ces modifications se succèdent en une série d'états transitoires, dont les principaux sont représentés par l'ovule, l'embryon, l'enfant, l'adolescent et enfin l'adulte. A l'état adulte, tous les éléments organiques que la nature humaine comprend, sont équilibrés, en se complétant mutuellement les uns les autres, au triple point de vue de l'essence, de la force et de l'activité.

L'homme adulte participe à la reproduction de ses semblables. Son activité, comme organisme générateur, est intermittente. Elle ne commence à se manifester que longtemps après les autres fonctions et cesse avant elles. Les fonctions génératrices se font avec l'intervention de l'esprit et du corps ; il en résulte qu'elles sont plus ou moins volontaires, bien qu'elles soient indispensables à l'harmonie de toutes les autres fonctions vitales, pendant la période de l'âge viril.

LIVRE PREMIER

CHAPITRE PREMIER

§ 3. *B.* — LOIS FONDAMENTALES EXTERNES
DE L'EXISTENCE DE LA NATURE HUMAINE.

Les lois fondamentales externes d'existence sont les conditions extrinsèques indispensables à la nature humaine, ou les rapports organiques essentiels qui unissent l'homme au milieu ambiant de l'humanité.

Nous nous occuperons de ces lois, avant d'aborder les questions relatives à la vie humaine et à la force vitale de l'homme, parce qu'elles sont le complément indispensable des lois internes d'existence dont nous venons de nous occuper.

La nature humaine ne se suffit pas à elle-même : elle est limitée, relative, dépendante; en un mot, conditionnée par le milieu auquel elle est adaptée. L'homme privé de son milieu, ne pourrait ni exister, ni vivre. Faire abstraction de ce milieu, c'est également faire abstraction de l'homme, puisqu'en réalité l'humanité est un organe constitutif de l'Univers.

Il en est de même de tous les éléments de l'organisme vivant. En effet, aucun de ceux-ci ne possède en lui-même les conditions indispensables à sa formation, à son évolution et à son entretien, ainsi qu'à son activité fonctionnelle spéciale. Mais tous les éléments organiques sont *condition* les uns par rapport aux autres et en outre, ils se trouvent tous sous la dépendance immédiate de l'organisme complet et sous la dépendance médiate du milieu ambiant de celui-ci.

L'organisme humain doit donc non seulement posséder en lui-même la corrélation de ses éléments constitutifs, mais il lui est absolument indispensable que son milieu ambiant lui fournisse les conditions extrinsèques corrélatives à sa nature.

De la nature du milieu ambiant de l'humanité résultent les lois externes de l'existence de l'homme, de même que de l'action de ce milieu sur l'homme, pendant le cours de la vie, résultent les lois externes de la vie humaine.

Le milieu de l'humanité est l'Univers. La Terre est plus spécialement le milieu de l'humanité terrestre, dont nous avons exclusivement à nous occuper.

Les conditions extrinsèques de notre nature nous sont fournies par la Terre. Ces conditions sont, croyons-nous, *d'ordre organique*. Chaque organisme vivant a des conditions extérieures spéciales, conformes à sa nature nécessairement adaptée au milieu dans lequel elle existe et où elle doit vivre. Or, cette relation est réciproque, la Terre est aussi un organisme vivant, également adapté à son milieu, qui est notre système planétaire, lequel fait à son tour partie constitutive de l'Organisme universel.

Nous constatons que l'homme est soumis à deux espèces de conditions extérieures bien distinctes, émanant du milieu ambiant de l'humanité et spécialement de la Terre. Les unes se rapportent à *l'existence de notre nature, à ce que nous sommes,* c'est-à-dire à l'ensemble de nos propriétés ; les autres se rapportent *à notre vie, à ce que nous faisons,* c'est-à-dire à l'ensemble de nos actes. Les premières conditions sont l'expression des rapports nécessaires qui unissent l'homme à son milieu et en font dépendre absolument son existence ; les secondes conditions sont l'expression de l'intervention de notre milieu comme cause, dans la production des phénomènes vitaux, dont notre nature est le siège. En effet, sans l'intervention de son milieu, l'homme ne saurait être ce qu'il est ou *exister,* ni faire ce qu'il fait ou *vivre.* A tous égards l'homme est subordonné à son milieu ; la liberté humaine elle-même est relative dans ce sens.

Pour ce qui concerne le corps humain, par exemple, il y a des lois anatomiques qui règlent la structure des organes, de même qu'il y a des lois physiologiques qui déterminent les fonctions. Ces lois émanent de deux agents, l'un externe, l'autre interne : le premier est le milieu ambiant du corps ; le second est le corps lui-même ; le milieu et le corps doivent donc être considérés chacun, au double point de vue statique et dynamique. Le corps vivant est soumis, quant à son existence et à sa vie, à des conditions extrinsèques spéciales, d'ordre physiologique et non purement physico-chimique. Il est évident que si le corps vivant se trouvait dans un milieu complètement inorganique, il cesserait de vivre. Cependant, la matière est une des conditions d'existence de ce milieu physiologique, indispensable à l'existence et à l'activité du corps, puisqu'il y a corrélation nécessaire entre toutes les parties constitutives de la Terre, de même que l'existence de chacun des éléments organiques de notre nature est indispensable à l'existence des autres.

La matière considérée soit dans ses propriétés, soit dans ses forces ou ses manifestations, est subordonnée à l'état organique, lorsqu'elle fait partie de la nature d'un organisme vivant. En général, l'organisation domine les éléments constitutifs de l'être organisé. Les propriétés, les lois et les manifestations spéciales de ces éléments, tant corporels que spirituels, sont subordonnés à l'organisme. Mais, ces éléments n'en conservent pas moins leurs propriétés spéciales, dans la limite desquelles la nature de l'être qui les comprend, dépend à son tour de leur action. En effet, l'organisme ne peut agir sur la matière qui entre dans la constitution du corps, que conformément aux lois physico-chimiques, mais dans la limite de ces lois, la matière en question est subordonnée à l'état organique. « Dans l'état actuel de la science, la matière, ses propriétés et les lois physico-chimiques apparaissent, dans les corps vivants et dans toutes leurs manifestations, comme subordonnées à une législation supérieure *irréductible*, qui règle par son autonomie le mode spécial d'existence et d'activité des êtres et des corps vivants.

« Cette législation supérieure a pour principe l'organisation et la vie. Les lois qui dérivent de ce principe portent le nom de *lois biologiques* (1). »

Admettre l'existence de la force vitale, comme étant inhérente à la nature humaine, n'implique donc nullement que l'homme soit soustrait à l'action des forces physico-chimiques. Ces forces existent au contraire avec tous leurs attributs, dans la nature humaine, mais elles y sont combinées à des forces de nature distincte, la force morale entre autres, avec lesquelles elles forment un système de forces spécial à l'organisme vivant, nommé force vitale.

Nous ne saurions trop insister sur ce point que l'existence d'organismes vivants dépend de conditions extérieures spéciales, émanant nécessairement d'un milieu organisé et vivant lui-même. Le contraire me semble inadmissible; puisque la négation de l'existence d'un milieu organisé pour l'homme, entraîne nécessairement la négation de l'existence des organismes vivants : ils sont réciproquement *milieu* les uns par rapport aux autres, et par conséquent, adaptés les uns aux autres.

Je n'hésite pas à affirmer que l'existence et la vie de l'homme et en général de tous les êtres orga-

---

(1) SCHÜTZENBERGER et HECHT, *Lois en pathologie* dans le *Dictionnaire* DECHAMBRE, 2ᵉ série, t. 3, p. 55, Paris, 1870.

nisés de la Terre, dépendent d'un ensemble systématique de conditions extérieures, supérieures à la matière brute, à son activité et à ses forces, et nécessairement en rapport avec l'essence de l'Organisme universel, qui règle le mode spécial d'existence et d'activité des êtres vivants.

L'intervention de notre milieu, comme cause d'activité, dans la production des phénomènes biologiques dont notre nature est le siège, est réglée d'après les lois biologiques externes, que nous examinerons après avoir exposé la notion de la vie et de la force vitale.

Toute condition indispensable à l'existence et à l'activité de l'organisme considéré dans son ensemble, est fondamentale. La loi fondamentale s'applique à tous les éléments organiques que la nature humaine contient, chacun d'eux n'ayant, pas plus que l'organisme complet, les conditions de son existence et de son activité, exclusivement en lui-même. Ces conditions lui sont fournies, en partie par le milieu interne de ces éléments, qui est notre propre nature, en partie par le milieu externe.

L'esprit humain existe et vit dans un milieu moral, comprenant les institutions sociales qui ont pour fin la science, le droit, la morale, l'art.

Le corps humain existe et vit dans un milieu physiologique. A ce milieu appartiennent les aliments, l'air que nous respirons.

L'homme est membre de l'humanité, et l'humanité fait fonction de milieu par rapport à chacun de nous. De ce milieu émanent les conditions d'existence de l'homme comme être générateur; elles comprennent la race, la famille et les parents.

Ces trois milieux, relativement distincts les uns des autres, sont organiquement combinés dans l'Univers : l'Organisme universel, milieu commun à tous les êtres, est pour chacun d'eux l'ensemble des conditions extrinsèques de son existence, en rapport avec sa nature particulière.

Les conditions extrinsèques ou lois fondamentales externes de l'existence de la nature humaine sont donc :

a) La loi fondamentale externe, correspondant à celle de l'unité organique ou individualité de l'homme, est l'expression du rapport nécessaire qui fait dépendre l'existence et l'organisation de la nature humaine de celle de l'Organisme universel et spécialement de la Terre.

b) La loi externe, relative au corps humain, est celle qui fait dépendre son existence et son organisation du milieu physiologique dans lequel le corps se trouve. Il en est de même de l'existence et de l'organisation de l'esprit humain, par rapport au milieu moral.

c) La loi externe, relative à l'existence et à l'organisation de l'homme comme organisme générateur, est celle qui fait dépendre l'existence et l'organisation de chaque homme, de celle de l'humanité en général, et, en particulier, de l'existence de sa race, de sa famille et de ses parents.

LIVRE PREMIER

CHAPITRE II

§ Ier. — La vie et la force vitale de l'homme.

L'Univers est en activité.

Chaque chose manifeste dans l'Univers une série de phénomènes, conformes à sa nature particulière et aux influences extérieures qu'elle subit. Dans l'Univers tout agit et réagit sur tout, comme dans un organisme vivant. « En donnant l'existence à chaque corps, la nature lui imprima donc un certain nombre de propriétés qui le caractérisent spécialement, et en vertu desquelles il concourt, à sa manière, à tous les phénomènes qui se développent, se succèdent et s'enchaînent sans cesse dans l'Univers,... (1). »

En sa qualité d'organisme vivant, l'homme réalise, au moyen de l'intervention constante et nécessaire de son milieu, une série continue d'actes ou phénomènes biologiques, différant tous les uns des autres, et dont la totalité est la vie humaine.

---

(1) BICHAT, X., *Anatomie générale*, t. Ier, p. 2, Paris, 1821.

En analysant la vie dans son ensemble, nous constatons qu'elle comprend diverses manifestations distinctes, organiquement combinées entre elles. Parmi ces manifestations il en est de continues et de discontinues. Parmi ces dernières, les unes se produisent en quelque sorte régulièrement, à intervalles égaux, comme le sommeil et la veille, tandis que d'autres ne sont que des phénomènes ou des actes passagers et éminemment variables; ils sont en quelque sorte les accidents de la vie; leur variabilité résulte de l'action combinée de causes indépendantes les unes des autres et de l'extrême mobilité des conditions vitales.

Un fait indéniable est la continuité de la vie; l'homme change et se modifie sans cesse. Son évolution organique, depuis la naissance jusqu'à la mort, est constante; les états de veille et de sommeil se succèdent régulièrement, conformément aux alternatives du jour et de la nuit; en même temps s'exercent les fonctions corporelles, spirituelles et sexuelles; les unes sont continues, d'autres s'exercent avec des intervalles d'inaction. Pendant le jour s'exercent spécialement nos activités mentale et corporelle; elles sont plus ou moins conscientes et libres; elles comprennent nos travaux et en général, tout ce que nous *faisons* pendant le cours de la journée.

La biologie anthropologique est la science de la vie humaine.

La vie est le résultat de deux facteurs, de deux causes, de deux générateurs, à savoir : l'homme et son milieu. En effet, pendant le cours de sa vie, chaque individu est constamment soumis à un système universel d'influences directes et indirectes, immédiates et réflexes, qui à chaque instant se résolvent en une force capable de produire spontanément, comme cause, des phénomènes dont la nature humaine devient le siège. Cette force entrave ou favorise les diverses manifestations de la force vitale, selon le degré de réceptivité et de spontanéité de l'individu.

Assigner une cause extérieure à la vie, indépendante de la nature humaine, équivaut à reconnaître l'influence du milieu sur les actes et en conséquence, sur la nature de l'homme. Tous les auteurs sont d'accord sur ce point; mais l'accord cesse, lorsqu'il s'agit d'assigner une limite à ces influences. Mon intention est de ne pas aborder cette question pour le moment; je me contenterai de répéter ce que j'en écrivais dans les considérations préliminaires : j'admets la variabilité des espèces, dans les limites des lois fondamentales de leur organisation.

La vie de l'homme étant due à l'action combinée de la nature humaine et du monde extérieur, la biologie anthropologique comprend, outre la connaissance des phénomènes organiques considérés en eux-mêmes, abstraction faite des causes qui les produisent, l'étude de l'intervention de la nature humaine et de son milieu dans la production des phénomènes vitaux; celle des rapports réciproques qu'ont entre eux, les deux facteurs de l'activité humaine, ainsi que la détermination des conditions générales et spéciales relatives à leur état. Ils doivent réunir certaines conditions pour être à même de produire des phénomènes biologiques normaux (1).

La vie est l'organisme en action; elle est par conséquent inséparable de l'organisation. C'est l'ensemble des *effets* continus et successifs dont la nature humaine et le milieu sont les *causes*. L'existence et l'activité du milieu sont les *conditions invariables* de l'existence et de la vie de l'organisme humain. Les qualités que les causes de la vie humaine doivent nécessairement posséder pour être à même de produire des phénomènes vitaux *normaux*, sont les *conditions variables de la vie*. Elles sont internes et externes : les unes doivent être réunies par l'organisme vivant lui-même; les autres, par le milieu ambiant. Les conditions variables de la vie sont relatives à l'*état de la nature humaine*, telles que la constitution plus ou moins forte de l'individu, et à l'*état du milieu*, qui, par suite de l'insalubrité de son climat, par exemple, peut être inhabitable pour l'homme. Le rapport normal qui existe entre les conditions variables internes et externes de la vie humaine, ne peut être modifié que dans des limites fort étroites. Si ces limites sont dépassées ou ne sont pas atteintes, des troubles organiques se produisent et la santé s'altère. La mort survient dès que les limites de l'adaptabilité

_____

(1) Voir liv. Ier, chap. III, *La Mésologie*.

de la nature humaine au milieu sont dépassées.
« Les lois biologiques sont toujours identiques en
elles-mêmes, elles sont toujours les mêmes dans
leur essence et dans leur nature, mais leurs manifestations diffèrent selon les conditions dans lesquelles se produisent les phénomènes qui en sont
l'expression. Si ces conditions sont normales,
adaptées à l'organisation et à la vie de l'être, de
l'appareil, de l'organe, du tissu, de l'élément vivant,
le type physiologique se maintient; si elles ne le
sont plus, le type se modifie, et le mode morbide se
produit, mais encore une fois, ce mode ne se réalise
qu'en vertu même des lois générales de la vie et des
lois biologiques spéciales qui règlent le dynamisme
spécifique des éléments organiques, des organes,
des tissus, des appareils mis en rapport avec un
milieu qui ne leur est point adapté (1). »

Je pense que les lois internes et externes de
l'existence et de l'organisation de la nature humaine
sont *invariables*. Il est vrai que l'humanité progresse au moyen d'une évolution constante, dont la
science est le facteur essentiel. Mais l'homme ne
provient pas de l'animal, et, quel que soit le degré
de dégradation de certaines peuplades sauvages,
les individus qui en font partie, conservent toujours
les caractères fondamentaux de l'espèce humaine.
Il en est de même du milieu ambiant de l'humanité;
l'état de l'Univers se modifie sans cesse et semble

---

(1) SCHÜTZENBERGER et HECHT, *Lois en pathologie*, *Dictionnaire*
DECHAMBRE, 1re série, t. 3, p. 62.

ôtre en voie de progrès; cependant, son existence est immuable.

Il me semble donc que l'homme, de même que la plante et que l'animal, porte en lui, de par sa nature, le principe immuable de son individualité spécifique. L'organisme vivant varie soit par l'influence de sa propre nature, soit sous l'action du milieu dans lequel il se trouve, soit par les forces combinées de ces deux facteurs, mais il varie en conservant son identité individuelle et spécifique.

Les deux facteurs de la vie sont relativement indépendants l'un de l'autre; d'où il suit qu'ils interviennent à des degrés différents, pouvant varier d'un instant à l'autre, dans la production des phénomènes vitaux. L'influence du facteur externe est proportionnée au degré de réceptivité ou excitabilité de la nature de l'individu. La part d'intervention de chacun des deux facteurs augmente ou diminue nécessairement, selon le degré de réaction de l'autre. En général, tout phénomène biologique résulte de l'action combinée des deux facteurs de la vie, dont l'un peut favoriser ou entraver l'influence de l'autre, selon les degrés de spontanéité et de réceptivité dont ils sont respectivement pourvus. Ainsi s'expliquent les influences bonnes ou mauvaises des climats, et de même, celles des institutions politiques, des mœurs, des arts, sur les peuples et sur les individus. Ainsi s'expliquent également les exceptions que l'on rencontre, telles que la présence d'hommes énergiques dans des milieux énervants ; Stanley, pendant ses voyages, conservait toute sa puissance morale et physique, malgré les influences débilitantes de l'Afrique centrale. Tels sont aussi, dans un autre ordre d'idées, les exemples fournis par les hommes vertueux, vivant dans un milieu démoralisé, et parvenant par leurs leçons à améliorer leurs semblables. Tels sont plus encore, les martyrs de la science et de la foi, qui ont résisté aux influences et même aux violences extérieures, allant jusqu'aux tortures, jusqu'à la mort.

D'autre part, l'homme réagit sur un milieu, son habitat ; grâce à son industrie, il transforme parfois des contrées entières, en les assainissant et en les rendant propres à la culture.

La spontanéité et la réceptivité organiques de l'homme varient avec les différents états de sa nature, selon son développement et son activité antérieure. Tout acte modifie l'état de l'être qui le pose : la vie réagit sur l'organisme et par conséquent sur elle-même. En effet, la manière de vivre, en modifiant les forces ou seulement les dispositions de l'organisme, favorise ou entrave les manifestations vitales. Il faut tenir compte, bien entendu, des influences extérieures qui, elles aussi, peuvent être favorables ou défavorables, par suite de leur activité antérieure ou de celle de l'homme lui-même. Citons comme exemples, les états de santé et de maladie, de fatigue et de repos, de sommeil et de veille, les dispositions bonnes ou mauvaises, les habitudes, les aptitudes naturelles ou

acquises, combinées avec les conditions extérieures
de l'habitat, du climat et ainsi de suite.

« La fonction est l'effet de l'organe. Doctrine qui
n'exclut d'ailleurs en rien la réaction de la fonction
sur l'organe, si évidemment apte à se développer, à
s'atrophier, à se modifier, selon qu'il sera plus ou
moins et diversement exercé (1). »

En général, la manière de vivre a une influence
considérable sur l'organisme. Il en résulte que
l'homme a le pouvoir de s'améliorer lui-même,
d'être en quelque sorte l'artisan de son bonheur ou
de son malheur.

Je suis loin de méconnaître l'énorme pouvoir
des influences extérieures sur la vie humaine.
Néanmoins, ma conviction est que l'homme intelligent, honnête, courageux et persévérant, vient à
bout de tous les obstacles. Il m'a toujours paru évident que la vérité et la justice doivent triompher
du mal, mais la croyance à l'immortalité de l'âme et
à toutes ses conséquences est indispensable à cette
conviction.

Il est aisé de constater, pour peu que l'on se
remémore le passé, que la science, le droit, la
morale, l'industrie, l'art, les mœurs, progressent
en ce monde. Cependant l'évolution générale de
l'humanité peut être entravée *localement* et *temporairement* par des races, des nations et des individus dévoyés, qui se perdent de plus en plus dans la

(1) GEOFFROY SAINT-HILAIRE, Is., *Vie, travaux et doctrine scientifique
d'Etienne Geoffroy Saint-Hilaire*, p. 341, Paris, 1847.

dégradation. L'amélioration historique de l'humanité terrestre, prise dans son ensemble, me paraît
incontestable.

Et pourquoi la nature de l'homme ne pourrait-
elle s'affiner? La marche de l'industrie, par exemple, ne tient-elle pas du fantastique? N'en résulte-
t-il pas que l'agent de ce mieux incessant ne
peut agir qu'en vertu des progrès de sa propre
nature?

L'égoïsme pris dans le sens du légitime souci
de chacun pour son propre bien-être, n'est-il pas
une preuve de la tendance naturelle à l'homme
de s'améliorer lui-même? Si l'homme est immortel,
ce que je crois, la recherche de son bien-être, qui
est générale dans l'humanité, est une véritable
sélection individuelle, une réelle cause de progrès
dans l'organisation de chaque individu. L'inégalité
des hommes n'est-elle pas aussi une preuve de
la perfectibilité organique de l'espèce humaine?
L'individu est ainsi le facteur de son bonheur et
de son malheur. La possibilité de nous rendre
meilleurs, est donc juste et morale. C'est là, je
pense, la récompense du bien que nous faisons,
de même que la dégradation et l'avilissement sont
les conséquences directes du mal fait par l'homme.
N'est-il pas exact que le travail ennoblit l'homme
et que l'oisiveté le dégrade; celle-ci engendre les
vices; tandis que le labeur conduit au conten-
tement, au bonheur, à la vertu.

Il est de fait que l'usage rationnel favorise le
développement évolutif d'un organe. La vie ration-

nelle développe, fortifie et améliore l'homme. Celui qui étudie méthodiquement, s'instruit et développe ses facultés intellectuelles; par suite, il peut améliorer de plus en plus sa manière de vivre. Cette bienfaisante influence pourra s'étendre d'un individu à sa famille, dont l'état vigoureux et florissant est incontestablement le résultat de sa manière de vivre.

La perfectibilité de l'homme a les mêmes facteurs que sa vie: lui-même et son milieu. Mais l'individu est nécessairement de beaucoup le facteur le plus important, puisqu'il appartient à chacun de tirer parti des conditions plus ou moins favorables dans lesquelles il se trouve placé, soit par sa naissance, soit par suite de son activité antérieure, combinées avec les influences du milieu.

Il est fort difficile d'établir dans ses détails, la part d'intervention qui revient exactement à l'homme lui-même, pour ce qui concerne sa valeur individuelle, étant données les dispositions heureuses ou malheureuses avec lesquelles nous naissons; mais, la situation bonne ou mauvaise de chacun est conforme à la justice, si elle est la conséquence de sa manière de faire dans une vie antérieure à celle-ci. Il y a là un argument très sérieux en faveur de l'immortalité de l'âme.

L'homme ne s'occupe généralement que d'une spécialité; son développement n'est donc favorisé par lui, que dans les limites de la sphère d'action où il est confiné; pour ce qui concerne toutes les autres branches de l'activité humaine, il vague dans le courant général de la vie et c'est là que les influences extérieures sont toutes-puissantes.

Il en résulte que la grande majorité des individus d'une société humaine se modifient de la même manière ; de là, l'uniformité des habitants et des mœurs d'un pays à une époque quelconque.

Comme cause interne de la vie, la nature humaine est une *force*, la *force vitale* ou *force organique*.

La cause externe de la vie est l'ensemble des forces du milieu ambiant de l'humanité qui agissent sur chacun de nous.

La force vitale n'est pas une propriété extrinsèque, ajoutée à l'organisme vivant ; elle est simplement la capacité ou le pouvoir que celui-ci possède, de par son organisation elle-même, de produire des phénomènes biologiques.

Tout phénomène étant un changement quelconque dans l'état d'une chose, la *force* n'est que cette même chose, considérée comme étant la cause du phénomène, si, bien entendu, il n'est pas dû à l'action d'une force extérieure.

Tout phénomène qui émane directement de nous est *spontané* : il a notre nature pour *cause initiale*. D'autres phénomènes sont *réceptifs*, parce qu'ils résultent de l'action des forces extérieures sur notre nature. Par *réceptivité* ou *excitabilité*, nous désignons donc la qualité que possède un être organisé et même une chose quelconque, d'être susceptible de recevoir les influences de son milieu, influences qui se résolvent par la production de phénomènes.

Toute chose est sensible aux forces extérieures, conformément à sa nature. La température d'une pièce de fer, par exemple, varie avec celle de son milieu. La *continuité* de l'Univers a pour conséquence la tendance à l'équilibre des forces, dont les choses limitées sont pourvues en vertu de leur nature particulière; mais le caractère individuel plus ou moins grand de chacune d'elles, empêche l'état d'équilibre parfait, qui mettrait fin aux réactions réciproques. Cependant les tendances à obtenir cet état se manifesteront toujours, en vertu de l'activité inhérente à la nature des êtres et des choses que l'Univers contient.

La réceptivité ou excitabilité n'appartient pas exclusivement à l'être organisé. Toute chose est active; en conséquence, toute chose est un milieu qui exerce son action dans un rayon proportionné à la puissance et à l'essence de la force dont elle est pourvue : en ce qui concerne les astres et les solides en général, leur force attractive est exprimée par la loi de la gravitation : tous les corps s'attirent entre eux en raison composée des masses et en raison inverse du carré des distances,

L'activité de l'être vivant varie selon son évolution organique et selon son état de santé ou de maladie, avec ses dispositions bonnes ou mauvaises, et ainsi de suite; le degré de spontanéité et de réceptivité de sa nature est également instable. Il en est tout autrement des objets purement matériels; toutes choses égales, leur action est toujours la même; il en résulte que les effets de leur force peuvent être exactement prévus et calculés.

Ce que nous venons de dire de l'organisme vivant en général, est vrai de chacun de ses organes en particulier. Chaque élément est réceptif et spontané, suivant sa propre nature, le degré de son développement et l'état dans lequel il se trouve.

Nous sommes donc amenés à dire, qu'il existe dans l'organisme vivant, autant de vies distinctes ou plutôt de manifestations distinctes de la vie, qu'il y a d'organes différents. Toutes ces manifestations se résolvent en quelque sorte, à chaque instant, les unes dans les autres, pour constituer un *état* de l'organisme. Chacun de ces états est une situation de la nature humaine, qui est la synthèse de tous les phénomènes biologiques distincts, réalisés en un moment donné. L'état de l'homme se modifie sans cesse; les états se succèdent d'une manière permanente et nécessaire; quoi qu'il fasse, l'homme change, c'est-à-dire se modifie d'instant à instant.

Les modifications successives de l'homme pendant le cours de la vie, ne détruisent pas l'unité fondamentale et essentielle de celle-ci, parce que le changement est continu et que l'identité de l'homme persiste, malgré l'indéfinie variété d'états que traverse sa nature.

L'homme subit toutes les phases de son évolution,

de la conception à la mort, en maintenant intact le
caractère individuel de son organisation et de sa
vie. En effet, chacun de nous reste toujours le
même individu. Vivre est donc à la fois *changer* et
demeurer le même; « si un être organisé, bien
qu'entièrement renouvelé dans sa substance et
complètement transformé, reste pourtant *le même
individu*, il y a nécessairement en lui quelque chose
de supérieur à toutes ces combinaisons qui le constituent tour à tour, à toutes ces apparences sous
lesquelles il se présente à nos regards (1). »

Entre les phénomènes biologiques existe un
rapport de continuité, sous la forme du *temps :* c'est
la loi de succession, inhérente à l'activité et à la
vie de toutes les choses limitées comprises dans
l'Univers, et de l'Univers lui-même.

Le passage d'un état à un autre peut être *fatal* ou
être *volontaire.* La succession est nécessaire entre
les phénomènes corrélatifs ou actes réflexes; elle
est *libre*, entre les phénomènes spontanés, qui sont
conscients.

Le rapport de succession nécessaire qui existe
entre certains phénomènes, a fait croire à beaucoup
d'auteurs anciens et modernes, que l'homme n'est
pas libre; en ce sens que tout phénomène est la
conséquence de celui qui le précède immédiatement
dans la vie, et la *cause* de celui qui le suit. Il n'en
est rien, un acte n'est jamais *cause*, puisqu'il est

---

(1) GEOFFROY SAINT-HILAIRE, Is., *Histoire naturelle générale*, t. II,
p. 87.

effet. Mais la production d'un acte peut amener fatalement l'organisme à produire un acte ultérieur, lié au précédent. La loi de succession n'est en réalité que la continuité de l'activité organique ou individualité de la vie, qui est la conséquence de l'individualité de la nature humaine.

La continuité de la vie devient manifeste lorsqu'on se rapporte au passé. Il n'est pas possible, en effet, d'admettre une interruption, soit dans sa propre vie, soit dans l'histoire de l'humanité ou de l'Univers.

Puisque la vie est le mode d'activité des êtres organisés, elle varie selon la nature de l'être qui la manifeste. La vie a ses degrés; ceux-ci correspondent aux degrés d'organisation des êtres vivants.

On peut définir la vie en général, *une activité organisée selon la nature de l'être qui la manifeste et le milieu dans lequel elle s'écoule.*

La vie humaine est une activité organisée d'après les lois fondamentales de la nature humaine : à l'unité ou indivisibilité de l'homme correspond l'*évolution organique;* à sa dualité correspondent la *vie spirituelle* et la *vie corporelle;* à son harmonie correspond la *vie sexuelle.*

Considérant la vie en elle-même, comme série de phénomènes biologiques, abstraction faite, par conséquent, de la nature de l'être qui la manifeste, avec l'intervention de son milieu ambiant et selon les conditions qu'elle exige pour être produite d'une façon normale par ses facteurs, nous constatons que

la vie est une activité organisée, c'est-à-dire comprenant, relativement distinctes, diverses séries de
phénomènes biologiques, organiquement combinées
entre elles, de même que la nature humaine comprend des groupes ou systèmes partiels d'éléments
organiques, naturellement combinés entre eux.

Le développement de l'homme ou évolution organique de la nature humaine, commence à la fécondation de l'ovule et se termine à la mort. En effet,
l'homme ne varie pas seulement dans sa manière de
faire, mais aussi dans sa manière d'être. La nature
humaine se transforme sans cesse, tout en restant
la même : ovule d'abord, l'homme subit les phases
de la vie embryonnaire ; puis celles de la vie fœtale ;
séparé de sa mère, à l'état d'enfant, l'homme devient
successivement adolescent, adulte et enfin vieillard,
tout en manifestant des actes, en rapport avec le
degré d'évolution auquel sa nature est parvenue. A
l'évolution est due l'apparition successive dans
l'ovule, de tous les éléments organiques qui entrent
dans la constitution de l'individu adulte. Chacun
de ces éléments devient à son tour le siège d'une
évolution spéciale, conforme à sa nature particulière.

Le résultat de l'évolution est l'adaptation de la
nature humaine, à l'accomplissement de toutes les
autres fonctions vitales, nécessairement subordonnées à l'évolution organique.

Le passage d'un état à l'état voisin est insensible,
parce que l'évolution se produit d'une manière continue et non par bonds successifs. Une différence

entre deux états n'est appréciable, que si ces états sont assez éloignés l'un de l'autre dans la série d'évolution, pour être comparés entre eux.

L'évolution est indépendante de la volonté; l'homme ne peut ni arrêter, ni remonter, ni précipiter le cours des âges; cependant, la manière de vivre réagit sur l'évolution, en l'entravant ou en la favorisant.

A l'évolution de la nature humaine se rattache la *sélection naturelle*, que Darwin a mise en relief et qu'il définit de la manière suivante : « J'ai donné le nom de *sélection naturelle* ou de *persistance du plus apte*, à cette conservation des différences et des variations individuelles favorables à cette élimination des variations nuisibles. Les variations insignifiantes, c'est-à-dire qui ne sont ni utiles ni nuisibles à l'individu, ne sont certainement pas affectées par la sélection naturelle et demeurent à l'état d'éléments variables, tels que peut-être ceux que nous remarquons chez certaines espèces polymorphes, ou finissent par se fixer, grâce à la nature de l'organisme et à celle des conditions d'existence (1). »

La sélection naturelle est donc en réalité, d'après Darwin lui-même, *la tendance au progrès individuel et spécifique*, inhérente à la nature de tous les êtres vivants et probablement à la Terre elle-même. A ce compte, je suis darwiniste ; mais qu'il y a loin de là, à la transmutabilité spécifique ! (2)

(1) DARWIN, CH., *L'Origine des espèces*, p. 86, Paris, 1887.
(2) Voir Introduction, § 1er, *Considérations préliminaires*.

L'évolution organique est le trait caractéristique de la vie, parce que chaque degré de l'évolution ou âge, a un temps défini et un enchaînement nécessaire avec le précédent et avec le suivant, tandis que l'état d'un corps inorganique est indéfiniment durable, les influences extérieures et les conditions internes restant les mêmes dans les deux cas.

La science qui traite de l'évolution organique de la nature humaine, évolution qui commence à la conception et se termine à la mort, comprend l'*embryologie*, science de l'évolution embryonnaire, qui commence à la conception et se termine à la naissance.

Déterminer comment et quand procèdent, de l'ovule fécondé, les éléments organiques qui constituent la nature humaine à la naissance, tel est le problème fondamental de l'embryologie, à condition qu'il soit suffisamment tenu compte de la part d'intervention du milieu ambiant de l'ovule, de l'embryon et de l'enfant avant sa naissance. Mais la période d'évolution qui s'étend de la conception à la naissance, n'est évidemment que la première phase de l'évolution complète, laquelle se continue jusqu'à la mort; l'embryologie n'est donc qu'une partie de la science de l'évolution organique de la nature humaine pendant le cours de la vie.

De grands progrès ont été réalisés depuis quelques années, en embryologie. Pourra-t-on jamais suivre le développement moral de l'homme jusqu'à la naissance? A partir de ce moment, le développement de l'esprit et du corps suit la même marche, d'abord ascendante d'après la *loi d'intégration*. Cependant le développement de l'esprit est indépendant de celui du corps, en raison de l'indépendance relative de leur nature. En effet, la force morale est souvent, au double point de vue qualitatif et quantitatif, l'inverse de la force corporelle, de même que chez certains hommes, l'esprit a un développement précoce ou tardif par rapport à celui du corps.

L'esprit et le corps étant dans un rapport de conditionnalité, l'évolution normale de l'homme exige un développement parallèle de ces deux éléments.

Après la période harmonique, pendant l'âge adulte, la nature humaine continue son évolution d'après la *loi de dissolution*, jusqu'à la mort.

Pendant son évolution, la nature humaine est le siège de deux séries distinctes, mais coordonnées, de phénomènes : l'une est la vie spirituelle, l'autre, la vie corporelle.

Lorsque, par son évolution, l'homme est parvenu à son développement complet ou état adulte, il participe à l'œuvre de la conservation de l'espèce, en manifestant une nouvelle série d'actes.

L'homme amoureux se trouve dans un état organique qui se manifeste par un impérieux besoin d'union sexuelle, indépendant et spécial, comme effet de l'organisme vivant, entièrement développé ou arrivé à l'état de puberté. Celui-ci affecte l'individu complet, quoique au point de vue physiologique, il se manifeste principalement dans certains organes.

Au point de vue spirituel, l'amour se révèle parfois d'une façon tellement violente, qu'il annihile
les plus nobles pensées et les sentiments les plus
élevés de l'âme. Il domine alors à tel point toutes
nos facultés et même tout notre organisme, que la
volonté ne s'applique plus qu'à la satisfaction d'une
passion arrivée à son paroxysme, qui jette le trouble
dans toute l'économie humaine, jusqu'au point de
provoquer des actes empreints de démence, tels
que le suicide et l'assassinat.

L'homme doit maintenir l'équilibre entre toutes
les manifestations relativement distinctes de sa vie,
parce que de l'équilibre fonctionnel dépend, en
grande partie, l'équilibre organique. L'art de vivre
consiste à établir et à maintenir à tout instant,
l'harmonie entre tous les besoins et toutes les tendances de la nature humaine.

Le phénomène initial de la vie actuelle paraît être
la conception ou combinaison organique de deux
éléments vivants : l'un, femelle, l'*ovule;* l'autre,
mâle, le *spermatozoïde.* La conception suscite, en
effet, l'entrée en action d'une force vitale latente.
Le phénomène final est la mort.

La conception n'est pas une création ou production d'un être nouveau par le père et la mère.
L'homme ne crée pas, mais il transforme, grâce à
l'intervention du milieu ambiant, qui lui fournit
une partie des conditions nécessaires à sa vie
sexuelle. L'homme est le milieu par rapport à la
femme; la femme, par rapport à l'homme. Nous
avons vu qu'il y a corrélation entre les organismes

vivants : il faut l'union des sexes pour perpétuer l'espèce.

L'homme a le pouvoir de se tuer, bien qu'il ait le devoir de respecter sa nature et sa vie. Quant à ses semblables, l'homme a, jusqu'à un certain point, le pouvoir de les faire naître ou de les tuer, mais non celui d'annihiler un être existant ou de créer un être nouveau. L'homme provient, tant au point de vue moral que corporel, de la cellule-germe ou ovule; or, celui-ci existe et vit dans l'ovaire, antérieurement à la conception. L'union des parents est donc simplement la cause d'une modification de la nature et de la vie de l'ovule, mais non la cause de l'existence même de l'enfant.

Qu'on me permette à ce sujet de citer le principe de continuité d'Aristote, formulé par Leibnitz : « Rien ne se produit qui ne naisse d'un état antérieur, rien qui n'ait sa liaison avec le passé et ses conséquences dans l'avenir. » Ce principe me paraît incontestable, lorsqu'il s'agit de l'existence d'un organisme vivant.

Dès qu'il est fécondé, l'ovule acquiert une vie propre; la mère n'est plus, à partir de la conception, que la cause externe de la vie de l'être qu'elle porte dans son sein, en lui fournissant, entre autres choses, les substances nutritives qui conviennent aux divers degrés de développement qu'il parcourt pendant son séjour dans l'utérus.

A partir de la naissance, pendant la période de l'allaitement, l'enfant s'affranchit de plus en plus de la mère; cependant, il reste plus ou moins directement soumis à l'influence de ses parents pendant la durée de la jeunesse.

‹ Quoique la vie humaine soit le résultat de l'action combinée de deux forces, dont l'une est inhérente à notre nature et l'autre à notre milieu, elle dépend cependant plus de la première que de la seconde. L'être vivant possède en lui-même, inhérente à sa nature, l'aptitude de vivre, c'est-à-dire qu'il est doué d'une force vitale, qui lui est propre et qui le rend en conséquence relativement indépendant du milieu ambiant; témoin la mort, qui survient bien que le milieu n'ait pas changé.

Nous avons déjà dit qu'un phénomène est un changement quelconque de l'état d'un être et que la force est la faculté que possède cet être, en vertu de son organisation et de l'intervention de son milieu, de produire des phénomènes. La force n'est donc, en réalité, que la nature de l'être, considérée comme cause des phénomènes dont elle est le siège.

Les termes *nature* ou essence, *vie* ou activité et *force*, représentent en conséquence le même objet, considéré à trois points de vue différents. Il en est de même des termes *matière, mouvement* et *force physico-chimique* : la matière est l'essence, dont le mouvement est l'activité, et la force physico-chimique est la capacité ou pouvoir d'agir, d'être en mouvement.

La conception provoque les premières manifestations de la force vitale que nous connaissons. A mesure que l'ovule se développe, la force dont il est doué se complique dans ses manifestations.

ti

La formation des tissus et des organes nous en offre un exemple (1). Mais ce n'est qu'à partir de la naissance, en raison de l'augmentation d'indépendance que l'enfant acquiert à ce moment, que la force vitale s'épanouit complètement, surtout au point de vue moral et au point de vue sexuel, en suivant une marche graduelle, qui indique les âges de la vie. Cette marche est ascendante jusqu'à trente, trente-cinq ans, âge auquel l'homme atteint son maximum de force, correspondant au développement intégral de sa nature. Ensuite apparaît, après un état stationnaire plus ou moins long, la marche décroissante de la force vitale, depuis la vieillesse jusqu'à la mort.

A chacune des divisions organiques de la nature humaine et par conséquent aussi de la vie, correspond une division naturelle de la force vitale. La force vitale est organisée : elle est un système naturel de forces corrélatives.

Dans l'organisation de la force vitale, nous avons, comme unité, *la force d'évolution*. Comme dualité, *la force corporelle* et *la force spirituelle*. Comme harmonie du système de la force vitale, *la force génératrice*. Celle-ci est la cause de l'inclination qui pousse l'homme à s'unir à la femme et la femme à s'unir à l'homme, pour constituer la famille.

Chacune des forces organiques comprises dans la force vitale, est la cause relativement indépendante

---

(1) Voir KÖLLIKER, A., *Entwickelungs Geschichte des Menschen und der höheren Thiere*, Leipzig, 1879.

d'une série distincte de phénomènes biologiques; l'organisation de la vie correspond, terme pour 'terme, à l'organisation de la force vitale.

La force d'évolution est celle qui, par son action, amène graduellement l'être, en lui faisant traverser une série déterminée de transformations, de l'état d'ovule à l'état parfait, sous lequel il est pourvu de toutes les propriétés du type de l'espèce à laquelle il appartient. Non seulement la force d'évolution est la cause du développement de l'organisme vivant, mais encore elle appelle pour ainsi dire successivement à l'activité toutes les autres forces dont l'organisme vivant est pourvu : ces forces étaient restées latentes jusqu'au moment où la force d'évolution était venue provoquer leur entrée en action (1). La force d'évolution rend tous les éléments organiques propres à réaliser leurs manifestations spéciales, après avoir opéré leur développement. La force d'évolution est donc la principale des forces combinées qui constituent la force vitale. Elle trouve dans chacune d'elles, une force concomitante, sur laquelle et avec laquelle elle agit et qui réagit sur elle, en raison de la loi des connexions organiques : *tout est uni et tout agit et réagit sur tout, dans un organisme vivant.*

La force d'évolution est enfin cette puissance individuelle de transformation, inhérente à la nature de chacun, en vertu de laquelle tout homme

---

(1) Voir TIEDEMANN, F., *Physiologie*, traduite par Jourdan, p. 412, Paris, 1831.

manifeste une activité biologique qui lui est propre. Cette force consiste à développer l'homme selon le type de son espèce, comme, aussi, de sa race et de sa famille; elle lui conserve pourtant son caractère individuel, malgré sa manière de vivre et les influences du milieu ambiant, qui non seulement diffèrent d'un endroit à un autre, mais aussi d'époque à époque.

LIVRE PREMIER

CHAPITRE II

§ 2. *C.* — LOIS FONDAMENTALES INTERNES DE LA VIE ET DE LA FORCE HUMAINES (I).

Les lois biologiques sont les manières constantes dont s'accomplissent les diverses manifestations de la nature humaine. Ces lois règlent la production, la marche, la durée et la terminaison des phénomènes vitaux, et aussi l'évolution organique de la nature humaine, en vertu de l'action combinée de l'homme et du milieu ambiant de l'humanité. Elles dérivent donc de la nature humaine, d'une part, et de l'essence de son milieu, d'autre part.

Pour connaître la vie, il ne suffit pas d'observer les phénomènes vitaux, c'est-à-dire de les constater et de les déterminer *en fait*; il faut encore en découvrir les lois et les causes, afin de pouvoir *comprendre et expliquer* la vie, de se rendre compte de sa raison d'être et de la manière dont elle est produite par ses facteurs.

---

(1) Lire le remarquable article de SCHÜTZENBERGER et HECHT, *Lois en pathologie*, dans le `Dictionnaire` DECHAMBRE, 2ᵉ série, t. 3, p. 50, Paris, 1870.

En biologie, on désigne par *lois fondamentales*, les rapports généraux de causalité qui règlent la production des phénomènes vitaux.

Nous avons vu que la vie humaine est le résultat ou effet de deux facteurs : l'homme et son milieu. Les lois fondamentales de la vie sont donc l'expression des rapports qui existent entre les phénomènes biologiques et leurs causes. Elles indiquent comment se produisent les phénomènes dont la nature humaine est le siège; en d'autres termes, une loi de la vie est la manière constante dont s'exerce l'un des facteurs de l'activité humaine. « C'est cette prévoyance des choses éventuelles, cette attente des choses possibles, c'est la prédisposition à ce qui doit arriver, qui nous imprime la notion de loi et de cause (1). »

Les lois générales de la vie règlent l'activité de l'organisme complet. Nous ne nous occuperons qu'incidemment de ses lois spéciales; celles-ci se rapportent exclusivement à l'activité particulière d'un organe corporel ou d'une faculté spirituelle L'étude de ces lois est donc du domaine de la physiologie humaine et de la psychologie biologique de l'homme.

Comme nous venons de le dire, il ne suffit pas de constater et de classer les différents phénomènes biologiques pour connaître la vie; il faut aussi comprendre la vie en général et chacun des phénomènes

(1) HERSCHELL, J. F. W., *Discours sur l'étude de la philosophie naturelle*, Paris, 1834.

en particulier, afin de pouvoir se rendre compte de leur raison d'être et de leur mode de production. Or, la façon d'arriver à ce résultat, est de rattacher les phénomènes vitaux à leurs causes, au moyen des lois qui les régissent et des conditions nécessaires et suffisantes à leur production.

Les lois de la vie humaine peuvent être reconnues, soit au moyen de généralisations basées sur la statistique des phénomènes vitaux, soit en les déduisant de lois biologiques plus générales, soit, enfin, en constatant directement ces lois en elles-mêmes, en *fait*, par l'observation des phénomènes biologiques.

L'emploi de ces trois procédés méthodiques distincts est indispensable pour élaborer et arriver à constituer la science de la vie humaine. Les difficultés d'application de ces méthodes sont fort grandes à cause de la complexité des phénomènes biologiques, due aux modifications permanentes de leurs facteurs générateurs. De ces modifications constantes de la nature humaine d'une part, et de son milieu d'autre part, résulte l'excessive mobilité des conditions dans lesquelles les phénomènes vitaux sont produits.

Les résultats du premier de ces procédés méthodiques nous sont fournis par les physiologistes et les psychologues qui se livrent à l'observation des phénomènes biologiques, complétée et contrôlée, autant que faire se peut, par l'expérimentation.

Ces résultats, nous les comparons aux déductions basées sur l'organisation de la nature humaine, dans notre conviction qu'il doit nécessairement

exister analogie entre la nature d'un être et l'activité qu'il manifeste dans son milieu. « Le rapport
des propriétés, comme causes, avec les phénomènes,
comme effets, est un axiome presque fastidieux à
répéter aujourd'hui en physique et en chimie; si
mon livre établit un axiome analogue dans les
sciences physiologiques, il aura rempli son but (1). »

Des effets produits sur nous par le milieu ambiant
de l'humanité, nous pouvons donc conclure, et conclure avec certitude, à la nature de celui-ci : conséquence capitale pour la science en général, puisque
des différents objets qui nous affectent, nous ne
percevons directement que l'impression.

Des impressions morales et physiologiques que
nous avons pendant le cours de la vie, à condition
toutefois qu'elles aient une cause extérieure, nous
pouvons conclure à l'existence d'éléments moraux
et corporels dans le milieu ambiant de l'humanité,
et, par conséquent, pour celle-ci, à une organisation
nécessairement supérieure à la nôtre. Nous ne nous
arrêterons pas à cette question; elle a déjà été
soulevée dans les *Considérations préliminaires*.

Quant aux phénomènes soi-disant *exceptionnels*,
nous n'y croyons pas plus qu'aux *êtres exceptionnels*.
Le fait inexpliqué révèle simplement l'imperfection
de la science, qui est notre œuvre, qui est et sera
probablement toujours en voie de progrès, c'est-
à-dire incomplète. L'exception n'est qu'un fait provisoirement inexplicable; elle n'infirme en rien la

---

(1) BICHAT, X., *Anatomie générale*, Préface.

réalité, la généralisation et la permanence des lois
biologiques et des lois en général, mais elle indique
de nouvelles voies à la science (1). Chacune des
manifestations biologiques variant nécessairement
selon les conditions dans lesquelles elle est produite, il se fait que des conditions qui se rencontrent
par hasard, c'est-à-dire par une coïncidence de
causes indépendantes les unes des autres, ont donné
lieu à un cas rare, et celui-ci a été pris pour un cas
exceptionnel.

La nature des influences extérieures auxquelles
l'homme est soumis, est nécessairement en rapport
avec la nature humaine, puisque celle-ci doit être
apte à recevoir les différentes actions extérieures,
c'est-à-dire être douée d'une excitabilité ou réceptivité conforme au milieu dans lequel l'homme existe
et où il doit vivre. Les lois fondamentales de la vie
humaine sont donc analogues à celles de l'organisation de la nature de l'homme.

Il est à remarquer qu'une distinction précise est
fort difficile à établir entre les diverses forces
externes qui interviennent dans la production des
actes vitaux. Il importe surtout d'admettre que
l'action de chacune d'elles peut être le point de
départ de phénomènes organiques, dans lesquels
interviennent, non seulement les autres forces
externes, en raison de la corrélation naturelle et
nécessaire qui existe entre elles, mais aussi les
forces propres à la nature humaine.

---

(1) Voir le *Post-scriptum* à la fin de l'ouvrage.

La part d'action émanant de notre nature, qui, elle aussi, est pour les autres un milieu doué de force, est généralement méconnue par les auteurs modernes, qui, posant en principe l'action exclusive du milieu ambiant dans la vie humaine, en sont arrivés à nier la liberté et la responsabilité. Tout honnête homme suffisamment éclairé protestera contre semblable théorie, dont les conséquences, en ce qui concerne la droiture, la moralité et en général, les progrès de la civilisation, sont hautement déplorables. Méconnaître la liberté et la responsabilité de l'homme équivaut à confondre le mérite et le démérite, le bien et le mal, les institutions bienfaisantes et les lois oppressives ou rétrogrades.

a) Loi de l'unité de la vie ou de l'évolution organique de la nature humaine.

La loi de l'unité de la vie est l'évolution de la nature humaine. L'évolution réalise une série d'états organiques distincts, plus ou moins durables, réunissant chacun des conditions spéciales corporelles, morales et sexuelles, apparaissant successivement, à des époques fixes et dans un ordre déterminé et préétabli. Chacun de ces états continue naturellement de celui qui le précède immédiatement et prépare celui qui le suit. Dans cette évolution, il n'y a pas, entre les différents états, de succession volontaire, comme entre certains actes physiologiques et moraux; mais il y a développement graduel et déterminé, que nous pouvons seulement entraver ou favoriser par l'observance des lois de l'hygiène et par l'instruction.

L'ovule fécondé devient successivement embryon, enfant et homme, grâce à la force d'évolution qui lui est propre et aux forces extérieures. Par le concours de ces deux facteurs, la nature humaine réalise une série d'états ou stades de développement rigoureusement continus, s'enchaînant les uns aux autres dans un ordre fixe et préétabli, d'abord progressif, puis stationnaire et enfin régressif.

Pendant la première période de l'évolution, a lieu le développement intégral de la nature humaine, d'ovule à homme fait; durant la dernière, la décrépitude; la période intermédiaire se caractérise par le complet épanouissement de la nature humaine et de la vitalité. L'évolution comprend elle-même, comme loi de la vie, une dualité interne, représentée par la loi d'intégration et par la loi de dissolution, qui s'harmonisent dans la loi d'après laquelle l'organisme vivant existe, pendant un laps de temps plus ou moins long, à l'état adulte.

Inutile d'insister sur l'absolue nécessité de la loi de l'évolution organique, qui préside dans le cours de la vie à la succession fatale des âges, en raison des conditions dans lesquelles la vie est produite par l'organisme et son milieu.

Nous avons vu que cette évolution, comme loi de la vie, correspond à la loi de l'unité organique de notre nature. De même que celle-ci s'applique à tous les organes, l'évolution est réalisée par toutes les fonctions. La loi de l'évolution se répercute pour ainsi dire, de l'ensemble de l'organisme dans chacun de ses éléments, les uns passagers et transitoires, les autres fonctionnant au cours de toute la vie. Il y a dans chaque organe et dans chaque fonction, une évolution constante, ayant sa période croissante, stationnaire et décroissante.

Ce caractère de l'évolution, à états fixes de commencement et de fin, séparés par un état complet intermédiaire, réalisant l'individu sous des faces multiples, appartient en propre, comme nous l'avons déjà fait remarquer, aux êtres vivants. Les cristaux, par exemple, comme les êtres vivants, ont leur plan particulier de formes géométriques; ils sont capables de les rétablir, lorsque ces formes ont été altérées par une cause quelconque. On sait ce qui arrive, lorsqu'un cristal brisé est replacé dans son eau mère; non seulement il s'agrandit dans tous les sens, mais un travail très actif a lieu sur la partie déformée, travail qui aboutit au rétablissement de la forme géométrique propre au cristal.

Il est évident que les forces physiques qui modifient et cicatrisent en quelque sorte le cristal, ne sont pas identiques à la force vitale qui fait évoluer l'ovule. Par une série déterminée de différenciations successives, tant internes qu'externes, la force vitale fait de l'ovule un être, qui, après avoir atteint le degré de son développement complet, décline, meurt et disparaît. L'équilibre des forces d'un organisme vivant se rompt constamment et de lui-même, tandis que l'équilibre des forces d'un corps brut est stable, tant que les forces extérieures ne le rompent pas.

D'autre part, l'organisme vivant, et surtout l'homme, est capable de modifier, en connaissance de cause, l'action de sa force, en l'augmentant ou en la diminuant dans certaines limites; le corps brut ne le peut en aucun cas; son action est toujours la même dans les mêmes circonstances.

L'évolution se manifestant à la fois dans la nature, dans la fonction et dans la force de chaque élément organique, est donc la fonction la plus générale comprise dans la vie. Toutes les fonctions particulières sont subordonnées à l'évolution et coordonnées entre elles. L'évolution particulière à un élément organique est proportionnée au degré de subordination dans lequel il se trouve par rapport à l'évolution générale; de ce rapport dépendent le moment de son apparition et de sa durée, ainsi que le mode et le degré de son activité particulière, qui est son intervention dans la vie.

La loi de l'évolution organique règle donc sous tous les rapports le développement de l'homme. Elle comprend en conséquence, *les lois de l'espèce, de la race, de la famille et de l'individu*, en ce sens qu'elle détermine chez chacun la réalisation du type humain, de celui de la race, de la famille et des parents de l'individu. Elle détermine enfin les *caractères individuels*, propres à chaque homme, qui le distinguent de tous les autres membres de l'humanité.

b) Loi de la dualité de la vie ou des activités corporelle et spirituelle de la nature humaine.

Pendant son évolution, la nature humaine est le siège de deux séries corrélatives de phénomènes biologiques, l'une, l'activité propre à l'esprit, l'autre, propre au corps.

La corrélation de la vie morale et de la vie corporelle est la conséquence de la connexion organique directe de l'esprit et du corps dans l'unité de la nature humaine.

L'esprit agit sur le corps et, réciproquement, le corps sur l'esprit. L'activité de l'un est la condition de l'activité de l'autre; mais, comme ils sont organisés tous deux, c'est-à-dire que la nature de chacun comprend une variété interne d'éléments organiques diversement combinés, selon leur essence corporelle ou spirituelle, il en résulte que tel organe du corps agit plus ou moins directement sur telle faculté de l'esprit, et inversement. Cette action se produit en raison de la connexion organique directe ou correspondante qui existe entre les éléments dont il s'agit. De là, la succession possible ou nécessaire qui s'établit entre des phénomènes de la vie morale et de la vie corporelle. Les phénomènes réflexes, c'est-à-dire à succession nécessaire, émanent d'organes à connexion directe, tandis que les phénomènes à succession possible ou intermittente, sont dus à des organes à connexion indirecte.

Nous venons de rappeler les relations organiques qui existent entre l'esprit et le corps, par suite de leur combinaison organique, et de même celles que l'on constate entre les différents organes du corps et les diverses facultés de l'esprit. Il suit de là, d'une part, que tel phénomène corporel se répercute spécialement dans telle faculté de l'esprit, en provoquant en elle la formation d'un phénomène réflexe, et que, d'autre part, telle émotion subite modifie les battements du cœur, la respiration et la transpiration, par exemple.

Des faits analogues se constatent dans la vie physiologique et dans la vie psychique. En effet, certains phénomènes corporels sont suivis de phénomènes réflexes, qui ont pour sièges des organes du corps; nous constatons de même l'enchaînement fatal de certaines émotions dans la vie morale. Des liens biologiques semblables existent, dans la vie en général, entre les manifestations morales et corporelles; dans la vie corporelle, entre des phénomènes physiologiques; dans la vie spirituelle, entre des phénomènes psychiques.

Dans l'organisme spirituel, la connexion organique est directe entre la pensée et le sentiment : nous ne saurions songer à un objet sans en être plus ou moins ému et, d'autre part, dès que nous sommes affectés par une chose, d'une façon agréable ou pénible, cette chose nous préoccupe et se présente avec ténacité à la pensée; nous faisons parfois de vains efforts, pour ne pas nous rappeler un fait qui nous a vivement ému.

Nous constatons une connexion analogue dans l'organisme végétatif, entre l'organisme vasculaire et l'organisme cellulaire; aussi, les fonctions respectives de ces organismes, d'une part, la circulation des aliments, du sang et des excréments, de l'autre, l'assimilation, la rénovation cellulaire des tissus et la désassimilation, sont-elles corrélatives les unes des autres. Il n'en est pas ainsi de l'organisme vasculaire et de celui de la motricité; la connexion de ceux-ci est indirecte au point de vue de leur nature respective, et intermittente au point de vue de leurs fonctions. En effet, les phénomènes qu'ils manifestent ne sont pas dans un rapport nécessaire de succession; cependant, une connexion organique directe peut s'établir momentanément entre eux, par l'intermédiaire du milieu ambiant, comme pendant les repas, et aussitôt la corrélation directe de leurs fonctions se réalise.

Il en est de même entre l'organisme vasculaire et celui de la sensibilité; leur connexion organique est correspondante. Cependant, la vue d'un mets fait parfois venir « l'eau à la bouche », et le besoin de nourriture se fait sentir par la production des sensations de faim et de soif.

Les modifications des corrélations fonctionnelles sont régies par une loi, que l'on pourrait appeler loi des variations dans les corrélations fonctionnelles, ou de la variété des influences réciproques des phénomènes biologiques les uns sur les autres.

Les combinaisons organiques intermittentes d'organe à organe, produisent des phénomènes biolo-

giques très complexes ; tels sont certains cauchemars. Le cauchemar résulte souvent d'un excès de
nourriture ou de boisson fait peu de temps avant le
coucher. La cause initiale de cet état extraordinaire
de l'organisme, qui a pour siège principal l'imagination, est donc l'état de l'estomac.

Nous verrons plus loin, au livre II, consacré à la
détermination de l'organisme corporel, tout ce qui
se rapporte aux connexions des différents organismes partiels qu'il contient.

En général, dans l'organisation, la connexion
directe ou indirecte des organes et la corrélation
permanente ou intermittente des fonctions indiquent leur degré d'affinité organique, en nature ou
en activité.

Ce degré d'affinité correspond à la place que les
éléments organiques occupent dans les organismes
dont ils font respectivement partie constitutive, et
doit par conséquent servir de guide dans la synthèse
anthropologique, pour les grouper conformément
aux liens naturels qui les unissent, après qu'ils ont
été reconnus séparément au moyen de l'analyse
anthropologique.

Les manifestations corporelles et spirituelles sont
subordonnées à l'évolution : ces phénomènes sont en
rapport direct et sous la dépendance immédiate du
degré de développement atteint par la nature
humaine : l'homme agit comme esprit et comme
corps, conformément au degré de développement
qu'il a atteint, bien entendu sous réserve de sa
liberté et de l'action du milieu dans lequel il vit.

L'activité d'un organe et d'une faculté dépend en grande partie du degré de développement qu'ils ont atteint. Le fonctionnement intégral de chacun des éléments organiques est nécessairement précédé d'une période ascendante, pendant laquelle il se développe, et est suivie d'une période descendante, vers la décrépitude.

La loi de l'évolution est ainsi réalisée par l'ensemble de la nature humaine et par chacune de ses parties intégrantes.

c) **Loi de l'harmonie de la vie ou loi de la vie de famille.**

La vie ne se manifeste dans la plénitude harmonique de ses diverses fonctions, que lorsque la nature humaine a acquis son développement intégral. Pour atteindre ce point, un habitat propice lui est indispensable; car il doit particulièrement intervenir comme facteur externe de l'évolution.

L'âge viril est la période de la vie pendant laquelle l'homme est capable de participer à la génération. La vie sexuelle se réalise par l'homme et par la femme dans la famille. A ce moment la force vitale atteint son apogée, la vie humaine est complète.

L'homme et la femme sont les deux moitiés de l'espèce humaine. Chaque sexe est constitué à un point de vue déterminé, qui trouve son complément dans la constitution de l'autre. L'homme et la femme doivent donc s'unir par l'amour, pour se compléter l'un l'autre, afin de réaliser, pendant leur union, la période harmonique de leurs vies respectives.

LIVRE PREMIER

CHAPITRE II

§ **2.** *D.* — LOIS FONDAMENTALES EXTERNES DE LA VIE ET DE LA FORCE HUMAINES.

Comme nous l'avons constaté, l'homme est soumis, en conséquence de la limitation de sa nature, à deux espèces de conditions extérieures (1).

Les premières se rapportent à l'*existence* de la nature humaine; les secondes sont non seulement la condition externe de la production des phénomènes vitaux, mais aussi les causes d'un grand nombre de phénomènes dont notre nature est le siège.

Les lois fondamentales externes de la vie humaine sont donc les modes généraux et constants selon lesquels se réalisent les phénomènes dans l'activité de la nature humaine, en raison de l'intervention du milieu ambiant.

Au point de vue physiologique, la même opinion fut exprimée par Tiedemann : « § 27. En jetant un

_____

(1) Voir liv. Ier, chap. Ier, § 3, *Lois fondamentales de l'organisation de la nature humaine.*

coup d'œil sur les causes et les conditions d'où dépendent les manifestations d'activité des corps organisés, ou les phénomènes de la vie, nous reconnaissons que les unes tiennent à ces corps eux-mêmes, à une disposition spéciale de leur substance matérielle et à leur organisation, tandis que d'autres leur sont extérieures, et se rapportent à l'action de la chaleur, de la lumière, de l'air, de l'eau et des aliments, qui exercent sur le corps vivant une influence nécessaire aux manifestations de la vie. Nous appelons les premières causes internes, et les autres causes externes de la vie (1). »

Parmi les causes et les conditions de la vie humaine, les unes sont donc la nature elle-même de l'homme, ainsi que l'état normal de celle-ci; les autres sont inhérentes au milieu ambiant et à son état; ce milieu doit avoir une intensité d'action proportionnée à la force vitale de l'homme, afin que la vie puisse s'écouler d'une façon normale. Dès que certaine limite est dépassée, en plus ou en moins, par les forces extérieures qui agissent sur nous, une perturbation se produit, et notre vie devient difficile et même impossible.

Les lois fondamentales externes de la vie et de la force humaines sont les rapports de causalité qui unissent l'homme à son milieu, en tant que celui-ci intervient comme facteur générateur des phénomènes vitaux, dans les proportions compatibles

---

(1) TIEDEMANN, F., *Traité complet de la physiologie de l'homme*, traduit par Jourdan, p. 24, Paris, 1831.

avec notre force vitale : l'alimentation doit être proportionnée à la nature et à l'état de nos organes
digestifs; l'air que nous respirons, à nos organes
respiratoires; les lectures et les études que nous
faisons, à notre intelligence ainsi qu'au degré de son
développement; les tendances politiques et sociales
du gouvernement qui nous régit, à nos mœurs, à
nos aspirations et au degré de notre évolution individuelle comme citoyens.

L'Univers est le milieu ambiant de l'humanité
et, en général, de toutes les espèces d'êtres et de
choses; c'est nécessairement dans son sein infini
qu'ils existent et qu'ils agissent.

Appliqué à l'homme en particulier, le terme
milieu désigne plus spécialement l'endroit de notre
planète où il se trouve, l'*habitat*.

Cependant sa situation ne le soustrait nullement
à l'influence de l'Organisme universel.

a) Je me contenterai de constater l'existence de
l'influence de l'Organisme universel, comme loi
suprême de la vie, partout et toujours la même,
pour tout être humain.

b) Les diverses influences de l'habitat sur la vie
humaine, varient nécessairement d'un endroit à un
autre. Elles résultent d'une part, de la constitution
géologique du lieu qu'occupe l'individu; de son
altitude, de sa longitude et de sa latitude; des
saisons; des alternatives de jour et de nuit; de la
température; de la pression atmosphérique; de
l'état hygrométrique de l'air; de l'alimentation; de
l'air que l'on respire, tant au point de vue de

sa quantité que de sa qualité; des phénomènes mécaniques, physiques et chimiques, produits par la Nature dans le voisinage immédiat de l'homme. Et d'autre part, nous avons les influences du milieu moral, qui toutes se résument dans l'influence qu'exerce sur chacun de nous, la société dans laquelle il vit. Citons les lois, les mœurs, les cultes, les écoles, les institutions, la culture du peuple.

c) Enfin, les influences de l'humanité, de la race et spécialement de la famille, dans laquelle l'individu a vu le jour.

Aux lois inhérentes à notre habitat appartiennent les différentes influences dynamiques du milieu physiologique sur la vie humaine. Par contre, ce milieu considéré au point de vue statique, est l'ensemble des conditions matérielles extérieures de l'*existence* de la nature humaine (1).

Il me semble incontestable que la vie n'est possible à l'homme, ainsi qu'à tous les autres organismes vivants, que grâce à ces trois catégories de lois organiques.

D'abord, l'homme n'est viable que s'il réunit les conditions intrinsèques de l'existence de sa nature, et la force vitale n'est apte à varier que dans des limites fort étroites. Ensuite, le milieu dans lequel l'homme vit, doit lui fournir les conditions extrinsèques nécessaires à la manifestation, à la conservation et à la durée de sa vie. L'évolution de la

---

(1) Voir liv. Iᵉʳ, chap. 1ᵉʳ, § 3, *B*; *Lois fondamentales externes d'existence de la nature humaine.*

nature humaine n'est réalisable que grâce à l'apport d'éléments extérieurs qui se combinent avec elle et qui en font partie intégrante, au moins pendant un certain temps : alimentation et respiration; éducation et instruction.

D'autre part, les activités organiques du corps et de l'esprit ne se suffisent pas à elles-mêmes. La vie corporelle et la vie spirituelle ne peuvent se soutenir sans apport extérieur, sans intervention des forces du milieu ambiant. Et non seulement ces deux organismes partiels, mais chacun de leurs éléments ont absolument besoin, outre leurs conditions organiques intrinsèques, de conditions organiques extrinsèques, dont l'action doit être proportionnée à leur nature et à leurs fonctions particulières. Si ces influences extérieures sont ou trop fortes ou trop faibles, si leur action ne trouve par sa combinaison avec l'action ou la réaction propre à l'organisme vivant, à se transformer en un phénomène organique normal, l'homme souffre, meurt et se décompose.

Comme les effets produits dans l'organisme vivant par des agents extérieurs sont des phénomènes biologiques, ils ne peuvent pas être exclusivement appréciés d'après la nature et la force de ces agents. Cela est d'autant plus évident, que dans certains cas, l'homme est capable de se soustraire à ces influences ou d'en atténuer les effets; non seulement il y a souvent à tenir compte de la liberté humaine, mais aussi de l'état de l'organisme vivant et de l'intensité de la force vitale dont il est pourvu.

De plus, l'action des agents extérieurs ne varie pas seulement selon la nature des organes affectés par eux dans l'organisme, organes qui nécessitent chacun l'intervention d'une force appropriée à sa nature particulière, mais elle diffère aussi d'un individu à l'autre. Chaque homme est sensible à sa manière : à la lumière, dans l'œil ; au son, dans l'oreille ; aux aliments et à l'air, dans ses organes. Chacun est aussi impressionné d'une manière spéciale, par la contemplation des œuvres d'art, des splendeurs de la nature, des progrès de la science et de l'industrie; ainsi que par les lois, la justice, les mœurs, dans l'intimité de ses facultés intellectuelles et morales.

Les effets produits par les différentes influences extérieures sont relatifs, c'est-à-dire en rapport avec l'individualité et l'état de chacun.

Il en résulte que la vie est propre à l'individu au même degré que sa nature; la vie de chacun est distincte de la vie de tous les autres hommes. Nos impressions, nos pensées, nos émotions, nos affections ont un caractère personnel. Nos fonctions corporelles, bien que se manifestant sous l'empire plus direct du monde extérieur, ont cependant encore ce caractère propre et individuel, qui nous différencie tous les uns des autres.

J'ajoute : c'est l'harmonie organique complète manifeste entre les forces de notre nature et les forces extérieures, qui nous porte à considérer l'humanité comme microcosme ou synthèse limitée des forces de l'Organisme infini et absolu, Dieu.

Nous venons de voir chacun des facteurs externes, à l'influence desquels nous sommes soumis au cours de la vie, exercer une action spéciale, conforme à sa nature propre, sur l'homme ainsi que sur chacun de ses éléments constitutifs.

Ces agents extérieurs de la vie se modifient aussi les uns les autres; l'homme en tire parti, pour améliorer son habitat, en combattant une force naturelle hostile, par une autre force naturelle qui neutralise la première.

Constatons une fois de plus, que toute l'activité de la nature humaine est le produit de la combinaison des influences internes et externes, actives et passives, qui parfois agissent d'accord, et, d'autres fois, se combattent, en tout ou en partie. L'action du milieu sur l'homme est en raison inverse de la réaction de l'homme contre les causes extérieures qui tendent à modifier son état, et réciproquement, l'influence de l'homme sur son milieu se proportionne à la réaction de ce milieu contre les forces humaines. Tel climat ou telle épidémie tue les uns et n'atteint que légèrement ou même en rien, la santé des autres. Telle société brillante mais corrompue, éblouit, entraîne et perd les uns, qui n'inspire que réprobation aux autres et leur fait apprécier davantage ce que valent simplicité des goûts et pureté des mœurs.

D'autre part, le laboureur arrose vainement de sa sueur un sol ingrat, de même que le sage prêche dans le désert lorsqu'il n'a pour auditeurs que gens perdus de vices.

Nous avons vu l'organisme vivant n'être apte à manifester son activité que dans un milieu conforme à sa nature, doué de forces organiques, analogues aux siennes. Il en est de même de tous les organes tant spirituels que corporels : chaque élément organique nécessite, pour manifester régulièrement sa fonction spéciale, outre un état normal, un milieu approprié à la constitution qui lui est propre. Le milieu commun à tous les éléments organiques est évidemment l'organisme vivant lui-même; d'où la solidarité organique et fonctionnelle des éléments ayant tous leur raison d'être dans l'unité organique et fonctionnelle d'un même organisme. De là aussi, les influences mutuelles de tous les organes les uns sur les autres et sur l'organisme lui-même, et réciproquement, l'influence de celui-ci sur chacun des éléments qu'il contient. Solidarité et dépendance vitales complètes, découlent des connexions organiques que présentent les éléments de la nature humaine.

Il suffirait de cette loi biologique : le développement et la force d'un organe du corps ou d'une faculté de l'esprit sont en rapport avec leur exercice fonctionnel, pour établir en dehors de celle du milieu, l'influence de la manière de vivre, sur la nature de l'être vivant. C'est là un fait général et nécessaire, résultant de l'organisation elle-même, où tout, propriétés et phénomènes, agit et réagit sur tout.

La production normale de la vie a pour conséquence la santé; elle résulte de l'état d'équilibre de tous les éléments de l'organisme. En dehors de cet équilibre, maladie.

Les agents extérieurs qui agissent avec une intensité dépassant la force de notre nature, nous accablent et, parfois, causent notre mort. Un poids trop lourd renverse et écrase le corps. Une émotion trop forte peut nous tuer. Une action déshonorante perpétrée par un être qui nous est cher, peut provoquer en nous à tel point le dégoût de la vie, que nous envisageons la mort comme une délivrance. César, en apercevant Brutus, son fils chéri, parmi ses assassins, se couvre la tête de sa toge et s'abandonne à eux. C'est sans regret de la vie, que Socrate boit la ciguë. Ces hommes, moralement tués, ne demandaient plus qu'à disparaître.

La plupart des auteurs modernes ne tiennent compte que de l'influence matérielle du milieu, sur la nature et sur la vie humaine. Nous n'hésitons pas à prétendre que l'influence du milieu moral sur nous est bien autrement importante que celle du milieu physique. Comparez l'homme de bien au misérable avili par le vice, et demandez-vous si l'énormité de l'écart est dû à l'influence des forces physiques plutôt qu'à la liberté, combinée à l'influence de la société et, spécialement, de l'instruction et de l'éducation.

LIVRE PREMIER

CHAPITRE III

LA MÉSOLOGIE

La mésologie est la science des rapports réciproques qui unissent les êtres vivants à leur milieu.

La mésologie anthropologique doit donc considérer l'organisme humain à deux points de vue généraux : dans ses conditions extrinsèques d'existence, et dans ses rapports réciproques d'activité ou de vie, avec son milieu.

Les conditions extrinsèques d'existence de l'homme sont les lois fondamentales externes de l'organisation de la nature humaine (1).

Parmi les rapports réciproques de causalité qui rattachent les phénomènes biologiques à leurs facteurs générateurs, et qui relient aussi les influences qu'ils exercent l'un sur l'autre, je me suis occupé spécialement des lois fondamentales

_____

(1) Voir liv. Ier, chap. Ier, § 3, B, *Lois fondamentales externes d'existence de la nature humaine.*

externes, qui, pendant le cours de la vie, régissent l'intervention nécessaire et permanente du milieu, comme facteur externe d'activité vitale dans la production des phénomènes biologiques (1).

Il y a entre l'homme et son milieu des rapports de corrélation et de subordination organiques, au double point de vue de l'existence et de la vie de son organisme. Contemporaines d'une race humaine, la flore et la faune d'une région sont nécessairement soumises à des conditions d'existence et de vie identiques ; il en résulte que tous ces êtres ont entre eux des connexions et des affinités organiques spéciales, et, en conséquence, une analogie organique plus considérable que celle qui existe entre eux et les êtres d'autres régions, à la même époque, ou de la même région, à des époques différentes.

La mésologie a pour but, la connaissance des influences réciproques du milieu sur l'homme et de l'homme sur son milieu. Tout ce qui concerne l'activité vitale, par exemple, se rapporte au point de vue dynamique de la question des phénomènes physiologiques. La mésologie comprend aussi la connaissance des conditions d'existence dues au milieu et indispensables à l'existence de la nature humaine, c'est-à-dire l'étude au point de vue statique de tous ces éléments. La première partie comprend donc tout ce qui concerne l'activité fonc-

(1) Voir liv. 1er, chap. II, § 2, D, *Lois fondamentales externes de la vie et de la force humaines.*

tionnelle des organes; dans la seconde, on étudie les conditions physiologiques externes, nécessaires à la constitution et à la formation des tissus et des organes; la première partie est comprise dans l'étude des lois fondamentales externes de la *vie* humaine, et la seconde, dans l'étude des lois fondamentales externes ou conditions d'*existence* de la nature humaine.

Avant d'aborder l'examen superficiel de quelques questions de mésologie, il est indispensable d'exposer sommairement ce que nous entendons par milieu.

Considéré en lui-même, le milieu est l'Organisme infini et absolu : *Infini*, c'est-à-dire sans limite, ou étant partout et toujours lui. *Absolu*, c'est-à-dire indépendant à tous égards ou, existant par lui-même, sans condition externe à sa propre nature.

L'Organisme infini et absolu comprend le monde physique, le monde moral et le monde organisé des êtres vivants qui, au point de vue du monde terrestre, comprend les plantes, les animaux et l'homme.

Dieu est l'Organisme infini et absolu.

La Religion naturelle est l'ensemble des rapports intimes et réciproques de Dieu et de l'homme (1).

Je ne m'y arrêterai pas.

Pour apprécier exactement tout ce qui a rapport aux lois, il est indispensable de bien se pénétrer de la distinction capitale qui existe entre les lois *conventionnelles* édictées par les hommes, et les lois

(1) Voir TIBERGHIEN, G., *Étude sur la religion*, Bruxelles, 1857.

naturelles, inhérentes à l'essence des êtres et des phénomènes.

Nos législateurs ont assez généralement pour but d'améliorer *le milieu légal* de l'homme, du citoyen; mais, que valent nos lois civiles, administratives et politiques actuelles?

Heureusement que l'homme d'étude, le philosophe, peut se soustraire à peu près complètement à l'influence néfaste de ce qu'on appelle presque toujours à tort, les pasteurs et les sauveurs de la société. Ils n'en sont en réalité que trop souvent les perturbateurs et les tyrans. Le philosophe en arrive à déplorer et à condamner les errements coupables de la classe dirigeante de la société, à se désintéresser des lois qu'elle édicte, des traditions et des conventions du monde, et à ne vivre qu'en lui-même, pour se développer dans l'intimité de sa conscience, en harmonie avec les sublimes principes de la religion, de la morale et du droit naturels, dans l'admiration des splendeurs de la Nature qui, en dépit de certains individus, sera éternellement beauté et poésie.

Le monde physique est une condition fondamentale de l'existence de l'homme; la matière est indispensable à la constitution de la nature humaine, dont elle est en quelque sorte une des bases. D'autre part, pendant le cours de la vie, l'homme est constamment soumis à l'action des forces physico-chimiques; l'intervention du monde physique, dans la production des phénomènes biologiques qui siègent dans la nature humaine, est permanente.

Je fais ci-dessous la nomenclature des principaux groupes de ces phénomènes.

Remarquons d'abord que l'équilibre de la vie humaine et des influences fonctionnelles du milieu, constitue la santé. Il est évident qu'il ne suffit pas à l'homme d'être bien constitué et de mener une vie régulière, pour être en bon état de santé; il faut aussi que le milieu immédiat dans lequel il vit, son *habitat*, soit sain. Un milieu morbide altère la santé et détruit même, si son influence est assez prolongée, les hommes les plus vigoureux.

L'éducation et l'instruction sont les sciences de l'intervention dans le développement individuel, non seulement de l'humanité et surtout des parents et des instituteurs, mais aussi de l'action qu'exerce l'individu sur lui-même, pour diriger et favoriser l'évolution intégrale de sa nature, surtout pendant sa période ascendante.

L'hygiène est la science des causes et des états normaux et morbides de la nature humaine, soit par son action fonctionnelle, soit par l'action du milieu, soit enfin par leur rapport, aux points de vue de la santé et de la maladie, de l'homme isolé, d'une famille, d'une nation et d'une race.

La pathologie est la science des perturbations de l'organisme humain : anomalies et maladies; la thérapeutique celle des facteurs que l'on fait agir sur l'organisme humain, pour le rétablir dans son état normal. Il ne suffit pas au médecin d'examiner le malade pour le soigner; il doit aussi s'enquérir de sa manière de vivre et de l'état du milieu

vital; la maladie physique ou morale dont il est
atteint, peut avoir sa cause dans la nature même
du malade, dans son habitat, dans sa manière de
vivre.

L'homme, grâce à sa liberté, n'est pas fatalement
soumis aux influences de son milieu, surtout de
son habitat. Il a au contraire le pouvoir de s'en
éloigner ou de combattre des causes nuisibles à
son bien-être, d'en neutraliser les effets; il réagit
contre les forces extérieures dans les limites des
forces de sa nature; cette réaction dépasse donc en
réalité de beaucoup le domaine de la liberté
humaine, puisque la plupart des réactions organiques sont inconscientes. La réaction comporte
tout acte consécutif à une influence extérieure
quelconque, qui atteint l'ensemble ou un élément
de l'organisme vivant. Il y a des actions conscientes
et libres ; il y a aussi des actions réflexes physiologiques inconscientes : nous savons que le corps
humain résiste avec une énergie telle à certaines
influences extérieures, que sa température est
maintenue à un degré sensiblement constant sous
toutes les latitudes et sous tous les climats. L'œil
se remplit involontairement de larmes, lorsqu'il s'y
est introduit un corps étranger. Nous résistons,
d'autre part, à une contrainte morale ou à un mau-
vais exemple, à une séduction; nous luttons contre
un malfaiteur qui nous surprend et nous attaque;
malades, nous résistons à une affection, et, dans ce
dernier cas, l'énergie morale n'est pas à produire
les moindres résultats.

Voici quelques-uns des faits relatifs aux diverses influences du milieu sur la nature humaine.

1° Conditions d'existence et influences extérieures dues au milieu physique de l'homme (1) :

Le sol : sa constitution géologique; topographie de l'habitat (plaines, montagnes, marais, littoral, etc...), altitude, latitude, climat, etc...

L'atmosphère : qualité, humidité, pression; ses mouvements et sa température : le corps humain augmente sa combustion, lorsque la température s'abaisse, afin de conserver le degré de sa température intérieure, d'une façon constante; comme phénomènes corrélatifs, nous constatons que l'appétit augmente, que la respiration est accélérée, etc... Si l'abaissement de température extérieure dépasse certaines limites, l'homme souffre et la mort peut être la résultante d'un froid excessif. De même que le froid, l'excès de chaleur ambiante paralyse et tue. En général, en deçà ou au delà de certaine limite, l'influence du milieu physique devient douloureuse, et même mortelle à l'homme.

Gravitation; mouvement : lumière, électricité, magnétisme.

Alimentation.

2° Conditions d'existence et influences externes dues au milieu : humanité.

Il s'agit évidemment ici de l'humanité terrestre

---

(1) Voir *Lois fondamentales externes d'existence et de vie de la nature humaine*, liv. Ier, chap. Ier, § 8, *B*, et chap. II, § 2, *D*.

ou milieu social : humanité, race, nation, famille, parents.

Hérédité : caractères de l'espèce humaine, de la race, de la nation, de la famille et des parents.

Contagion morale et physiologique, immorale et morbide.

Maladies héréditaires : syphilis, scrofule, phtisie, aliénation, etc...

Enseignement : éducation et instruction.

Misère et opulence.

Isolement, célibat, mariage, famille.

3° Conditions d'existence et influences externes dues au milieu moral de l'homme.

Milieu social : scientifique, religieux, moral, politique, juridique, artistique, familial.

Influence de la conscience de l'homme sur lui-même : haute valeur de l'homme intelligent *consciencieux*.

4° Conditions d'existence et influences externes dues à l'Organisme infini et absolu : Dieu.

Le criminel se dénonce parfois et sciemment lui-même, afin d'échapper à ses remords, c'est-à-dire à Dieu, qui dans l'intimité de la conscience du coupable, le rappelle à l'ordre et au bien.

En appelant *remords* la voix de la conscience, on commet une erreur, puisque le coupable fait tout ce qu'il peut pour échapper, non pas aux reproches de ses semblables, qui, tous, ignorent parfois son crime, mais à lui-même; il cherche à s'étourdir. La Justice suprême pourtant l'étreint et le terrasse! Ce ne peut donc être qu'un facteur externe qui agit sur le coupable, dans le for intérieur de sa conscience; et ce facteur, qui peut-il être, sinon Dieu lui-même.

Les milieux physique, moral et humanité ne sont pas séparés; ils sont organiquement combinés dans l'Organisme infini et absolu. Les influences de diverse nature qu'ils exercent sur nous, sont liées entre elles; leurs actions sont concomitantes au cours de la vie; semblables aux organes d'un être, elles sont corrélatives entre elles.

L'homme est subordonné à son milieu, car une modification de celui-ci en provoque presque toujours une dans la nature humaine. Je dis presque toujours, car l'homme, grâce à la science, à l'industrie, à l'hygiène, à la thérapeutique, est capable de s'arranger de façon, non seulement à pouvoir se maintenir dans un rapport normal avec son milieu, mais il sait modifier celui-ci et le plier aux besoins et aux commodités de sa nature et de sa manière d'être. Si le rapport normal de l'homme et de son milieu est dépassé, soit en plus, soit en moins, des perturbations se manifestent, le malaise et la maladie se produisent, la mort en est parfois la conséquence.

Dans la mésologie anthropologique, l'application méthodique des influences salutaires des milieux physique, moral et humain, aux enfants et même aux hommes, est capitale pour l'avenir de l'humanité; le secret du progrès est là, en grande partie. Mais il y a également à tenir compte de l'influence de l'homme lui-même, dont la nature est nécessaire-

ment aussi un facteur d'action. Je crois avoir suffisamment établi que la force vitale individuelle
n'est pas une quantité négligeable. La vie humaine
est le produit de deux facteurs, la nature humaine
elle-même et son milieu. Si, par exemple, un enfant
ne progresse pas, soit par vice, soit incapacité,
parents et instituteurs y perdent leurs peines; ils
ne pourront que constater la présence d'une force
aveugle et sauvage, réfractaire au progrès et même
à la vertu.

Quant à l'influence de Dieu, je suis convaincu
qu'elle est permanente et nécessaire, plus que celle
d'aucun autre milieu; d'ailleurs, l'Organisme infini
et absolu comprend tous les autres milieux dans
son essence.

Ceux qui de la mer ne voient que la quantité
d'eau; ceux qui du désert n'aperçoivent que les
grains de sable; ceux qui du firmament ne distinguent rien au delà des étoiles visibles; ceux à
qui la chute des feuilles ne dit rien, si ce n'est que
le froid est proche; ceux qui dans la morale ne
trouvent qu'un masque à leur fourberie, et qui du
droit ne connaissent que les mailles du code et l'art
de passer au travers; ceux qui en fait de fraternité
ne pratiquent que l'exploitation de leurs semblables; ceux qui, en un mot, méconnaissent l'essence
et la sublime harmonie des lois physiques, des lois
morales et des lois organiques du Cosmos, à tel

point qu'ils n'y voient que de la matière et du mouvement! ceux-là se trompent grossièrement.

Quelle erreur plus grossière en effet, de la part de l'homme, que de ne pas avoir conscience de lui-même, être organisé, libre et responsable de ses actes conscients; doué de science, d'art, d'amour; réalisant, dans sa nature, la divine harmonie des lois de l'Organisme universel!

Ceux-là se trompent fort grossièrement en vérité, qui de l'humanité ne perçoivent pas l'évolution progressive, conforme aux immortels principes du vrai, du juste et du beau.

Ceux-là vivent dans l'abjection, qui, confondant les manifestations plus ou moins baroques des différents cultes avec les principes de la religion naturelle, disent : Athée, qui ne pratique aucun culte!

L'Organisme infini et absolu, l'Être vivant par excellence, source de toute vie et des lois de l'organisation, est nécessairement la condition inéluctable de l'existence de l'humanité et de tout ce qui est, puisque l'Organisme infini, absolu, est le Tout dans son intégrité.

LIVRE II

CHAPITRE PREMIER

§ Ier. — Le corps humain.

Le corps humain est l'homme considéré au point de vue exclusif de son organisation corporelle.

L'activité du corps est la vie physiologique.

On nomme somatologie la science du corps humain ; elle comprend l'anatomie et la physiologie.

« L'anatomie est une science qui a pour sujet l'étude des corps organisés, à l'état statique ou de repos, et qui a pour objet de nous donner la connaissance des lois de l'organisation ; cette définition entraîne celle de la physiologie, qui a pour sujet l'étude des corps organisés à l'état dynamique ou d'activité, et pour objet la connaissance des lois auxquelles est soumis l'accomplissement de chaque acte (1). »

La définition de l'anatomie, donnée par le professeur Hyrtl, est non moins remarquable que celle du professeur Robin, tant au point de vue du but à

_____

(1) REVUE DES COURS SCIENTIFIQUES, *Histologie*, par CH. ROBIN, t. Ier, p. 7, Paris, 1863-64.

atteindre que de la méthode à suivre en anatomie.

« Anatomie im weitesten Sinne des Wortes ist die Wissenschaft der Organisation. Sie zerlegt die Organismen in ihren nächsten construirenden Bestandtheile, eruirt das Verhältniss derselben zu einander, untersucht ihre aüsseren, sinnlich wahrnehmbaren Eigenschaften und ihre innere Structur, und lernt aus dem Todten, was das Lebendige war. Sie zerstört mit den Händen einen vollendeten Bau, um ihn im Geiste wieder aufzuführen, und den Menschen gleichsam nachzuerschaffen (1). »

Anatomie dans le sens le plus étendu du mot, est la science de l'organisation. Elle décompose les organismes en leurs parties constitutives, signale leurs rapports réciproques, recherche leurs propriétés extérieures et leur structure interne, et enseigne au moyen du cadavre, ce qu'était le corps vivant. Elle dissèque une organisation, afin de pouvoir la reconstituer en imagination, et imiter pour ainsi dire la création de l'homme.

Le plan de l'organisme corporel est entièrement conforme à celui de l'organisme humain ; les mêmes lois et les mêmes caractères fondamentaux s'y retrouvent.

Les lois fondamentales de la nature humaine sont réalisées dans le corps humain par une combinaison organique à base de matière vivante.

Le corps contient à chaque degré de son développement, à des places déterminées et constantes, les

(1) HYRTL, J., *Anatomie des Menschen*, p. 10, Wien, 1875.

tissus, les organes et les appareils. Dans l'esprit, par contre, les lois fondamentales de la nature humaine sont réalisées par un organisme inétendu ou concentré en lui-même, comprenant les facultés de vouloir, de connaître, de sentir et d'aimer. Une place déterminée ne leur est pas assignable dans l'organisme spirituel, parce que celui-ci est dépourvu d'étendue.

Le corps humain est une unité organique vivante, nettement caractérisée par sa forme extérieure.

Une preuve de l'unité du corps et même de l'homme peut être tirée de la perception d'une sensation; qu'elle soit agréable ou pénible, elle affecte l'individu complet et non pas seulement l'organe dans lequel elle est produite; du reste, l'organisme vivant ne se fractionne pas en demis, tiers et quarts, par exemple, parce qu'il est essentiellement un être.

Supposons qu'il en soit autrement, que l'âme et ses facultés, quoique étant inétendues, soient divisibles; que chaque membre du corps ait une volonté. Qu'en adviendrait-il? La jambe droite voudrait se mouvoir, alors que la jambe gauche demanderait à se reposer; l'œil droit regarderait à gauche et l'œil gauche à droite, l'une oreille chercherait à se rapprocher d'un musicien, dont l'autre voudrait s'éloigner; la main gauche, complice d'un voleur, chercherait à le délivrer des efforts faits par la main droite pour le retenir!

S'imagine-t-on un être pareil!

Une seule et même volonté s'étend évidemment à tous les membres du corps, conformément à la nature, à l'état et aux fonctions spéciales de chacun de ceux-ci ; en cas de paralysie locale, certains mouvements deviennent impraticables, mais l'unité de la volonté n'en persiste pas moins ; il en est de même des autres facultés de l'âme, dans leurs rapports et leur union avec l'organisme corporel.

Tout autre chose est des corps bruts, qui, eux, peuvent être divisés indéfiniment ; et de là, beaucoup d'auteurs soutiennent que le corps humain est divisible, parce qu'il est étendu. Ils confondent la division *mécanique* avec la division *organique*.

Si par diviser le corps humain, on entend désigner la possibilité d'en séparer quelque partie, il est incontestablement divisible. Descartes l'entendait ainsi, lorsque dans ses célèbres *Méditations métaphysiques*, il trouvait dans la divisibilité un caractère distinctif entre l'esprit et le corps.

Je pense, contrairement à Descartes, que la divisibilité ainsi entendue, ne peut s'appliquer qu'aux corps bruts ; d'ailleurs toute partie séparée du corps vivant, perd rapidement la propriété de vivre et se désorganise. Une division ou séparation d'organe du corps est impossible, en vertu des lois de l'unité, de la corrélation et de la subordination organiques. Le corps est incontestablement indivisible comme organisme vivant, bien que des parties et même des organes puissent en être séparés.

Pour tout ce qui concerne l'attitude, la configuration et la symétrie du corps humain ; sa stature ainsi que les dimensions et les proportions de ses principales parties ; son volume et son poids, je me permets de renvoyer à l'excellent traité d'anatomie descriptive du professeur PH. C. SAPPEY (t. Ier, *Du Corps humain*, §§ Ier à 5).

Le corps est originairement une cellule, l'ovule; après avoir été fécondé, celui-ci se développe jusqu'à ce qu'il soit apte à son tour à reproduire; puis il rétrograde, meurt, se décompose et disparaît. « Tout être organisé se rattache immédiatement ou médiatement à un être semblable à lui, à l'intérieur duquel il a paru d'abord sous forme de *germe*, il grandit et acquiert ses formes définitives par *intussusception*.

« En d'autres termes, la *filiation*, la *nutrition*, la *naissance* et la *mort* sont autant de phénomènes caractéristiques de l'être organisé et dont on ne retrouve aucune trace dans les corps bruts.

« ... dans le cristal une fois constitué, les forces restent dans un état d'*équilibre stable* qui ne se rompt que sous l'influence de causes extérieures. De là, pour lui, la possibilité de durer indéfiniment, sans rien changer, pas plus à ses formes, qu'à ses propriétés de toute nature. Dans l'être organisé, l'équilibre est instable, ou plutôt il n'a jamais d'équilibre proprement dit. A chaque instant, l'être organisé dépense aussi bien de la *force* que de la *matière*, et il ne dure que par *l'équivalence de l'apport et du départ*. De là, pour lui, la possibilité de se modifier dans ses propriétés et ses formes, sans cesser d'exister (I). »

---

(1) DE QUATREFAGES, A., *L'Espèce humaine*, pp. 2 et 3.

Citons aussi de Candolle :

« Les machines que nous construisons ressemblent à des êtres organisés. Il y a chez elles des parties qui servent à un ensemble, comme les organes des végétaux et des animaux. Il se fait des évolutions de formes, de mouvements, et quelquefois de véritables opérations chimiques dans l'intérieur des récipients, ou par élimination de divers matériaux. Telle machine produit une substance déterminée, comme une plante produit de la fécule, ou l'abeille de la cire. Mais on n'a jamais construit une machine dont les éléments ou au moins certains éléments seraient capables de produire une machine à peu près identique, laquelle aurait des parties pouvant produire encore la même machine, et ainsi de suite indéfiniment. Peut-on se figurer, par exemple, une montre qui, tout en cheminant, produirait des morceaux de nature à devenir des montres nouvelles de même construction que la précédente, de même forme, ayant les mêmes ornements, les mêmes lettres, sonnant les heures si la montre génératrice était à répétition, marquant les secondes si elle était à secondes, etc..., reproduisant même quelquefois un défaut ou détail particulier d'une des montres antérieures. Aucune machine assurément ne donne, même à peu près, des résultats de cette nature.

« Le mouvement plastique des êtres organisés est donc un mouvement dont les effets sont tout particuliers, qui agit par rénovation, par phases, en suivant des formes variées et en même

temps déterminées, dans chaque série d'individus (1). »

Que l'on me permette encore une citation :

« Si nous étendions à une plus longue période,
un an ou deux par exemple, nos recherches sur les
résultats des progrès de l'alimentation chez une
écrevisse bien nourrie, nous trouverions que les
produits qui sortent de l'organisme ne sont plus
égaux aux matériaux qui y sont entrés, et que la
différence se traduit par l'accroissement du poids
de l'animal. Si nous nous demandions comment se
répartit cette différence, nous trouverions qu'une
partie est mise en réserve, principalement sous
forme de graisse, tandis qu'une autre partie a été
employée à augmenter le matériel d'exploitation
et à agrandir la fabrique; c'est-à-dire qu'elle a
fourni les matériaux nécessaires à la croissance de
l'animal. C'est un des côtés les plus remarquables
par où la machine vivante diffère de celles que nous
construisons; et non seulement elle s'agrandit,
mais comme nous l'avons vu, elle est, à un très haut
degré, capable de se réparer elle-même (2). »

Pendant le cours de la vie, le corps conserve son
identité, malgré les modifications permanentes,
tant internes qu'externes, de sa forme et le renouvellement continuel des principes immédiats qui
entrent dans sa composition. Les corps humains

---

(1) DE CANDOLLE, A., *Histoire des sciences et des savants depuis deux
siècles*, 2e édit., Genève, 1885, p. 557.

(2) HUXLEY, T. H., *L'Écrevisse*, p. 65, Paris, 1880.

sont tous composés des mêmes substances, c'est-à-
dire que les principes immédiats qui entrent dans
la constitution des tissus organiques, sont les
mêmes chez tous les hommes. D'autre part, les
tissus sont renouvelés sans cesse; notre organisme
corporel est traversé par un courant de matière
organisée pendant tout le cours de la vie. Cependant, au point de vue physiologique, de même qu'à
tous les autres points de vue, les hommes diffèrent
les uns des autres et chacun conserve son *identité
corporelle*, aussi bien que son *identité morale*.
Il y a donc indubitablement dans la nature
humaine, autre chose que de la matière.

Le terme *organe* désigne un élément organique
quelconque du corps, et même de l'organisme en
général. Les différents organes corporels sont les
cellules et les tissus : éléments de l'organisme
cellulaire; les vaisseaux et les viscères : éléments
de l'organisme vasculaire; les doigts, les mains,
les bras, les orteils, les pieds, les jambes, le buste,
la tête : éléments de l'organisme de la motilité;
la peau, l'œil, la bouche : éléments de l'organisme
sensible.

Il est exact de dire que chaque organe corporel a
une essence distincte et une vie propre, lesquelles
sont relativement indépendantes du corps et de la
vie physiologique. Cependant tous les organes
proviennent du corps, de même que toutes les fonctions procèdent de la vie corporelle. Le corps n'est
pas le *résultat* de la combinaison organique de tous
les éléments qu'il contient; ni la vie physiologique,

le résultat des différentes fonctions. L'unité organique du corps est, au contraire, la raison d'être de
l'existence et de la combinaison harmonique des
organes, et l'unité de la vie physiologique, la raison
d'être de chacune des fonctions et de leur combinaison harmonique. Les organes et les fonctions
sont corrélatifs et proviennent d'une seule et même
source, le corps, et concourent à une seule et même
fin, la vie, quelque distincts qu'ils soient, anatomiquement ou physiologiquement considérés.

Les organes sont tous à quelque titre, compris
les uns dans les autres, en vertu de l'unité organique de la nature humaine ; ils se subordonnent
réciproquement entre eux, conformément aux lois de
l'organisation. *Le rapport organique de contenance*
qui existe entre les organes est proportionné à
l'importance organique de chacun d'eux, en raison
du point de vue sous lequel le corps est considéré.

Ces principaux points de vue sont ceux de la
motilité corporelle, de la sensibilité du corps, de
la circulation de la matière dans le corps, et de sa
constitution cellulaire. Il en est ainsi, parce que
dans la constitution de chacun des organes, se
trouvent des éléments organiques hétérogènes,
tels que l'élément cellulaire, l'élément vasculaire,
l'élément de motilité et l'élément sensible. Chaque
organe est contenu, à chacun des points de vue fondamentaux que ces quatre éléments organiques
représentent, dans chacun des organismes partiels
principaux que le corps contient. Est dévolue à
chacun de ces organismes, une des fonctions fonda-

mentales distinctes, également importantes dans la
vie physiologique ; ce sont :

1° *Les fonctions cellulaires* ; 2° *les fonctions vasculaires* ; 3° *les fonctions de la motilité*, et 4° *les fonctions de la sensibilité*.

1° Les fonctions cellulaires comprennent, d'une
part : *l'assimilation*, fonction qui consiste, pour les
tissus cellulaires, à organiser, en se les incorporant,
les substances préalablement rendues assimilables
par certaines fonctions vasculaires ; d'autre part :
la *désassimilation*, fonction par laquelle les tissus
rejettent leurs résidus. L'assimilation et la désassimilation sont des fonctions corrélatives ; de leur
harmonie dépend l'état normal des tissus.

L'assimilation et la désassimilation sont de véritables *combinaisons et décompositions chimico-
organiques*. Les éléments de l'assimilation sont
d'une part, le sang, amené dans un tissu, et, d'autre
part, ce tissu lui-même. Le *résultat* de cette combinaison varie d'après la nature du tissu ; ce résultat
est *muscle*, *os* ou *nerf*, suivant que l'assimilation
du sang a lieu dans le tissu musculaire, le tissu
osseux, ou le tissu nerveux.

La désassimilation est l'ensemble des décompositions chimico-organiques qui se produisent dans
les tissus ; leurs différents *résultats* ou résidus sont
entraînés par le sang dans les organes excréteurs,
qui les expulsent de l'organisme corporel.

Il résulte clairement des phénomènes d'assimilation et de désassimilation qui se passent dans les
tissus, que la chimie biologique diffère essentiel-

lement de la chimie inorganique, et même de ce que l'on appelle actuellement, dans les laboratoires, chimie organique. Ainsi en est-il, parce que les corps dont s'étudient, dans les laboratoires, les propriétés et les combinaisons, amidon, sucre, gluten, ne sont pas doués de vie, et qu'un des éléments de la combinaison chimico-organique est nécessairement le tissu vivant; celui-ci est donc doué d'une *force spéciale*, élément de la force vitale, qui se manifeste dans chaque tissu par une *affinité organique particulière*, en vertu de laquelle le tissu se combine avec les éléments du sang afin de multiplier et de renouveler ses éléments cellulaires constitutifs. L'affinité chimico-organique diffère donc essentiellement de l'affinité chimique, force inhérente à la matière, et qui règle les diverses combinaisons des éléments chimiques entre eux; le résultat de celles-ci n'est jamais un tissu vivant.

Les grands problèmes de la chimie physiologique s'occupent de savoir comment les cellules, nées de la division de l'œuf, se différencient au point de devenir os, muscle, nerf; comment les tissus osseux, musculaire, nerveux, produisent des organes différents les uns des autres, au point de n'avoir plus entre eux qu'analogies assez éloignées et fonctions non moins différenciées.

Ces combinaisons organiques sont incontestablement dues à l'intervention d'une force organique vivante.

De même de toutes les fonctions du corps, considéré comme organisme végétatif. Quant aux fonctions du corps considéré comme organisme animal, elles sont d'ordre physico-organique et non d'ordre purement physique.

2° Les fonctions vasculaires comprennent d'une part, l'*introduction et la préparation des aliments*, jusqu'au moment de leur *absorption* par le système sanguin (veines mésentériques et vaisseaux chyli-fères); d'autre part, l'*évacuation* des résidus organiques de nature diverse.

Ces fonctions sont corrélatives. En effet, le système digestif reçoit les aliments et commence leur transformation dans la bouche, où s'opèrent la *mastication* et l'*insalivation*. L'aliment devenu *bol alimentaire*, après la *déglutition*, est charrié jusqu'à l'estomac par l'œsophage. Dans l'estomac se fait la *digestion stomacale*, transformation du bol alimentaire en *chyme stomacal*, lequel est à son tour transformé en *chyme intestinal*, par la digestion intestinale.

Les appareils de la circulation du sang *absorbent* alors l'aliment transformé en chyle. Après une série de tranformations, dont le siège se trouve dans divers organes glandulaires : le foie, la rate, les glandes lymphatiques, les poumons, etc., le sang est enfin devenu assimilable par les tissus cellulaires, où le transporte le système artériel.

Les résidus des tissus sont entraînés dans le système veineux (veines de la circulation générale et vaisseaux lymphatiques); de là, dans les organes excréteurs, qui les expulsent du corps.

L'*alimentation*, dans son acception la plus large,

est donc l'*entrée* et l'*organisation* du courant de matière organique dans le corps, de même que l'*élimination* ou *excrétion* est la désorganisation et la sortie du même courant, du corps vivant qu'il traverse. Ces deux fonctions sont évidemment corrélatives.

3° Les fonctions de la motilité comprennent les mouvements proprement dits du corps en général, et de chacun de ses membres en particulier.

4° Restent enfin les fonctions de la sensibilité, dont toutes les sensations sont des phénomènes particuliers.

Le même organe ne sert donc pas à des fonctions différentes ; à chaque fonction fondamentale distincte correspond au contraire une constitution anatomique spéciale nettement caractérisée ; chaque élément organique : cellulaire, vasculaire, moteur ou sensible, quel que soit l'organe dont il fait partie, possède partout les mêmes propriétés organiques. Bien que ce soit toujours le même organe que l'on ait en vue, sa constitution anatomique est donc essentiellement distincte, en raison des diverses fonctions fondamentales qu'il doit remplir dans le cours de la vie (1).

Chercher à établir méthodiquement les connexions de tous les éléments organiques et des organismes partiels est, dans l'état actuel de la science, une entreprise téméraire. J'ose cependant espérer que les relations organiques fondamentales

(1) Voir *L'Analyse anthropologique de la main*, p. 397.

que j'ai indiquées, ne seront pas trop sévèrement jugées.

On ne peut évidemment pas se représenter la hiérarchie organique, correspondant aux connexions naturelles des organes, comme *série en ligne droite*. Ces connexions se croisent en tous sens, dans les limites tracées par les lois fondamentales de l'organisation. Ce sont les principaux points de ce système de connexions organiques que j'ai indiqués dans le tableau synoptique, et sur lequel j'appelle tout spécialement l'attention (1).

Remarquons que l'analogie organique est réalisée par les organes du corps à un plus haut degré que par les facultés de l'esprit, à cause de la grande symétrie de beaucoup d'organes corporels, distribués en paires : les bras, les jambes, les poumons, les reins. La similitude organique existe entre les organes adaptés aux mêmes fonctions. Il existe de plus une homologie organique entre le bras et la jambe, la main et le pied, et ainsi de suite ; ces organes ont des fonctions différentes. Cependant les organes corporels similaires ou homologues sont complètement indépendants les uns des autres ; ils ne constituent pas une combinaison organique, comme c'est le cas des parties de la bouche, par exemple, qui ne forment qu'un seul organe.

Dans la description des organismes corporel et

---

(1) Voir Introduction, § 4.

spirituel, nous nous occuperons d'un système partiel que j'ai laissé passer inaperçu dans la détermination de l'organisme humain.

Ce système est représenté dans l'esprit par la
volonté; dans le corps, par le *système nerveux*.

La volonté et le système nerveux ont, chacun
dans sa sphère d'activité et conformément à son
essence, une organisation et des attributions correspondantes dans la nature humaine.

La volonté est la faculté directrice de l'activité
spirituelle; grâce à elle, nous sommes maîtres de
notre attention; nous pouvons nous abandonner
aux entraînements d'une passion ou leur résister;
en un mot, de la volonté dépend en grande partie,
l'activité de notre esprit, pour ce qui concerne la
manière de faire.

Le système nerveux est l'organe régulateur des
fonctions corporelles; de lui émane ou vers lui con-
verge tout phénomène physiologique dont notre
nature est le siège.

LIVRE II

CHAPITRE PREMIER

§ 2. — Lois fondamentales de l'organisme corporel.

CHAPITRE II

§ Ier. — La vie corporelle.
§ 2. — Lois fondamentales de la vie corporelle.

a) La loi de l'unité organique est réalisée par le corps considéré comme individu, restant identique à lui-même pendant la vie, malgré son évolution et le renouvellement constant des principes immédiats qui entrent dans sa constitution.

b) La loi de la dualité organique est réalisée par l'existence dans le corps d'un organisme animal et d'un organisme végétatif, corrélatifs entre eux et subordonnés à l'unité organique du corps.

c) La loi de l'harmonie organique est réalisée par le corps considéré comme organisme générateur.

d) L'organisme partiel supérieur du corps est le système nerveux, auquel tous les autres systèmes de l'organisme corporel sont subordonnés.

Développons chacune de ces lois.

Le corps humain considéré dans son unité, comme individu.

L'unité organique ou l'individualité du corps est ce type original ou exclusif d'organisation corporelle propre à tout homme et qui persiste au cours de toute la vie, malgré la succession des âges et la rénovation constante des tissus organiques.

L'individualité corporelle se manifeste et persiste dans l'ensemble et dans tous les éléments organiques du corps; dans le degré de vitalité, le tempérament, la force, la forme et la couleur, la taille, le poids, dans l'idiosyncrasie, enfin dans toutes les propriétés du corps, tant au point de vue de sa nature, que de son activité et de sa force.

Le corps considéré comme organisme animal et comme organisme végétatif.

La loi fondamentale de la dualité organique est réalisée dans le corps par l'organisme animal et l'organisme végétatif, corrélatifs entre eux et subordonnés à l'organisme corporel.

L'organisme animal est approprié au mouvement physiologique proprement dit, produit sur le corps par le corps lui-même ou par l'action d'objets extérieurs.

L'organisme végétatif entretient le corps dans son état normal, par la modification permanente de sa composition organique, au moyen de l'alimentation, de la respiration et des excrétions.

Grâce à nos membres et à nos sens, nous agissons

sur notre corps et sur des objets extérieurs, qui, à leur tour, agissent sur nous.

Grâce aux organes de l'organisme végétatif, nous introduisons des substances dans notre corps; nous les y transformons; puis, s'opère leur dispersion dans l'étendue entière de l'organisme, où ces substances, en se combinant aux différents tissus, comblent les vides laissés par l'élimination des résidus organiques, de sorte que la matière qui constitue le corps aujourd'hui, lui était étrangère hier et lui redeviendra étrangère demain.

Il y a entre le corps vivant et son milieu un échange permanent de substance. Cet échange est en unité, la fonction fondamentale de l'organisme végétatif, appelée vie végétative ou organique du corps. En même temps s'opère le mouvement physiologique proprement dit, comprenant la motilité et la sensibilité, dû également à l'action combinée du corps vivant et de son milieu ambiant. Ce rapport actif et passif est en unité, la fonction fondamentale de l'organisme animal, appelée vie de relation ou animale.

L'organisme animal manifeste principalement la vie corporelle externe; l'organisme végétatif, la vie corporelle interne. Tous deux fonctionnent, grâce à l'intervention constante du milieu ambiant, selon la nature spéciale de chacun de ces deux organismes partiels du corps.

La corrélation organique, qui existe entre le corps humain et la Terre, se manifeste aussi dans l'organisme animal et dans l'organisme végétatif. Dans

l'organisme animal elle se constate, d'une part, par
la constitution particulière des organes des sens :
ceux-ci, en effet, sont spécialement appropriés,
chacun, à la perception de certains phénomènes du
monde extérieur, dans les conditions d'une intensité
définie ou physiologique (1) : au moyen de l'œil,
l'homme perçoit la lumière, et le son, au moyen de
l'oreille, pourvu que leur ténuité ou leur intensité
ne dépassent point certaines limites ; d'autre part,
cette corrélation s'y manifeste, en raison de la conformation générale de l'organisme animal et de la
structure spéciale des membres, ce qui permet à
l'homme de se mouvoir volontairement, en tout ou
en partie, dans son habitat.

Dans l'organisme végétatif, cette même corrélation s'affirme évidente dans l'alimentation et la
respiration. L'organisme végétatif est constitué en
vue de permettre à l'homme de s'assimiler certaines
substances et de les faire participer pendant quelque temps à la constitution de son corps. A cette
fin, l'organisme végétatif est pourvu d'organes spéciaux, en rapport avec l'état et la nature des matériaux organiques, solides, liquides et gazeux, que
nous prenons à notre habitat ; celui-ci intervient
nécessairement, comme facteur externe, dans la vie
végétative que nous réalisons.

L'organisme animal est constitué d'après les lois
fondamentales de l'organisme corporel.

(1) Voir liv. Ier, chap. II, § 2, *D, Lois Fondamentales externes de la
vie et de la force humaines.*

Signalons parmi les systèmes organiques qui constituent l'organisme animal :

a) Comme système principal, le *système nerveux cérébro-spinal.*

b) Comme dualité organique, l'*organisme de la motibilité* et l'*organisme de la sensibilité.*

L'organisme végétatif, organisé sur le même plan, comprend :

a) Comme système principal, le *système nerveux ganglionnaire.*

b) Comme dualité, l'*organisme vasculaire* et l'*organisme cellulaire.*

Le système nerveux cérébro-spinal, élément supérieur de l'organisme animal, dirige l'activité générale de cet organisme partiel du corps. Du système nerveux cérébro-spinal émanent surtout les mouvements proprement dits, qui dénotent la spontanéité de cette face de la vie corporelle.

D'un autre côté, vers lui convergent les sensations produites par l'action d'un corps extérieur sur les papilles nerveuses qui s'épanouissent à la surface de l'organisme corporel, et spécialement, dans les sens.

La fonction de l'organisme animal, considéré comme organisme de la motilité, comprend l'*ensemble des mouvements proprement dits ;* dans cette fonction prédomine l'activité spontanée de la vie animale, appliquée soit au corps lui-même, soit à certains objets extérieurs.

La fonction de l'organisme animal, considéré comme organisme sensible du corps, comprend les *sensations,* phénomènes dans lesquels prédomine la réceptivité ou activité passive de la vie animale, quoique nous puissions provoquer l'action d'un objet extérieur sur nos sens, et par conséquent susciter volontairement certaines sensations.

Le système nerveux ganglionnaire règle l'activité de l'organisme végétatif. Cette activité comprend, comme fonctions corrélatives, les fonctions cellulaires et les fonctions vasculaires.

L'organisme vasculaire reçoit les aliments, les transforme en sang, répand ce liquide dans les tissus et élimine tous les résidus organiques. La fonction fondamentale de l'organisme vasculaire est la *circulation organique*, dans la plus large acception du mot; cette circulation comprend la digestion, la circulation du sang et de la lymphe, ainsi que les excrétions.

L'organisme vasculaire est constitué par un système de canaux hétérogènes ramifiés, dans lequel circule le courant de matière organisée qui traverse le corps vivant, en y subissant des modifications diverses.

L'élément constitutif de l'organisme vasculaire est le *vaisseau*. Le viscère n'est qu'un vaisseau ayant une organisation spéciale, en rapport avec la fonction particulière qu'il doit remplir dans la vie vasculaire.

La *cellule* est l'élément constitutif de l'organisme cellulaire.

L'organisme cellulaire assimile les substances préparées et amenées dans les tissus par l'organisme vasculaire, et désassimile les cellules devenues impropres ou usées, dont les débris sont absorbés par l'organisme vasculaire, chargé de les expulser du corps. Il en résulte que la nature des tissus est constante, bien que les cellules et les principes immédiats qui en font partie intégrante, soient sans cesse renouvelés. Le corps considéré comme organisme cellulaire s'organise et se désorganise donc sans interruption.

L'organisme cellulaire est constitué par différents tissus, organiquement combinés les uns avec les autres.

« Lorsqu'on examine, à l'aide d'un fort grossissement, les parties constituantes solides et liquides du corps humain, on s'aperçoit que les plus fines particules visibles à l'œil nu, telles que granulations, fibres, tubes, membranes, ne sont pas encore les éléments ultimes, et qu'au contraire elles contiennent, outre une *substance intermédiaire* homogène liquide, demi-liquide ou même solide, qu'on rencontre partout, des parties plus petites, lesquelles varient dans les divers organes, et se présentent toujours les mêmes dans les organes semblables. Ces particules dites *parties élémentaires*, sont elles-mêmes de diverses sortes ; mais en les étudiant attentivement, particulièrement au point de vue de leur développement, on reconnaît que l'immense majorité de ces éléments peut être ramenée à une forme fondamentale simple, les *cellules*, qui non seulement apparaissent comme point de départ de tout organisme végétal et animal, mais encore composent, soit à l'état de cellules, soit après avoir subi

des transformations variées, le corps de l'animal
parfait; dans les formations végétales et animales
les plus simples, elles possèdent même une indépendance complète (végétaux et animaux unicellu-
laires). Comparées aux cellules et à leurs dérivés,
les autres formes élémentaires qui se présentent, à
savoir : les cristaux, granulations, vésicules et
fibres contenus dans les substances interstitielles,
n'ont qu'une importance secondaire, et l'on peut
d'autant mieux s'abstenir de les étudier en particulier que beaucoup d'entre elles (granulations et
vésicules des liquides glandulaires, filaments sémi-
naux) résultent de cellules détruites, et que chez les
autres (fibrilles du tissu conjonctif, fibres élas-
tiques, fibres de la substance fondamentale de
certains cartilages et os, fibres des formations cuti-
culaires), au moins les substances interstitielles
qu'elles renferment, ont, en raison de leur mode de
développement, les connexions les plus intimes avec
les cellules. En outre, ces dernières formes, bien
qu'elles participent parfois dans une assez large
proportion à la constitution des organes, n'ont
cependant qu'une signification physiologique très
subordonnée, tandis que les granulations et les
vésicules ont une importance plus grande, et cela
parce qu'elles se rencontrent également presque
toutes dans l'*intérieur* des cellules, et interviennent
diversement et souvent considérablement dans les
phénomènes biologiques des cellules.

« Tant que régna l'opinion de Schwann, et de
Schleiden, d'après laquelle les cellules se forment

librement dans les substances interstitielles du corps, l'histologie devait accorder une importance très-grande à ces substances et aux particules naturellement figurées qui s'y rencontrent (granulations, vésicules, noyaux libres en apparence). Dès lors il semblait rationnel de prendre ces substances comme point de départ de toute l'étude. Mais il a été démontré que ce mode de formation des cellules n'existe point, et qu'au contraire tout l'organisme provient, en série non interrompue, de la cellule représentée par l'œuf; les substances interstitielles passent donc au second plan, et il devient plus naturel de faire de la cellule le point central de la description des éléments anatomiques (1). »

Occupons-nous encore des corrélations organiques qui existent entre l'organisme cellulaire et l'organisme vasculaire, dans l'organisme végétatif; entre l'organisme de la motilité et celui de la sensibilité, dans l'organisme animal; enfin, entre l'organisme animal et l'organisme végétatif, dans l'organisme corporel.

La corrélation des organismes vasculaire et cellulaire est évidente; l'un absorbe et prépare ce que l'autre assimile, et rejette au dehors ce que les tissus éliminent; ils se complètent exactement.

Il en est de même des organismes de la motilité et de la sensibilité, dans l'organisme animal. « Que serait la sensibilité, si la force musculaire ne

---

(1) KÖLLIKER, *Éléments d'histologie humaine*, 2ᵉ édit. française, Paris, 1868, p. 10.

venait à son secours, jusque dans les moindres circonstances? A quoi servirait le toucher, si on ne pouvait porter la main vers les objets palpables? Et comment verrait-on, si on ne pouvait tourner la tête ou les yeux à volonté? (1) »

Outre les connexions directes qui existent et se manifestent d'une manière constante, soit entre les organismes vasculaire et cellulaire, dans l'organisme végétatif, soit entre les organismes de la motilité et de la sensibilité, dans l'organisme animal, signalons les connexions correspondantes qui s'observent temporairement entre l'organisme vasculaire et celui de la motilité. La gymnastique par exemple, favorise et stimule les fonctions vasculaires, l'accomplissement normal des fonctions telles que la circulation du sang et la respiration; facilite la marche, la course, le saut et le mouvement en général; de plus, les exercices gymnastiques développent les tissus et particulièrement les muscles : semblable connexion existe donc aussi entre l'organisme cellulaire et celui de la motilité. Une corrélation correspondante se manifeste aussi d'une façon analogue, notamment pendant les repas, entre l'organisme vasculaire et ceux de la motilité et de la sensibilité. En effet, il y a là combinaison de mouvements, d'absorption d'aliments et de sensations internes et externes.

La corrélation directe de l'organisme animal et de l'organisme végétatif, dans l'organisme corporel,

<hr>

(1) CUVIER, G., *Anatomie comparée*, Bruxelles, 1836, p. 31.

n'est pas moins réelle, ni moins évidente que celle des organismes vasculaire et cellulaire dans l'organisme végétatif, ni que celle de l'organisme de la sensibilité et de celui de la motilité, dans l'organisme animal.

L'organisme végétatif a pour fonction générale de produire et d'emmagasiner les forces vives du corps, au moyen des aliments fournis par l'habitat, et d'écouler les déchets résultant de la dépense de ces forces.

La fonction générale de l'organisme animal est précisément l'opposé. Elle provoque en grande partie la dépense des forces vives qu'emmagasine dans le corps le fonctionnement de l'organisme végétatif. Nous disons que l'organisme animal ne dépense que partiellement les forces vives emmagasinées par l'organisme végétatif, parce que les fonctions de l'estomac, des poumons, du cœur, des intestins et des autres organes de l'organisme végétatif, ne se font pas sans oxydation de substance organique.

Nous constatons donc que grâce à la vie végétative, le corps subsiste et vit; en effet, ce n'est qu'en produisant et en emmagasinant continuellement de nouvelles forces, qu'il peut réparer ses pertes et durer, tandis que la vie animale use le corps. Chacun de ces organismes partiels est donc la condition indispensable à l'existence et à la vie de l'autre. L'état normal du corps dépend de leur équilibre fonctionnel.

Au point de vue physiologique, un caractère

général de la vie végétative réside dans la continuité de ses fonctions et leur mutuelle dépendance : la mort est la conséquence immédiate de leur suspension. Par contre, une des caractéristiques de la vie animale est la discontinuité et l'indépendance relative de ses diverses manifestations. Un repos général ou partiel des organes de relation est la conséquence de la nécessité qui existe pour eux, de renouveler leurs moyens d'action, dont l'épuisement résulte de leur emploi ; cet état de faiblesse temporaire donne lieu aux sensations de fatigue et d'épuisement partiel ou général de l'organisme corporel. La vie animale est pour ainsi dire complètement suspendue pendant le sommeil, alors que certaines manifestations de la vie végétative sont stimulées (1).

L'observation de certaines paralysies permet de saisir nettement l'indépendance relative des manifestations distinctes de la vie physiologique, par suite de la suspension partielle ou complète de la motilité ou de la sensibilité. Des perturbations analogues se produisent dans l'activité des facultés morales ; ainsi, les troubles de la mémoire, de l'imagination, de l'entendement.

Les divers degrés de corrélation et de subordination organiques des organismes partiels compris dans l'organisme animal et dans l'organisme végétatif demandent à être examinés de plus près.

_____

(1) Voir Bichat, X., *Recherches physiologiques sur la vie et sur la mort*, Paris, 1822, 4e édit., p. 47.

13

Constatons d'abord que ces rapports organiques, tels que nous les établissons, ne sont pas conformes aux opinions généralement acceptées en cette matière.

La plupart des anatomistes, confondant la division artificielle des organes du corps, telle qu'elle résulte de la dissection du cadavre, avec l'organisation naturelle du corps vivant, ont adopté les théories de Bichat.

Le *tissu* est, selon Bichat, le *véritable élément organisé de l'économie vivante*; il est le premier degré dans l'ordre hiérarchique d'importance organique des parties constitutives du corps humain; puis vient l'*organe*, comme deuxième degré de l'échelle organique. « J'ai désigné sous le nom de *système*, le traité de chaque tissu simple; celui d'*organe* exprime une réunion de plusieurs systèmes, pour former un tout unique; celui d'*appareil* me sert à désigner un assemblage de plusieurs organes concourant à une fonction... C'est sous ce rapport que je dis *systèmes* osseux, fibreux, cartilagineux, etc..., *organes* gastrique, pulmonaire, cérébral, etc..., expressions synonymes de celles-ci : estomac, poumons, cerveau, etc..., *appareil* de la locomotion, de la digestion, de la respiration, etc... (1) »

_____

(1) Voir BICHAT, X., ANATOMIE DESCRIPTIVE, t. 1er, *Discours préliminaire*. — *Journal de l'anatomie et de la physiologie* de ROBIN et POUCHET, année 1888. — *Recherches historiques sur l'origine et le sens des termes*, organisme et organisation, par CH. ROBIN.

Le troisième degré organique est donc, d'après Bichat, représenté par l'*appareil*.

'Constatons que la gradation organique, établie par Bichat, est *en ligne droite*.

Je crois cette division incompatible avec les lois fondamentales de l'organisation et j'admets que chaque élément organique, *cellule, vaisseau, organe de motilité* ou un de nos *sens*, a la même importance organique relative, quand il est comparé à l'organisme corporel complet.

Les anatomistes considèrent généralement la cellule et le tissu comme les organes fondamentaux du corps et les autres éléments organiques, vaisseau, sens et moteur, n'en seraient que les dérivés ; ils me semblent confondre la *cellule-ovule* avec la *cellule-tissu.*

L'ovule n'est pas une simple cellule ; l'ovule, être vivant, c'est l'organisme corporel entier, à la fois cellulaire, vasculaire, sensible et moteur. La cellule-tissu, au contraire, n'est qu'un seul des quatre éléments organiques fondamentaux du corps. En conséquence, la cellule-tissu est au point de vue de l'importance organique relative, l'égale des éléments organiques vaisseau, moteur et sensible. Le corps sous forme d'ovule est doué de ces quatre éléments organiques fondamentaux irréductibles.

Je ne pense pas que ces faits soient susceptibles d'une observation directe ; mais en faveur de leur réalité militent, à mon avis, toutes les lois de l'organisation et de la vie de l'organisme corporel, et spécialement les premières manifestations de l'évolution organique de l'ovule après sa fécondation.

Occupons-nous maintenant de savoir, par rapport au corps, l'*étendue* des organismes animal et végétatif, compris dans sa nature.

L'organisme animal et l'organisme végétatif sont *chacun tout le corps* et non pas des groupes d'appareils, plus ou moins considérables de l'organisme corporel, ainsi que Bichat l'enseignait.

Nous avons vu que l'organisme animal est le corps considéré comme ensemble d'organes appropriés au mouvement physiologique, comprenant la motilité et la sensibilité. A ce point de vue, il n'est tenu aucun compte des tissus, des vaisseaux, ni des viscères.

L'organisme végétatif, par contre, est le corps dans son ensemble de tissus cellulaires, parsemés de vaisseaux, appropriés à la réception et à la transformation des substances nutritives, indispensables à l'entretien des tissus. A ce point de vue, les membres et les sens, tout le corps enfin, n'est plus considéré comme un ensemble d'organes appropriés à la motilité et à la sensibilité, mais comme un organisme composé exclusivement de tissus osseux, musculaire, nerveux, etc..., apte à se maintenir dans son état normal, grâce au rôle physiologique de l'organisme vasculaire et aux apports extérieurs, sous forme d'aliments, d'air, de chaleur, de lumière, etc...

Les anatomistes qui, à l'exemple de Bichat, divisent le corps humain en organisme animal et en organisme végétatif, désignent l'ensemble de quelques appareils comme formant l'organisme animal, et un autre groupe d'appareils, comme organisme végétatif. C'est même à ce dernier que plusieurs de ces auteurs rattachent l'appareil de la reproduction.

Bichat, tout le premier, critiqua sa propre manière de voir dans le *Discours préliminaire* de son ANATOMIE DESCRIPTIVE : « Je divise donc les appareils en trois classes :

« 1° Ceux de la vie animale, qui sont destinés à mettre l'animal en rapport avec les corps extérieurs, à recevoir l'impression de ces corps, à l'en éloigner ou l'en rapprocher, etc...; 2° ceux de la vie organique, qui ont spécialement pour usage de composer et de décomposer le corps, de lui enlever les matériaux qui l'ont formé pendant un certain temps, et de lui en fournir de nouveaux; 3° ceux de la génération, qui, purement relatifs à l'espèce, sont pour ainsi dire étrangers à l'individu, que les deux premières classes d'appareils regardent exclusivement.

. . . .

« Telle est la division anatomique que j'emploierai dans cet ouvrage. Je suis loin de la présenter comme étant celle de la nature elle-même : nos fonctions sont bien isolées les unes des autres; les animales, les organiques et celles de la génération, sont bien caractérisées par des attributs si distincts, que leurs limites sont vraiment naturelles. Mais il n'en est pas de même des organes; la nature fait souvent servir les mêmes à des fonctions toutes différentes : la peau appartient par le toucher à la vie animale, par l'exhalation de la sueur à l'organique; les narines sont le siège des sécrétions par leurs glandes muqueuses, et de l'odorat par leurs papilles; etc., etc... (1). »

Bichat, dont l'œuvre fait époque dans le développement historique de la science de l'homme, de son propre avis, fut le premier (2) à rompre avec les traditions, à jeter les bases d'une classification plus méthodique et partant plus exacte des organes du corps humain vivant. « L'usage ordinaire est de diviser l'anatomie en ostéologie, myologie, angéiologie, névrologie et splanchnologie. Mais le moindre coup d'œil jeté sur les organes suffit pour montrer le vide de cette division, qui sépare divers organes qui devraient être unis, et qui en unit plusieurs qui devraient être séparés (3). »

Je me plais à rendre hommage à la science de Bichat. Son œuvre forme un remarquable traité de *somatologie*, qui porte partout l'empreinte du génie.

Bichat a créé l'histologie. La publication de son *Traité d'anatomie générale* fut la révélation d'une science nouvelle.

Dans ses *Recherches physiologiques sur la vie et*

(1) BICHAT, X., ANATOMIE DESCRIPTIVE, t. Ier, *Discours préliminaire*, p. XIIJ.

(2) Cependant le discours de Buffon, traitant *De la nature des animaux*, mérite d'être rappelé à ce sujet.

(3) BICHAT, X., ANATOMIE DESCRIPTIVE, t. Ier, *Discours préliminaire*, p. XIJ.

sur la mort, il a exactement posé les bases de la
science de la vie corporelle, bien qu'il n'ait pas su
distinguer la vie morale de la vie corporelle autant
qu'il l'aurait dû.

Bichat doit être mis au rang des fondateurs
de l'Anthropologie.

J'ai suivi la voie qu'il a tracée, pour la détermination du corps humain et de son activité. Cepen-
.dant j'ai tenté de compléter son œuvre et l'ai modifiée principalement, en ce qu'il faut attribuer
d'*étendue* aux organismes animal et végétatif, dans
l'organisme corporel.

Cruveilhier signale également les défauts de la
division des organes du corps humain, déjà reconnus et signalés par Bichat. « Une observation,
cependant, doit trouver place ici : dans la nature,
les divers appareils dont se compose l'organisme ne
sont point aussi nettement séparés les uns des
autres que tendraient à le faire croire les divisions
plus ou moins artificielles admises pour les besoins
de la description ; loin de là, tous ces appareils se
tiennent entre eux, se confondent par certaines de
leurs parties, si bien qu'une distinction nettement
tranchée est complètement impossible (1). »

La réforme accomplie par Bichat, dans la science
du corps humain, ne fut pas assez radicale. Il est
manifeste que le caractère essentiel de la nouvelle
classification des organes par moi proposée, a

(1) CRUVEILHIER, J., *Anatomie descriptive*, Avant-propos, p. XVIII,
Paris, 1877, 5e édit.

complètement échappé aux anatomistes : organisme
animal, organisme végétatif sont chacun le corps
entier, à un point de vue spécial. Certains anatomistes ne se sont point fait faute de reconnaître, à
quelles fausses conséquences menait leur classification d'organes. L'erreur en incombe au principe
de division qui leur faisait considérer chacun des
organismes animal ou végétatif, comme groupe
d'appareils d'une nette délimitation.

Afin de bien fixer les idées à ce sujet, je citerai
l'article *Anatomie* du Dr J. Béclard (*Dictionnaire
encyclopédique des sciences médicales* de Dechambre). Cet article résume de claire façon ce que
comprennent les diverses branches de l'anatomie
descriptive, généralement admises de nos jours :
« C'est ainsi que dans l'ordre des fonctions dites
animales, l'étude des appareils locomoteurs et sen-
sitifs comprend sous le nom d'*ostéologie* la description de tous les os, quelle que soit leur situation,
dont l'ensemble constitue le squelette; sous le
nom d'*arthrologie*, la description de leurs moyens
d'union; sous le nom de *myologie*, la description de
tous les muscles de la tête, du tronc et des membres; sous le nom de *névrologie*, l'étude des centres
et des cordons nerveux dans toutes leurs divisions
et subdivisions; sous le nom d'*aesthésiologie*, la
description des organes des sens annexés au système
nerveux et représentant en quelque sorte la porte
d'entrée des impressions du dehors. C'est ainsi que,
dans l'ordre des fonctions dites organiques, l'étude
des appareils de nutrition comprend sous le nom

d'*angéiologie*, la description de tous les vaisseaux (artères, veines, lymphatiques) ; sous le nom de *splanchnologie*, la description des organes contenus dans les cavités splanchniques, organes groupés en trois appareils : appareil de la digestion, appareil de la respiration, appareil génito-urinaire. C'est à cette sorte d'anatomie qu'on réserve ordinairement le nom d'anatomie *descriptive* (1). »

Il me semble inutile d'insister davantage sur les défauts et les lacunes qu'offre un tel système de classifier les organes du corps vivant. Celui-ci ne se divise pas naturellement « en séparant », comme le fit fort judicieusement remarquer Bichat, « divers organes qui doivent être unis (2) ».

Pour obtenir la division des organes, conformément à la nature du corps vivant, il faut opérer d'après les lois de l'organisation, en tenant compte des fonctions les plus générales, comprises dans la vie corporelle. Puisqu'il s'agit, en anthropologie, de connaître le corps à l'état physiologique, les organes doivent être considérés non seulement au point de vue de leur structure anatomique et des rapports de corrélation et de subordination qu'ils ont entre eux, mais aussi au point de vue de leurs fonctions.

D'autre part, dans la division que je critique, il n'est tenu aucun compte de l'organisme cellulaire ; les rapports de l'histologie avec les autres subdivisions de l'anatomie descriptive sont donc perdus de

(1) P. 193.
(2) ANATOMIE DESCRIPTIVE, *Discours préliminaire.*

vue; de là, une lacune dans la plupart des traités d'anatomie descriptive.

« Les sciences anatomiques présentent autant de divisions secondaires qu'il y a de points de vue différents sous lesquels les corps organisés, et en particulier le corps humain, peuvent être envisagés, » enseignent MM. Beaunis et Bouchard (1); mais ils n'en persistent pas moins à conserver l'ancienne subdivision de l'anatomie descriptive en ostéologie, arthrologie, myologie, angéiologie, névrologie, splanchnologie et aesthésiologie.

Le corps humain ne se prête pas, en raison de sa qualité d'organisme vivant, à une semblable subdivision. Comme nous l'avons vu, l'*unité fondamentale* ou *individualité* du corps vivant est essentielle, et s'étend de l'ensemble du corps à chacun des organismes partiels fondamentaux qu'il contient. L'unité relativement distincte de chacun de ceux-ci se manifeste par la différence qui existe entre chacun de leurs éléments constitutifs, à savoir : la *cellule*, le *vaisseau*, l'*organe de motilité* et l'*organe sensible*. Ils possèdent donc tous quatre, chacun à un point de vue spécial, les caractères fondamentaux de l'organisme corporel, au double point de vue anatomique et physiologique, et, comme tels, ils sont chacun tout le corps, et non pas un groupe plus ou moins considérable d'appareils. En conséquence, chaque élément organique, anatomiquement et phy-

---

(1) BEAUNIS et BOUCHARD, *Nouveaux Éléments d'anatomie descriptive*, Introduction, p. 1, Paris, 1880, 2ᵉ édit.

siologiquement considéré, a une importance organique égale; ils sont au même titre, solidaires les
uns des autres; chacun participe à la nature et aux
fonctions des autres, en raison de l'unité organique
et fonctionnelle du corps vivant.

Une division mécanique des organes, basée sur
des distinctions absolues, soit de texture (os, muscle,
nerf, etc.), soit d'activité, est donc impossible. Dans
toute division des parties d'un organisme, il faut
tenir compte des rapports complexes et réciproques
des organes entre eux et de chaque partie avec
l'ensemble.

La division que je préconise et qui attribue
égale importance à chacun des quatre éléments
organiques fondamentaux du corps vivant, tout
en représentant cet organisme dans son entièreté,
n'est donc pas conforme à la proposition générale :
*le même organe remplit des fonctions essentiellement
différentes.* Il est indispensable de remarquer qu'à
chacune de ses fonctions correspond un point de vue
spécial, sous lequel l'organe doit être considéré.

Chaque organe possède des propriétés anatomiques en rapport avec l'ensemble des fonctions
qu'il remplit pendant le cours de la vie. Il ne fait
donc que changer d'aspect, selon le point de vue.
Chacune de ses propriétés remplit une fonction et
toute propriété anatomique générale, c'est-à-dire
appartenant au corps entier, doit être considérée
comme un principe de division pour l'ensemble des
organes.

Bichat disait : « la nature fait souvent servir les

mêmes (organes) à des fonctions toutes différentes :
la peau appartient par le toucher à la vie animale,
par l'exhalation de la sueur à l'organique; les
narines sont le siège de sécrétions par les glandes
muqueuses, et de l'odorat par leurs papilles; etc. (1) »
Mais ce que Bichat n'a pas fait remarquer : l'aspect
de l'organe, lui aussi, change selon le point de vue
fonctionnel spécial où l'on se place. Les différentes
fonctions qu'un organe remplit ne sont que les manifestations spéciales, se rattachant, dans ce même
organe, à chacune de ses propriétés anatomiques
constituées par un élément organique particulier.

Tout organe fait donc partie d'organismes partiels différents. S'il est considéré au point de vue de
ses tissus, il fait partie de l'organisme cellulaire;
s'il est considéré au point de vue des sensations
dont il est le siège, il fait partie de l'organisme
sensible, et ainsi de suite.

Sous le rapport des différents points de vue organiques, il en est du corps entier, comme de chacun
de ses organes. L'aspect de l'organisme corporel
doit nécessairement varier, selon qu'il est considéré
comme organisme animal, comme organisme végétatif ou comme organisme reproducteur. Il n'en
conserve pas moins son unité organique fondamentale, bien qu'on l'examine sous ses diverses faces,
dont chacune est une propriété anatomique fondamentale, manifestant une fonction générale. Les
organismes partiels cellulaire, vasculaire, sensible

---

(1) ANATOMIE DESCRIPTIVE, *Discours préliminaire.*

et moteur sont chacun tout le corps, considéré alternativement à quatre points de vue anatomiquement et physiologiquement différents.

Les physiologistes expriment une idée analogue, lorsqu'ils divisent la vie physiologique en fonctions animales, végétatives et sexuelles (1).

Il est évident que tout organe participe à la vie végétative et à la vie animale, qui comprennent la sensibilité, la motilité, les fonctions vasculaires et les fonctions cellulaires. Toutes ces fonctions sont corrélatives dans l'activité du corps vivant. La main, par exemple, relève de l'organisme animal, parce qu'elle est avant tout appropriée au toucher et à la motilité; mais, outre que la main est un organe sensible et moteur, elle est en même temps à un autre point de vue, un ensemble de tissus combinés les uns les autres, s'usant par l'activité tactile et le mouvement de l'organe qu'ils constituent. La main participe donc, comme organe de tact et de motricité, à la vie animale, au point de vue fonctionnel, à l'organisme animal, au point de vue anatomique. En même temps, comme ensemble organisé de tissus parsemé de vaisseaux, elle se rattache à la vie végétative au point de vue fonctionnel, à l'organisme végétatif, au point de vue anatomique. Ainsi de tous les organes.

Une fois encore : l'organisme animal et l'orga-

<hr />

(1) Voir BICHAT, X., ANATOMIE DESCRIPTIVE, *Discours préliminaire*, pp. xv et suiv., Paris, 1819.

Voir DONDERS, F. C., PHYSIOLOGIE DES MENSCHEN, p. 4, § 2, *Eintheilung der physiologischen Processe*, Leipzig, 1856.

nismo végétatif sont tout le corps chacun, et non
deux groupes, composés l'un et l'autre d'un certain
nombre d'appareils.

Nous avons vu admettre généralement par les
auteurs modernes, que l'organisme végétatif n'est
que le tube digestif avec ses annexes, plus les appareils de la circulation du sang, de la respiration
et des excrétions. Cependant tous ces organes ne
sont en réalité que des fractions de l'organisme
végétatif. En effet, le tube digestif reçoit les aliments et effectue leur digestion; après avoir absorbé
les substances rendues assimilables par les fonctions digestives, l'appareil de la circulation du sang
les transporte dans l'étendue entière du corps, où il
reprend également les particules désorganisées,
pour les rejeter dans les organes excréteurs, qui
les expulsent du corps.

D'après cette théorie, le corps lui-même, pour qui
les aliments sont introduits, préparés et transpor-
tés, le corps qui par conséquent est le but de toutes
ces fonctions, et qui s'en assimile les produits,
passe inaperçu. Il n'en est tenu aucun compte. Tel
est le corps considéré comme organisme cellulaire,
corrélatif à l'organisme vasculaire. D'une part,
celui-ci incorpore et prépare les substances organiques que celui-là assimile, en les combinant
organiquement à ses tissus; d'autre part, l'organisme vasculaire emporte et expulse du corps les
résidus que les tissus rejettent. Aux fonctions vasculaires sont donc directement corrélatives les
fonctions cellulaires.

L'ensemble des fonctions vasculaires a pour synthèse le rôle physiologique du sang, auquel se
rattachent, d'un côté, les fonctions digestives avec
leurs accessoires, de l'autre, les fonctions excré-
mentitielles. Malgré les mutations incessantes que
le sang subit, par suite des absorptions et des
éliminations qu'il effectue constamment, sa composition est stable à l'état de santé, parce qu'il y a
corrélation directe entre les deux fonctions qu'il
effectue, l'une étant exactement la contre-partie de
l'autre.

Il est presque superflu d'ajouter que, dans la
description des deux organismes partiels contenus
dans l'organisme végétatif, chaque organe (vaisseau, glande ou viscère) doit être examiné au double point de vue des tissus qui le constituent :
comme tel, il fait partie de l'organisme cellulaire.
Mais par sa nature vasculaire, c'est-à-dire comme
organe de la circulation, ayant une fonction spéciale
à remplir, soit dans la digestion, soit dans la circulation du sang ou dans la respiration, soit dans les
excrétions, il fait aussi partie de l'organisme vasculaire. Le foie, par exemple, entretient dans leur
état normal, grâce au sang qui y circule, les tissus
qui le constituent, et, en même temps, il produit,
entre autres choses, la bile. L'assimilation d'éléments du sang et la désassimilation de ses cellules
usées, est la fonction cellulaire du foie ; tandis que
la sécrétion de certains liquides organiques, parmi
lesquels nous avons cité la bile, est une de ses
fonctions vasculaires.

Considérables sont les modifications qui se produisent à la naissance dans la vie physiologique. Leur examen nous permettra de caractériser davantage la différence essentielle qui existe entre la vie animale et la vie végétative.

A sa sortie du sein maternel, l'enfant commence une nouvelle phase de la vie; ses membres prennent de la consistance et ses sens s'éveillent au contact du monde extérieur; la vie animale commence, du moins quant à la sensibilité, au moyen des cinq sens.

La vie végétative, elle, se complète. En effet, dès la naissance, l'enfant devra incorporer et élaborer lui-même les aliments indispensables à son entretien; il devra également évacuer les résidus organiques que ses organes rejettent. De là, deux nouvelles séries de manifestations organiques, qui viennent compléter sa vie végétative, en se greffant en quelque sorte de chaque côté, à l'entrée et à la sortie, à la fonction dévolue au système de la circulation du sang.

Les fonctions cellulaires commencent à se manifester, peu de temps après que l'ovule a été fructifié; les vasculaires se produisent à mesure que l'ovule se développe; mais ce n'est qu'après la naissance que la vie végétative est complète. L'ensemble des fonctions vasculaires, loin d'être la vie végétative

tout entière, comme beaucoup d'auteurs l'ont sou-
tenu, n'est donc en réalité qu'une partie de celle-ci,
l'autre partie étant l'ensemble des fonctions cellulaires.

.·.

L'examen de l'activité spéciale du corps pendant
le sommeil fait voir également la vie animale et la
vie végétative essentiellement distinctes l'une de
l'autre.

L'organisme vivant passe alternativement avec
une périodicité régulière, de l'état de veille à l'état
de sommeil et vice versa. Or, le sommeil physiologique nous offre un exemple remarquable de la
distinction naturelle qui existe entre la vie animale
et la vie végétative, et par conséquent aussi, entre
l'organisme animal et l'organisme végétatif.

Ce n'est pas une partie du corps, composée des
appareils de la vie animale, comme l'enseigne
Huxley (1), dont l'activité est suspendue pendant
le sommeil; mais c'est le corps entier, considéré
comme *organisme animal*, qui cesse en quelque
sorte de fonctionner, tandis que l'activité de l'*organisme végétatif* n'est pas interrompue : le sang
circule, la respiration fonctionne, les sécrétions
s'effectuent, *non pas dans une partie, mais dans
l'étendue entière du corps.*

Au point de vue physiologique, le sommeil est

_____

(1) Voir HUXLEY, T.-II., *Physiologie élémentaire*, trad. DALLY, p. 1,
Paris, 1869.

donc un arrêt temporaire, à peu près complet, dans l'activité du corps, comme organisme animal ; en effet, la locomotion et la sensibilité sont pour ainsi dire suspendues.

. .

De l'ensemble de ces considérations il est permis de conclure *que l'organisme animal et l'organisme végétatif sont chacun tout le corps*, au double point de vue statique et dynamique.

La science de l'*organisme de la motilité* est l'ensemble des connaissances relatives au corps vivant, organisé en vue de la *locomotion*.

La science de l'*organisme sensible* nous présente le corps comme être vivant, doué d'une *sensibilité générale*, étendue au corps entier, et d'une *sensibilité spéciale*, limitée à certains organes.

La science de l'*organisme cellulaire* (histologie) est la connaissance des différents *tissus* qui entrent dans la constitution du corps vivant.

La science de l'*organisme vasculaire* décrit le corps comme *système de canaux* ramifiés, charriant les substances organiques y circulant durant la vie.

Incontestablement ces organismes partiels sont les quatre faces relativement distinctes d'un seul et même être, le corps humain, puisque la nature de celui-ci est *composée de tissus, parsemés de vaisseaux, sensible dans toute son étendue, tant à l'intérieur qu'à la surface, mobile en tout et en partie.*

Les quatre organismes partiels fondamentaux

que comprend le corps et qui le représentent, chacun dans toute son étendue, se complètent réciproquement, pour constituer un seul individu vivant. Ils sont organiquement combinés de telle sorte, qu'il est impossible de déterminer le point où finit l'un, où commence l'autre; ils se continuent pour ainsi dire l'un dans l'autre.

De plus, la fonction générale de chacun de ces organismes partiels, est commune à l'étendue entière du corps. Les éléments organiques qui les constituent ont donc la même importance par rapport à l'organisme corporel. D'où, ils ne peuvent être divisés en série en ligne droite, pas plus que chacun d'eux n'est formé par un groupe de quelques appareils, se limitant les uns les autres.

LE SYSTÈME NERVEUX

Le système nerveux est l'organisme partiel supérieur de l'organisme corporel. Directement uni à l'organisme spirituel et surtout à la faculté supérieure de celui-ci, la volonté, le système nerveux est en quelque sorte le moteur commun aux fonctions corporelles, soit d'une manière dont nous avons conscience et sous l'impulsion de la volonté, soit d'une façon inconsciente, sous l'impulsion de la force corporelle seule.

Aucun organe n'est sensible ni capable d'action par lui-même; l'intervention du système nerveux est indispensable à toutes les fonctions. La ligature de certains nerfs supprime la sensibilité dans les parties du corps où ils s'épanouissent sous forme de papilles nerveuses; celle d'autres nerfs a pour conséquence l'incapacité du mouvement de certains organes. D'autre part, les fonctions vasculaires de la digestion, de la circulation du sang et des excrétions, s'accomplissent au moyen de ramifications du système nerveux qui se trouvent dans les organes de l'organisme végétatif; il en est de même des fonctions cellulaires.

Le système nerveux pris dans son ensemble est donc le facteur principal de l'organisme corporel, et chacune de ses diverses ramifications est encore, dans ses attributions spéciales, l'élément principal de l'organe où elle trouve; les nerfs règlent le rôle physiologique de tous les éléments organiques vivants ; « l'appareil nerveux joue dans l'économie animale le rôle le plus élevé, il domine en quelque sorte tous les autres appareils, dont il excite et règle le fonctionnement (1). » Il semble qu'au système nerveux se rattachent, comme systèmes accessoires, chacun d'eux possédant sa structure et ses fonctions spéciales, tous les autres organismes partiels qui entrent dans la constitution du corps, savoir : au système nerveux cérébro-spinal, l'organisme animal; au système nerveux ganglionnaire, l'organisme végétatif. « Tous les anatomistes ont considéré jusqu'ici le système nerveux d'une manière uniforme, mais pour peu qu'on réfléchisse

---

(1) CRUVEILHIER, *Anatomie descriptive*, t. III, p. 315.

aux formes, à la distribution, à la texture, aux propriétés et aux usages des branches diverses qui le
composent, il est facile de voir qu'elles doivent être
rapportées à deux systèmes généraux, essentiellement distincts l'un de l'autre, et ayant pour centres
principaux, l'un le cerveau et ses dépendances,
l'autre les ganglions. Le premier appartient spécialement à la vie animale; il y est, d'une part, l'agent
qui transmet au cerveau les impressions extérieures
destinées à produire les sensations; de l'autre part,
il sert de conducteur aux volitions de cet organe,
qui sont exécutées par les muscles volontaires auxquels il se rend. Le second, presque partout distribué aux organes de la digestion, de la circulation,
de la respiration, des sécrétions, dépend d'une
manière plus particulière de la vie organique, où il
joue un rôle bien plus obscur que celui du précédent.
Chacun n'est point strictement borné aux organes
de l'une et de l'autre vie. Ainsi les nerfs céré-
braux envoient-ils quelques prolongements dans les
glandes, aux muscles involontaires, etc.; ainsi le
système nerveux des ganglions a-t-il quelques
rameaux dans les muscles volontaires. C'est sur la
disposition générale, et abstraction faite de ces
exceptions particulières, qu'est fondée la division
des deux systèmes nerveux, entre lesquels je n'établis point ici de parallèle pour faire sentir leur
différence, parce que l'exposition de chacun suffira
pour convaincre de cette différence (1). »

---

(1) BICHAT, X., *Anatomie générale*, Paris, 1812, t. Ier, p. 115.

Bichat critiqua en quelque sorte lui-même sa division du système nerveux : l'inexistence d'une démarcation complète des systèmes nerveux cérébro-spinal et ganglionnaire ne lui avait pas échappé. Nous savons qu'il doit en être ainsi dans un organisme vivant, étant donné que tous les systèmes organiques sont combinés les uns avec les autres en essence et en activité; et chacun d'eux réunit, conformément à sa nature particulière, les caractères de l'ensemble et, par conséquent, de chacun des autres systèmes que l'organisme total comprend.

Dans le système nerveux cérébro-spinal, il y a lieu de distinguer les nerfs de l'organisme de la sensibilité, des nerfs du mouvement; dans le système ganglionnaire, les nerfs des vaisseaux de ceux des cellules.

Comme harmonie des systèmes nerveux des organismes animal et végétatif, nous avons celui de l'organisme génital. « La génération n'entre point dans la série des phénomènes de ces deux vies » (végétative et animale), « qui ont rapport à l'individu, tandis qu'elle ne regarde que l'espèce : aussi ne tient-elle que par des liens indirects à la plupart des autres fonctions. Elle ne commence à s'exercer que lorsque les autres sont depuis longtemps en exercice; elle s'éteint bien avant qu'elles ne finissent. Dans la plupart des animaux, ses périodes d'activité sont séparées par de longs intervalles de nullité; dans l'homme où ses rémittences sont moins durables, elle n'a pas des rapports plus nombreux avec les fonctions (1) ».

Nous savons que l'organisme corporel, considéré comme être générateur, a sa nature et ses fonctions spéciales; comme tel, il est donc caractérisé sous tous les rapports d'une façon particulière.

« Les appareils de la génération sont : 1° celui de l'homme, 2° celui de la femme, 3° celui qui est le produit de l'union des deux sexes (2). »

---

(1) BICHAT, X., *Recherches physiologiques sur la vie et la mort*, 2ᵉ édit., Paris, 1802, p. 3.
(2) BICHAT, X., *Traité d'anatomie descriptive*, Paris, 1855, p. 5.

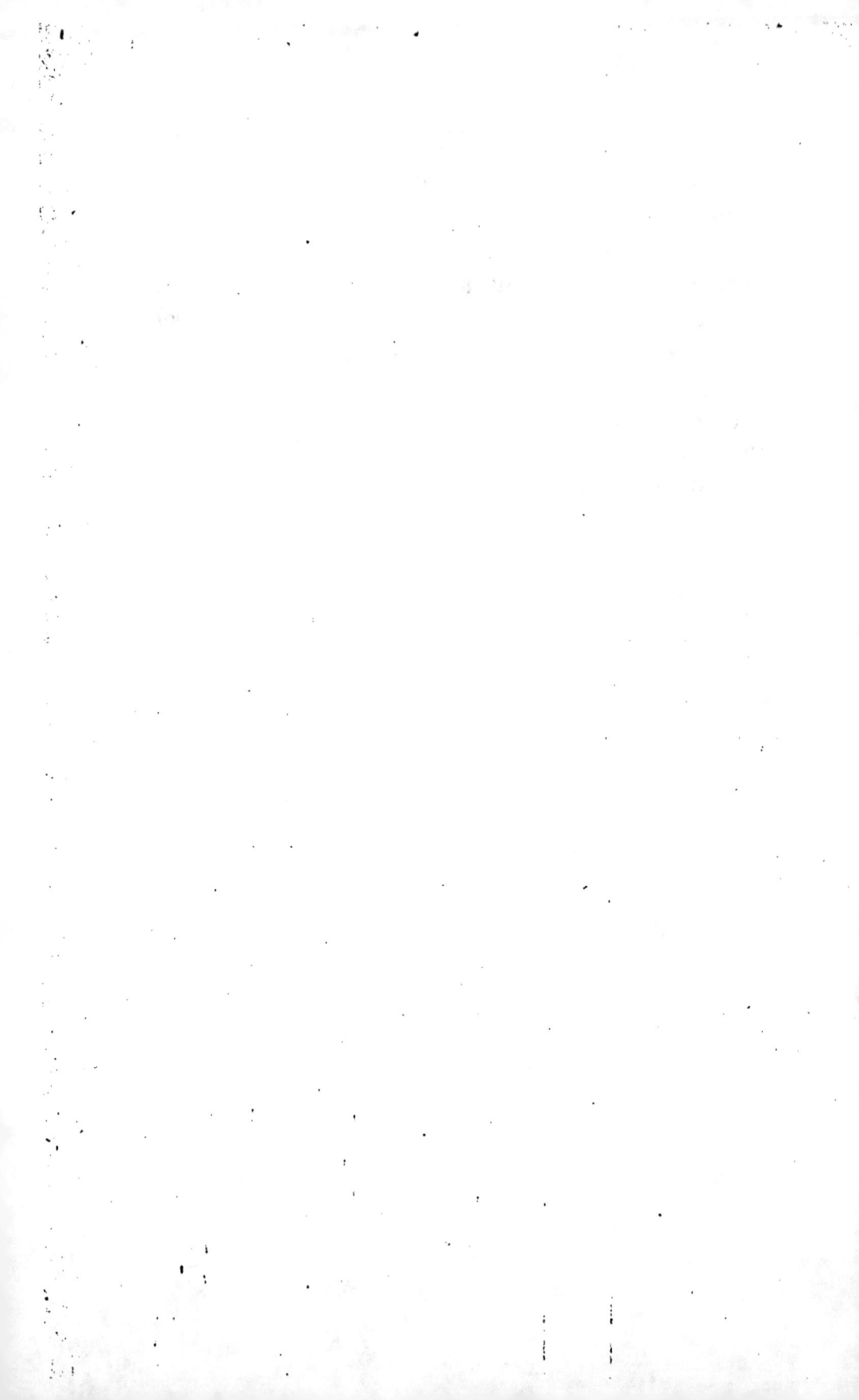

LIVRE III

CHAPITRE PREMIER

§ Ier. — L'esprit humain.
§ 2. — Lois fondamentales de l'organisme spirituel.

L'observation psychologique individuelle a pour domaine exclusif, le propre esprit de l'observateur; il s'agit bien entendu de l'esprit considéré en soi, de quelqu'une de ses propriétés ou d'un de ses actes, en tant que l'observateur a conscience de lui-même.

L'esprit qui ne connaît certains phénomènes de la Nature que grâce aux sens du corps avec lequel il est organiquement combiné, se connaît directement lui-même, c'est-à-dire sans aucun intermédiaire. « Quand l'esprit acquiert la conscience de ses facultés, il a du même coup conscience de lui-même, de son *moi*, de son *essence*, puisqu'il sait ce qu'il est et qu'il sent que ses facultés sont à lui et non à un autre (1). » Lorsque nous nous observons nous-mêmes, comme esprit, nous sommes à la fois

---

(1) TIBERGHIEN, G., *La Science de l'âme*, p. 77.

le sujet et l'objet de notre connaissance; l'esprit humain a conscience de lui-même, de sa nature et de ses manifestations sans aucun intermédiaire; nous n'avons donc pas de *sens intime*, c'est-à-dire que notre esprit n'est pas pourvu d'un organe spécial ou *œil de l'intelligence*, au moyen duquel il se regarderait lui-même; l'homme n'a pas besoin d'organe pour se percevoir en lui-même, dans l'intimité de son esprit, parce que celui-ci est inétendu; il en est tout autrement du corps; l'homme doit nécessairement faire usage des yeux, pour se rendre compte de la forme, de la couleur de son corps, parce que celui-ci a des dimensions en longueur, largeur et épaisseur, c'est-à-dire une nature et des limites matérielles. L'identité du sujet qui connaît et de l'objet qui est connu, quand l'esprit a conscience de lui-même, prouve surabondamment qu'il n'y a pas dans sa nature un sens intime; cette expression ne peut donc servir qu'à désigner l'intelligence en tant qu'elle observe la nature et l'activité de l'esprit, dont elle est une des facultés.

La connaissance que l'esprit possède de lui-même est, dans sa situation actuelle, limitée à son propre individu et au moment où le fait de conscience se produit; cependant nous avons conscience de faits semblables dans le passé, et nous pouvons légitimement supposer qu'il en sera encore ainsi à l'avenir; mais les limites de l'observation psychologique individuelle sont nettement définies, sans qu'on puisse répondre ni du passé, ni de l'avenir.

Aux trois facultés fondamentales de l'esprit reconnues par Krause et par Tiberghien, la pensée, le sentiment et la volonté, j'ai ajouté la faculté d'aimer, prise dans le sens exclusif de l'amour sexuel, c'est-à-dire de la passion que la femme inspire à l'homme et que l'homme inspire à la femme, passion qui les pousse à s'unir pour constituer une famille.

A mon avis, il existe une différence capitale entre le *sentiment*, faculté d'être sensible au plaisir et à la peine, à la joie et à la douleur, d'éprouver de la sympathie pour telle personne et de l'antipathie pour telle autre, et l'*amour*; en effet, de cette faculté procèdent exclusivement ces faits si caractéristiques de la vie spirituelle, qui sont coordonnés aux fonctions du corps, considéré comme organisme génital. Les manifestations de l'amour sont essentiellement distinctes de celles du sentiment; nous éprouvons celles-ci pendant tout le cours de la vie; elles sont coordonnées au cours de nos pensées; l'objet de la pensée est en même temps l'objet du sentiment et de la volonté, tandis qu'il laisse ordinairement insensible notre faculté d'aimer; celle-ci a sa période d'activité bien distincte de celles des autres facultés de l'esprit; l'amour est la seule de nos facultés qui soit en quelque sorte exclusive, en ce sens qu'il ne change pas d'objet, comme nos autres facultés, du moins pendant un laps de temps plus ou moins long; tandis que le cours de nos pensées, de nos sentiments et de nos volitions varie sans cesse; les personnes

fidèles à un amour sont exceptionnelles, je
l'admets ; les faiblesses humaines font qu'amour
et toujours ne riment guère : « Souvent femme
varie... » ils seront cent à l'affirmer... et l'homme?...
mais hommes ils sont eux-mêmes... !

Insisterai-je sur les variations parfois si étranges
et si imprévues de l'amour? N'arrive-t-il pas que
malgré la conscience, où nos devoirs sont tracés de
façon indélébile, malgré la délicatesse de nos sentiments, malgré des engagements formels, nous nous
laissions entraîner aux écarts d'une passion coupable. Parfois « les grandes amours sont des inondations qui noient toutes les répugnances et toutes
les délicatesses de l'âme, toutes les opinions pré-
conçues et tous les principes acceptés (1). » Ah ! la
fugacité de certaines impressions d'amour, où
apparaît si bien la faiblesse humaine! Le bandeau
d'Eros est souvent la gaze mystérieuse qui embellit
le nouvel amour,... et le linceul dans lequel on
l'ensevelit le lendemain.

. .
.

La mémoire n'étant que l'intelligence appliquée
au passé, pourquoi en faire une faculté spéciale,
distincte de la pensée elle-même? L'homme connaît
plus ou moins exactement le passé, le présent et l'avenir, mais il connaît toujours au moyen de l'intelligence; je ne vois donc pas la nécessité, ni même

---

(1) TAINE, H., *Histoire de la littérature anglaise*, t. II, p. 82.

l'utilité de désigner l'intelligence, sous un nom autre qu'intelligence, lorsque cette faculté a pour objet un fait passé; en disant, j'ai la mémoire plus ou moins bonne, on veut dire, j'ai plus ou moins de facilité à me rappeler les choses passées; mais il n'existe pas une faculté distincte de l'intelligence, dont l'activité consiste à susciter des souvenirs. Le sentiment, la volonté et l'amour ont aussi leurs réminiscences; le sentiment, comme impression d'une joie ou d'une peine de jadis; la volonté, comme approbation ou réprobation d'errements passés, auxquels on renonce en adoptant une nouvelle ligne de conduite; quant à l'amour...

Les facultés sont aussi impressionnées par le futur; je ne m'y arrêterai pas.

En ce qui concerne la loi objective de la mémoire dite *association des idées* (1), il me semble évident qu'une association de *souvenirs* est une *inférence*, si les objets de ces souvenirs ont entre eux des rapports de coexistence ou de succession; c'est au contraire une *déduction*, si les objets en question ont entre eux des rapports naturels de contenance ou de subordination (2).

. .

La faculté de connaître ou intelligence est un système de sous-facultés; les unes perçoivent l'objet à

---

(1) Voir TIBERGHIEN, G., *La Science de l'âme*, Bruxelles, 1868, pp. 268 et suiv.

(2) Voir Introduction, § 2, *a*, 2, *L'Inférence*, et § 2, *b*, *La Synthèse*.

connaître; les autres le déterminent au moyen d'un travail interne et tout subjectif, dont le produit s'exprime sous forme de notion, de jugement et de raisonnement. Chaque organe intellectuel a sa nature et son activité relativement distinctes et indépendantes; de là résulte parfois l'activité spontanée et prépondérante d'un d'entre eux, de l'imagination, par exemple, qui, dans certains cas de surexcitation due à une cause morale ou physiologique, nous impose un objet à notre insu, et même malgré nous, jusqu'à idée fixe. Qui n'a rencontré des malheureux, tout entiers sous l'empire de leur imagination, et dont les autres facultés intellectuelles étaient perverties dans leurs fonctions.

La faculté intellectuelle la plus active, la plus ardente de nos jours, peut-on dire, est incontestablement l'imagination. Pour peu qu'elle prenne l'empire de la vie morale, soit parce que la volonté lui résiste insuffisamment, soit par suite d'une affection mentale, soit par suite de l'influence d'habitudes vicieuses, d'excès ou d'affections corporelles, elle envahit toutes les autres facultés de l'âme, s'en rend maîtresse et les domine à sa fantaisie; à certains moments, l'imagination ne connaît plus de bornes; elle s'échappe du domaine de la réalité pour créer un monde imaginaire, qui ne relève plus de la science, de la morale, du droit, de la vie, en un mot d'aucune objectivité, si ce n'est d'un état pathologique; arrivée à son paroxysme, l'activité de l'imagitation n'a plus ni suite, ni lois; c'est une fièvre, un délire, c'est la folie! Dans cet état d'esprit, l'homme reste insensible aux impressions des sens et au contrôle de la raison; les sensations du monde extérieur restent sans effet, comme des flèches qui atteignent leur but, sans avoir la force d'y pénétrer; pouvoir étrange et redoutable qui provoque l'aberration des individus comme celui des foules; exaltation effrayante qui pousse parfois de grandes nations au crime et à l'anéantissement d'elles-mêmes; puissance d'autant plus à craindre qu'elle est inconsciente.

L'homme sain d'esprit lui-même est parfois temporairement victime de son imagination pendant la nuit; mais dans ce cas, l'aurore a tôt fait de dissiper les fantômes créés par les ténèbres. L'imagination doit constamment être tenue en bride par la volonté et se laisser guider par les sens, par la raison surtout; ainsi naîtra une activité normale. L'imagination, la sous-faculté en connexion complète et directe avec l'organisme sensible, est en quelque sorte l'intermédiaire entre l'esprit et le corps, de même que la sensibilité corporelle est le trait d'union du corps et de son milieu. Pendant le sommeil, le rapport entre l'imagination et le milieu physique étant provisoirement suspendu, par suite du ralentissement de l'activité de l'organisme sensible ou excitabilité de ses organes constitutifs, l'imagination, abandonnée en quelque sorte à elle-même, ou soumise à d'autres influences, se livre à des écarts : rêve et cauchemar. Pendant la veille, par contre, l'imagination étant constamment guidée

par les sensations que le contact des objets extérieurs produit en nous, est, mais dans ces seules
conditions, en état de fournir la matière de connaissances dont l'objet extérieur possède la réalité ;
grâce aux sens et surtout à la vue, l'image d'un
objet se trouve reproduite dans l'espace subjectif
indéfini qui existe dans l'imagination ; dans son
état normal et sous l'action de sensations objectives,
cette faculté est donc le théâtre des reproductions
mentales du milieu physique qui impressionne nos
sens.

L'âme et le corps sont intimement et complètement combinés dans la nature humaine, mais les
facultés spirituelles sont diversement combinées
aux organismes partiels du corps. Dans notre
situation normale, l'intelligence est surtout combinée au cerveau ; un travail intellectuel persistant
et absorbant, fatigue la tête, tandis que l'activité
du sentiment est étendue au corps entier ; l'âme est
sensible dans l'étendue entière du corps, quoique
une émotion violente et imprévue réagisse spécialement sur les fonctions du cœur et des poumons.
L'âme reçoit des sensations et les perçoit dans les
différents organes corporels, tandis que les manifestations intellectuelles paraissent plutôt circon-
scrites au cerveau ; les sensations sont cependant
objets de connaissance et sont susceptibles d'être
déterminées ; il y a encore ici prépondérance, mais
non différence et démarcation complètes. Les locali-
sations semblent être une preuve manifeste de ce
que, dans le cerveau même, les sous-facultés intel-

lectuelles sont diversement combinées aux différents organes du cerveau (1).

'La force vitale du cerveau agit surtout comme force concomitante de la force intellectuelle; les conditions d'une activité intellectuelle normale sont une faculté intacte combinée à un cerveau sain. De la combinaison plus spéciale et plus complète de l'intelligence avec le cerveau, résulte que cette faculté est plus que le sentiment, indépendante du corps et de son état.

. .

A la mort disparaissent avec l'âme, toutes les forces organiques de l'organisme corporel; au moyen de ces forces le corps est apte à vivre, tant que dure sa combinaison avec l'organisme spirituel.

Cette force dont le corps est animé, est bien plus inhérente à notre individualité que les substances matérielles, toujours renouvelées, qui le constituent.

L'âme étant unie au corps, occupe nécessairement une place sur la Terre, puisqu'elle est, tant que dure la vie, inséparable du corps ; mais dans le corps lui-même, l'âme n'occupe aucune place spéciale; elle participe au contraire à toute l'étendue de l'organisme corporel et s'y trouve en conséquence *partout*, quoique les facultés spirituelles soient diversement combinées avec les organes physiques. La combi-

---

(1) Voir van GEHUCHTEN, *Le Cerveau*.

naison organique de l'esprit et du corps constitue la nature de l'homme vivant; cette nature est distincte de l'essence spirituelle et de l'essence corporelle. Cette combinaison est temporaire, puisqu'elle est détruite à la mort. Elle a de l'analogie avec les combinaisons chimiques que l'on étudie dans les laboratoires; celles-ci sont également temporaires; seulement, les propriétés des éléments chimiques disparaissent complètement dans les combinaisons, dont les éléments constitutifs sont pourvus de propriétés distinctes des leurs; au contraire, les propriétés inhérentes à l'esprit et au corps persistent, quoique étant soumises, selon l'exposé antérieur, à des influences réciproques, coordonnées entre elles et subordonnées aux propriétés de la nature humaine.

L'âme, ses facultés, ses actes, nous sont directement révélés dans la conscience, tandis que le corps ne nous est qu'indirectement connu, quoique nous percevions directement nos sensations. Un homme n'ayant jamais vu son image ne se reconnaîtrait pas en photographie; le cas s'est présenté. Un propriétaire de la Campine avait fait photographier quelques points de vue de son domaine; sur une des épreuves, il était représenté, entouré de tout son personnel. Ayant soumis ce groupe à Jan, le plus ancien et le dernier en grade de ses serviteurs, celui-ci reconnut tout le monde, hormis un vieux paysan : ce Jan, précisément, une brute fidèle et dévouée.

L'âme est la face spirituelle de la nature humaine; c'est l'homme considéré comme être libre, ayant moralité, intelligence, sentiment, affection, en continuelle activité, la vie spirituelle.

‹ L'unité d'essence de l'organisme spirituel, comme celle de l'organisme corporel, est évidente, malgré la diversité de ses facultés; elles ne sont que les diverses faces de sa nature, malgré les modifications continues que subit l'organisme humain, et la variété de son activité au cours de toute la vie.

L'unité de nature du corps est étendue et permanente, malgré le renouvellement constant des principes immédiats qui sont la base de la constitution de ses tissus.

L'unité de l'âme est inétendue ou concentrée en elle-même.

La dualité de sa nature est constituée par l'intelligence et par le sentiment. « L'intelligence est cette faculté de l'esprit qui engendre la connaissance, qui cherche la vérité et la certitude et se cultive dans la science. Mais toute opération de la pensée n'est pas scientifique. Dans son acception la plus générale, la connaissance désigne à la fois les manifestations vraies et fausses, certaines et incertaines de la conscience; elle embrasse nos connaissances vulgaires, nos opinions, nos préjugés, nos conjectures, nos croyances, aussi bien que nos connaissances revêtues du caractère de la science, sous forme de définitions, de divisions et de démonstrations (1). »

Le sentiment est la faculté de l'âme d'où pro-

---

(1) TIBERGHIEN, G., *La Science de l'âme*, 2ᵉ édit., p. 251.

cèdent la sympathie et l'antipathie, la joie et la douleur, et ainsi de suite. Si l'on en excepte l'amour, que je considère comme une faculté essentiellement distincte du sentiment, celui-ci est l'ensemble des facultés affectives ou le siège de la sensibilité morale, tout comme l'*esprit*, ou ce qu'on appelle improprement de la sorte, est l'ensemble des diverses facultés intellectuelles ou organes de la pensée.

L'harmonie de l'organisme spirituel est la faculté d'aimer (amour).

L'amour est cette propension de l'âme qui, allumant pour ainsi dire en un seul et ardent foyer l'ensemble des facultés spirituelles, porte l'homme à s'unir à la femme, et la femme, à se donner à l'homme, afin de fonder une nouvelle famille. L'homme pense à celle qu'il aime; ému par elle, la veut; en un mot, aime.

L'activité de cette faculté est temporaire et inter-mittente, tandis que celle de nos trois autres facul-tés est constante. « La passion nous envahit et nous quitte à l'improviste. Tout à coup nous nous sentons pleins de l'amour le plus ardent et nous sentons tout à coup que nous avons cessé d'aimer (1). »

La faculté d'aimer commence ordinairement à se manifester, quand l'homme a acquis son entier déve-loppement; elle se distingue en cela de l'activité du sentiment qui se manifeste à tout âge, comme l'ac-tivité intellectuelle; ces facultés sont corrélatives,

---

(1) SIMON, J., *Le Devoir*, p. 257.

tandis que la volonté est la faculté supérieure et directrice de l'organisme et de la vie spirituelle.

Au point de vue de la procréation, la distinction des organismes spirituel et corporel est patente; la faculté d'aimer est essentiellement distincte de l'organisme partiel physique auquel elle correspond; l'une est souvent active sans l'autre.

Au-dessus des facultés de connaître, de sentir et d'aimer, nous avons la faculté de vouloir.

La liberté, volonté consciente ou libre arbitre, est celle des facultés en vertu de laquelle l'homme agit plus ou moins de lui-même, en quelque sorte, malgré les influences auxquelles il est exposé. Je dis, *agit plus ou moins de lui-même*, parce que, généralement, la décision que nous prenons est due à l'intervention de deux facteurs, nous-mêmes et le monde extérieur; il n'en est pas moins vrai qu'en certains cas l'homme agit absolument de son plein gré. La possibilité de faire le mal est une conséquence de la limitation de la nature humaine, en même temps qu'une affligeante preuve de notre liberté. L'homme prenant une *résolution*, telle est la volonté dans sa manifestation la plus simple et la plus caractéristique.

Pour apprécier l'essence de la liberté, il importe surtout de bien déterminer les diverses sphères de son activité et la portée de son intervention dans nos actes; celles-ci sont caractérisées par la limitation ou la relativité humaine; il est incontestable que l'homme ne peut agir que dans la limite de la force inhérente à son individualité et conformément à la nature de la chose sur laquelle s'exerce son action.

Je m'explique.

En lui-même, en ce que l'on appelle communément la conscience, l'homme est libre dans toute l'acception du terme. Il projette, il décide même l'impossible. Il est capable de résister victorieusement à n'importe quelle contrainte de conscience, jusqu'à ce que mort s'ensuive; celle-ci devient alors le port de salut de la conscience outragée et violentée. La liberté humaine est donc absolue en soi, le for intérieur de chacun inviolable.

Appliquée à l'intelligence, celle de nos facultés dont l'activité est cependant le plus sous notre direction, la volonté n'est plus indépendante; la pensée est libre, mais son cours est fortement influencé par l'imagination, par exemple, dont les créations dominent parfois toute notre vie intellectuelle; celle-ci est aussi sous l'action du corps et du monde extérieur. De plus, la bonne volonté, la ténacité même, ne parviennent que rarement à surmonter une impuissance intellectuelle : n'est pas savant qui veut. Dans le plaisir et dans la peine, — dans la peine surtout, — l'intervention de la volonté est moins efficace encore que dans le cours de nos pensées : on n'est pas triste ou gai, à son gré.

En amour, l'intervention de la volonté est quasi nulle; c'est ce qui fait probablement dire l'amour aveugle. Cependant, le libre arbitre lui-même reste intact; l'homme résiste ou succombe à son gré... et la femme aussi, malgré les élans du cœur et la

force des passions, en un mot, malgré l'amour.
Rappelons à ce sujet la belle phrase de Th. REID,
mise en tête de ses *Essays of the powers of the
human mind.* : « In the right employment of the
active powers of the human mind consists all the
honour, dignity and worth of a man; and in the
abuse and perversion of it, all vice, corruption, and
depravity. »

L'intervention de la volonté dans la vie corporelle
se réalise selon les connexions organiques qui unissent cette faculté aux différents systèmes organiques partiels que le corps comprend. Cette intervention se manifeste surtout dans la motricité; la
plupart des mouvements généraux et partiels sont
relativement volontaires, étant données les conditions internes et externes indispensables à ceux-ci.

La vie végétative est, par contre à peu près complètement soustraite à l'action de la volonté; cependant l'homme peut agir en absorbant certaines
substances, sur la nature, l'état et les fonctions de
son organisme.

La volonté humaine n'a de vraie liberté qu'en
elle-même, dans le for intérieur de la conscience;
dès que l'homme exerce sa volonté en dehors d'elle-
même, la chose à laquelle il l'applique réagit, et le
phénomène qui résulte de cette action est nécessairement dû à l'intervention de deux facteurs, la
volonté d'une part, de l'autre, l'objet sur lequel a
porté l'action. Les pensées se suivent, la vie intellectuelle est continue, nos impressions varient,
mais nous appliquons notre *attention* à telle pensée

de notre choix ; or, l'attention est volontaire, malgré les distractions, les émotions, les influences
extérieures ; l'homme a beau se trouver sans cesse
sous l'impression de telle pensée, qui revient en
quelque sorte et s'impose vivement à l'attention, il
reste maître de ses décisions, il est libre ; d'une indépendance d'ailleurs nullement absolue ; sa nature
étant limitée, l'homme ne peut que relativement se
soustraire aux influences extérieures. De même que
nos actes sont plus ou moins libres, ils nous sont
plus ou moins connus. L'intelligence se perçoit
directement elle-même, c'est-à-dire que son essence
et ses manifestations intimement se révèlent dans
la conscience. Au fur et à mesure qu'elle s'écarte
de son domaine propre afin de pénétrer l'essence
des choses extérieures, la pensée voit s'élever
devant elle des obstacles de plus en plus grands ;
beaucoup d'organes et de phénomènes corporels,
qui, ainsi que la pensée, font cependant partie intégrante de notre individualité, n'échappent pas
moins complètement à nos investigations, et ce
n'est guère qu'au moyen de dissections et d'expériences physiologiques que nous parvenons à nous
en rendre compte. Lorsque nous cherchons à connaître ce qui nous entoure, combien de difficultés
n'avons-nous pas à vaincre, d'illusions à dissiper !
En résulte-t-il que nous soyons dépourvus d'intelligence ? L'existence de la faculté de connaître peut-
elle être mise en doute, parce que l'homme est sujet
à l'erreur ? Poser la question, c'est la résoudre ; seulement, eu égard à notre limitation, nous ne faisons

que plus ou moins connaître certaines choses, alors que d'autres nous sont pleinement acquises. De même de notre faculté de vouloir, relativement libre, mais dont certaines décisions sont absolument conscientes et indépendantes; de même encore de nos autres facultés.

La volonté, expression de l'autonomie individuelle, dirige donc l'activité spirituelle, avec l'intervention plus ou moins efficace des forces internes et externes; la volonté provoque, soutient ou détourne l'attention dans l'activité intellectuelle; elle régit moins nos émotions, celles-ci étant, bien plus que nos pensées, sous l'influence des choses qui exercent une action sur nous; quant à la faculté d'aimer, la volonté fait que l'homme résiste ou succombe, favorise ou entrave ses amours. Nul n'ignore les luttes qui ont pour théâtre la conscience humaine : les sollicitations des plaisirs et des jouissances, les entraînements des passions; l'homme a cependant le pouvoir de rester maître de lui, dans les situations délicates et difficiles où lui-même et ses semblables le placent parfois; cependant la volonté ne succombe que de son propre gré; l'homme est libre, et en conséquence responsable de ses actes; les circonstances atténuantes que l'on invoque souvent sont presque toujours spécieuses; tout au plus peuvent-elles servir à tromper nos semblables ou à nous faire momentanément illusion. « On ne peut vaincre l'amour qu'en fuyant, » écrit FÉNELON dans son *Télémaque*, et Fénelon et le cœur...

La volonté s'applique à elle-même et aux autres

facultés de l'âme, elle dirige leur activité et n'est dirigée que par elle-même; les autres facultés lui sont subordonnées; elles en dépendent comme les organismes partiels du corps dépendent du système nerveux.

« ... la volonté, comme puissance directrice de la vie, est la *cause* directe de toute l'activité spirituelle. C'est là ce qui constitue la liberté. L'esprit sans doute se détermine lui-même, mais en tant qu'il se détermine il est volonté. La volonté n'est séparée de l'intelligence ni du sentiment : l'esprit ne cesse pas d'être une substance intelligente et affective quand il prend une résolution; mais le sentiment et la pensée ne font qu'accompagner la volonté comme *conditions*, non comme causes. L'esprit agit avec ses convictions et avec son cœur, mais il n'est pas lié par l'état de son intelligence et de ses affections (1). »

Cependant je dois ajouter qu'à mon avis la volonté n'est pas la seule cause de l'activité spirituelle; l'intervention du milieu extérieur, comme cause, est aussi évidente dans la vie spirituelle que dans la vie corporelle. La réceptivité des facultés est cependant admise par Tiberghien, mais il m'a toujours semblé que le savant professeur n'en tenait pas suffisamment compte.

Quoique relativement distinctes les unes des autres, les facultés de vouloir, de sentir, de connaître et d'aimer s'influencent continuellement les

(1) TIBERGHIEN, G., *La Science de l'âme*, 2ᵉ édit., p. 453.

unes les autres; de là résulte leur développement
corrélatif et conditionnel, comme le sont d'ailleurs
leur nature et leur activité. La culture rationnelle
de l'intelligence élève le sentiment, purifie l'amour,
augmente l'énergie de la volonté et dirige de plus
en plus celle-ci vers la réalisation du *bien* dans
toutes les sphères de l'activité humaine : l'homme
est d'autant plus libre, qu'il est plus éclairé; la
connaissance de la vérité est la condition de l'usage
rationnel de la liberté; l'ignorance qui dégrade et
avilit l'âme est presque toujours cause des abus
que fait l'homme de son libre arbitre.

Le développement rationnel du sentiment stimule
et augmente en nous le plaisir de *bien faire* : un
cœur droit et pur sympathise avec tout ce qui a trait
à la vérité, au devoir, à la moralité; cette sympathie
favorise l'activité des autres facultés, appliquées
chacune dans leur sphère d'action, savoir : intelligence dans la recherche de la vérité; volonté dans
la pratique du bien; sentiment et amour dans la
pureté de leurs inclinations. Un sentiment élevé est
antipathique à toute dégradation de l'esprit, telle
que la soumission aveugle de l'intelligence à un
dogme religieux, une théorie scientifique, un parti
politique.

L'esprit humain, pour se développer d'une façon
rationnelle, doit s'astreindre, avec ténacité et conviction, à suivre les lois morales, savoir : la *volonté*
doit se soumettre à la morale et au droit naturel,
qui comprennent l'ensemble des devoirs de l'homme
envers lui-même, envers ses semblables, envers les

animaux et le monde en général; l'*intelligence* doit suivre la logique, pour éviter l'erreur et le doute et reconnaître les choses en vérité; le *sentiment* doit être esthétique; enfin l'*amour* doit être chaste.

Toutes ces règles sont corrélatives; elles sont en harmonie les unes avec les autres; leur ensemble constitue l'art de vivre en homme digne de la liberté.

LIVRE III

CHAPITRE II

§ Ier. — La vie et la force spirituelles.
§ 2. — Lois fondamentales de la vie spirituelle.

La vie spirituelle est l'ensemble des manifestations de l'âme : volitions, émotions, pensées, passions, — toutes actions plus ou moins combinées les
unes avec les autres et relativement libres; phénomènes réceptifs, provenant d'influences extérieures,
ou actes spontanés de notre nature, concernant les
quatre facultés fondamentales de l'âme : volonté,
sentiment, intelligence, amour.

L'évolution de l'esprit est corrélative à celle du
corps; soumis ensemble aux âges de la vie :
enfance, jeunesse, maturité, vieillesse, ils se subordonnent à l'évolution générale de notre nature; la
vie spirituelle en conséquence se réalise conformément aux lois générales de la vie (1).

L'homme à qui les méditations et l'expérience

---

(1) Voir liv. Ier, chap. II, § 2, *C, Lois fondamentales internes de la
vie et de la force humaines,* et Id., *D, Lois fondamentales externes de
la vie et de la force humaines.*

parfois rudement acquise, enseigne sa propre connaissance, prend de mieux en mieux la direction de
lui-même, se soumet de plus en plus son activité
intérieure; il devient alors la cause la plus directe et
la plus intime de son évolution progressive dans les
sphères élevées de la vie : la science, l'art, la morale,
le droit naturel, la religion. Ceux-là goûtent la plénitude qui, absolus servants de la vérité, de l'esthétique, du bien, des idées de justice et d'équité,
des prescriptions catégoriques de la conscience,
n'acceptent aucune soumission contraire à leurs
devoirs. De pareils hommes demandent le moins
possible à leurs semblables, leur donnent le plus
qu'ils peuvent; sévères pour eux, conciliants avec
les autres, ils vivent surtout en eux-mêmes, dans
la paix de leur conscience et le respect de leur
dignité d'être doué de raison. Cependant les fats et
les sots vivent en dehors, pour le dehors; ils se
soumettent naïvement à toutes les influences
extérieures, aux prescriptions de la majorité et,
girouettes de la mode, aux caprices du jour.

C'est de la vie morale surtout, qu'il est vrai
d'affirmer : nous avons notre passé en nous; nous
vivons en partie de lui; c'est notre inséparable com-
pagnon; arrangeons-nous donc de façon à n'avoir
jamais à le cacher et à pouvoir jeter, sans rougir,
un coup d'œil sur la route que nous avons parcourue.

La force morale est corrélative à la force corporelle dans l'organisme de la force humaine.

La force morale est le système des forces de
l'esprit. De l'énergie morale ou force de la volonté

dépend l'empire de soi; les âmes faibles ou irréso-
lues n'en sont pas totalement dépourvues; elles n'en
sont que peu douées, de sorte qu'elles se laissent
aisément entraîner et dominer.

La force intellectuelle est notre capacité ou aptitude plus ou moins grande de connaître; c'est notre
degré d'aptitude à juger, à comprendre, à concevoir,
qui se manifeste dans les facultés secondaires de
l'intelligence, telles que l'imagination, la raison
et surtout l'entendement. Chez les uns, l'imagination est vive, pétillante, créatrice, en vue des productions de l'art, de la poésie; chez d'autres, cette
faculté est quasi inerte, mais leur raison domine
leur activité mentale; plus froids, ils sont plus
sagaces et plus pénétrants, en vue des sciences
mathématiques, physiques et naturelles.

Le sentiment des uns est vif et chaud; celui des
autres, sec, compassé.

L'amour est tendre et passionné chez les uns;
contenu et glacé chez les autres. La force de l'amour
est une vérité que certains invalides reconnaissent
incontestablement. *Amor vincit omnia.*

La fermeté et l'énergie morales sont les principales forces de l'âme. Guidée par une bonne intelligence, soutenue par un sentiment élevé, l'énergie
morale fait la grandeur d'âme de l'homme; elle est
le garant de sa dignité; le mensonge, l'hypocrisie
et la fourberie répugnent à l'homme ferme et intelligent, c'est-à-dire doué d'une force morale saine.

LIVRE III

CHAPITRE III

§ Ier. — L'intelligence et la formation des connaissances.

La connaissance est le résultat d'un rapport intellectuel de l'homme avec un objet quelconque.

Les éléments constitutifs de la connaissance sont le sujet connaissant, l'objet connu et leur rapport dans l'intelligence.

L'intelligence de chacun est invariablement le sujet de ses connaissances, tandis que leurs objets changent et succèdent continuellement l'un à l'autre.

Les objets de nos connaissances font partie de nous-mêmes ou de ce qui est extérieur à notre nature; ils sont internes ou externes.

Les rapports intellectuels de l'homme s'établissent au moyen de la *sensibilité corporelle* et de la *raison*; ces deux sources alimentent notre activité intellectuelle, en nous fournissant, la première, les *sensations*, la seconde, les *idées*.

En effet, grâce à la sensibilité corporelle, grâce spécialement à la vue, à l'ouïe, à l'odorat, au goût et au toucher, traits d'union entre l'homme et son milieu ambiant matériel, nous percevons des sensations; elles sont les matériaux de la reproduction mentale des choses, sous forme de connaissances. Des sensations données à l'œil par le coloris, au nez par le bouquet et à la bouche par le goût d'un échantillon de vin, l'expert infère son appréciation. Telle est la connaissance sensible.

Mais les sensations ne sont pas seules à alimenter notre activité intellectuelle; notre raison, « l'œil de l'âme », selon la belle et poétique expression d'Aristote, nous donne des idées de choses sur lesquelles les sens n'ont aucune prise, parce que l'horizon de la sensibilité est essentiellement limité; tels sont l'âme, la liberté, le juste, le beau, le bien, Dieu. Les idées constituent le domaine de la connaissance rationnelle.

Les sensations que nous donne notre nature sont les objets de nos connaissances sensibles internes; telles sont les sensations de la faim, de la soif, de la douleur et de la satisfaction corporelles, de la volupté et ainsi de suite.

Les cinq sens sont les sources des objets de nos connaissances sensibles externes, à l'exception de celles qui ont pour objets des sensations émanant de notre organisme corporel, telles que la vue de nos mains et leur toucher.

Les connaissances rationnelles se divisent également en internes et externes, selon que leur objet fait partie de notre nature ou qu'il nous est extérieur. Les premières ont pour objets les idées de notre liberté, de nos droits, de nos devoirs, de notre responsabilité, de notre avenir, de nos regrets, de nos remords, de notre personnalité, de notre unité, et ainsi de suite; dans la formation de ces idées, nulle sensation interne ou externe ne saurait intervenir, puisqu'elles sont du domaine exclusif de la conscience de chacun.

Les connaissances rationnelles externes ont pour objets les idées de l'infini, de l'absolu, de Dieu.

Si la connaissance d'une chose est exacte, c'est-à-dire si le sujet connaît l'objet tel qu'il est en lui-même, abstraction faite de l'opinion qu'il en a, cette connaissance est une vérité. En se rendant complètement compte de la vérité, l'intelligence acquiert la certitude; elle résulte de la démonstration, à moins qu'elle ne soit évidente par elle-même.

Connaissance, vérité, certitude, sont les trois degrés successifs de l'évolution scientifique de nos rapports intellectuels; ignorance, erreur, doute, en sont les contraires.

Le rôle de chacun des facteurs de nos connaissances n'est pas facile à isoler, à cause de l'extrême complexité du jeu de nos pensées; cette complexité est due à l'intervention réceptive et spontanée des différents facteurs des connaissances, qui souvent se produit à notre insu. La marche de nos pensées est non moins fortement influencée par l'état de notre intelligence et de la sensibilité corporelle, qui se ressentent du passé de la vie morale et même de celle de l'organisme entier, celui-ci, parfois débilité, malade, ou simplement surexcité. Il arrive ainsi que nos pensées soient dévoyées par une inter-

vention prépondérante et inconsciente de l'imagination, la folle du logis, si industrieuse en fictions
et en fabrication de pacotille intellectuelle. Il en
résulte fatalement que la plupart de nos connaissances sont dépourvues de la valeur objective que
chacun, pour son compte et même pour celui d'autrui, tient tant à leur attribuer bénévolement, je le
veux bien. La quantité de théories psychologiques
émises et à émettre ne fournit que trop la preuve
des difficultés à vaincre dans le domaine de la
science de l'âme.

Les facteurs de la connaissance scientifique
sont l'*entendement*, la *sensibilité corporelle* et la
raison.

L'entendement est l'intelligence considérée spécialement comme sujet de la connaissance, jugeant
et raisonnant. Il se manifeste d'abord comme
attention; puis il *perçoit* la sensation ou l'idée, qui
provoquait et captivait cette attention; ensuite il
détermine l'objet à connaître sous forme de notion,
c'est-à-dire en lui donnant un nom; enfin, il juge,
raisonne.

La notion est la connaissance dans son expression
la plus simple; c'est le nom que nous donnons à la
chose que nous percevons comme sensation ou idée;
les jugements et les raisonnements sont des combinaisons de notions différentes : choses, propriétés,
relations.

Chose complexe que savoir si nous connaissons
les choses en vérité : à distinguer d'abord les objets
internes des objets externes, ensuite, avoir tout

apaisement pour ce qui concerne leur existence réelle, soit en nous, soit hors de nous.

Des objets matériels extérieurs, qui se trouvent à la portée de nos sens, l'âme ne reçoit que des sensations de forme et de couleur, de sons, d'odeur, de saveur et de toucher; les impressions passent dans la conscience comme dans un miroir vraiment magique, où se reflètent formes et couleurs, et même les sons; outre ces sensations d'ordre physique, il reflète aussi des sensations d'ordre chimique, les odeurs et les saveurs, ainsi que les sensations mécaniques du toucher; c'est par ce seul miroir que l'homme perçoit, observe les choses et les phénomènes matériels de son milieu ambiant.

En ce qui concerne les connaissances sensibles externes, l'intelligence est donc exposée à se tromper, soit en interprétant inexactement une sensation, soit en percevant une donnée incomplète ou même inexacte (daltonisme).

Il arrive que l'intelligence soit incapable de produire une connaissance; parfois l'attention reste impuissante et n'est pas suivie de la perception; celui qui regarde ou qui écoute, ne voit ou n'entend pas toujours; le cas analogue se produit dans la connaissance rationnelle, lorsque malgré l'attention soutenue que nous prêtons à une argumentation, nous ne parvenons pas à en saisir la valeur et la portée.

Mais l'intelligence a directement conscience de l'esprit; donc en affirmant que je suis un être vivant, capable de droits et de devoirs, responsable de ses actes, je ne me trompe pas.

Examinons maintenant s'il existe un intermédiaire entre l'esprit humain et les êtres infinis, tels que la Nature et Dieu, et ce que vaut la connaissance que nous en avons.

Il est de fait que les sensations provenant de notre milieu ambiant, varient sans cesse et qu'il est légitime d'en inférer que les phénomènes dont ce milieu est le siège, se modifient d'un instant à l'autre.

Est-il possible qu'il en soit de même de la Nature, ce tout infini en étendue et en durée?

Impossible, évidemment.

L'idée que nous avons de l'infinité de la Nature, considérée dans son unité, est immuable; celui qui affirme cette infinité est incontestablement dans le vrai. Il en est tout autrement des sensations d'un milieu ambiant : les choses qui le composent peuvent en être ou n'en être pas. Dans le premier cas, elles sont susceptibles de s'y trouver de plusieurs manières, soit en elles-mêmes, soit les unes par rapport aux autres; il résulte de cette instabilité d'états et de rapports, que les phénomènes qui se produisent dans un milieu ambiant sont différents les uns des autres d'instant à instant; ils se modifient sans cesse parce qu'ils sont finis ou limités.

Rien de pareil dans l'idée que nous avons de la Nature; elle ne varie jamais; elle est de toute nécessité égale à elle-même, parce qu'infinie.

Aucune critique sérieuse ne peut donc prévaloir contre l'affirmation de l'infinité de la Nature en étendue et en durée.

J'ajoute que nous avons conscience de la Nature et de Dieu, sans intermédiaire analogue aux sens corporels, parce que notre raison, qui engendre les idées, est notre intelligence, qui est notre esprit, qui est nous-mêmes.

Nous sommes de l'essence de la Nature; il en résulte que nous ne pouvons en sortir, comme nous sortons d'un milieu ambiant, afin de passer dans un milieu nouveau; l'homme est une cellule vivante de l'Univers, qui est la condition infinie de l'existence de notre organisme et de son activité limités ; aussi sommes-nous subordonnés à la Nature, tout en étant relativement indépendants de notre milieu immédiat; et tandis qu'il varie et diffère en tous lieux, la Nature est partout et toujours la même.

J'ajoute que l'impression que produit un milieu à un moment donné, n'est pas ressentie de la même façon par deux individus.

On m'objectera que des erreurs innombrables proviennent de ce que l'imagination est apte à créer des productions ayant des formes, des couleurs, des saveurs, en un mot, une matérialité fictive, semblable en tous points aux objets que nous connaissons uniquement grâce aux sensations.

Que valent ces produits de l'imagination? Rien évidemment, puisque le rêve et les hallucinations ne se composent que du bric-à-brac de sensations passées et de quelques réminiscences; nous savons que rien dans la fiction n'est susceptible de mensuration, rien n'y est objet d'expérience, comme le sont les choses réelles qui nous entourent, y compris notre propre corps.

LIVRE III

CHAPITRE III

§ Iᵉʳ. a. — LA RAISON.

La raison est la source de nos idées. L'intelligence attentive aux choses supra-sensibles, capable de les percevoir et de les comprendre, produit la connaissance rationnelle.

Comme dans tous les rapports qui s'établissent entre l'homme et le monde extérieur, deux causes interviennent dans nos rapports intellectuels avec les choses supra-sensibles; l'une, l'intelligence, est attentive à l'idée de la raison, elle la perçoit, la juge et la raisonne; l'autre, la réalité extérieure, est inaccessible aux sens; telle est la Nature, considérée dans son unité infinie.

Le sujet de la connaissance intervient au moyen de ses facultés; l'objet, au moyen des propriétés qui frappent et provoquent l'attention; de l'activité concomitante de ces deux facteurs, résulte la connaissance ou rapport intellectuel qui les unit dans la conscience du sujet connaissant; en conséquence, la connaissance que nous possédons de l'infini de la Nature est un effet dû à l'intervention de deux causes indépendantes l'une de l'autre, la Nature et nous.

Lorsqu'il s'agit de connaissances sensibles externes, les causes des sensations étant toutes différentes les unes des autres et en état de changement permanent, il en résulte que les effets qu'elles produisent sur nos sens sont tous distincts et caractérisés selon la nature, l'état et la relation des objets qui les produisent; tels sont les couleurs, les saveurs, les odeurs, les sons et les sensations du tact; elles se succèdent et varient sans cesse. Mais, lorsqu'une chose supra-sensible nous donne comme effet de son contact avec notre intelligence, l'idée de l'infini, il est évident que la cause de cette idée ne peut la faire naître en nous que d'une seule manière, comme idée immuable de l'infini; donc son existence réelle est certaine. Il est d'une impossibilité manifeste que l'infini, à nous révélé par notre raison, provienne de l'être limité que nous sommes; l'idée de l'infini a donc nécessairement pour cause extérieure, une chose qui n'a pas de limite.

Demandons-nous comment cette chose est infinie. N'étant pas spécifiée, l'infinité de cette chose en possède la plénitude totale; ce n'est ni une ligne droite sans commencement ni fin, ni une surface plane sans bornes, choses indéfinies, engendrées par l'imagination; non, c'est l'étendue infinie et réelle de la Nature, c'est la matière dans son intégrité, dont la réalité est incontestable.

En effet, étant seule et unique comme étendue, toutes choses matérielles limitées, les fétus de paille comme les astres immenses, lui empruntent leur étendue matérielle; toutes les choses finies de la Nature sont relatives entre elles et subordonnées à l'étendue infinie; elles s'y trouvent sans qu'aucune d'entre elles contribue à l'intégralité de cette infinité, puisqu'elles peuvent être détruites et disparaître comme la poussière humaine, sans que l'infinité de la Nature en soit diminuée ou amoindrie, en quoi que ce soit; la Nature est absolument infinie en étendue.

LIVRE III

CHAPITRE III

§ Ier. *b*. — L'IMAGINATION.

L'imagination est la faculté objective de l'intelligence apte à reproduire les sensations provenant d'objets extérieurs, ainsi que ces objets eux-mêmes ; d'autre part, elle crée des choses limitées n'ayant de l'existence matérielle que la seule apparence. On ne peut mieux la comparer qu'à un miroir, reflétant des objets vus, entendus, flairés, goûtés ou palpés, mais produisant aussi, avec une spontanéité mystérieuse, quelquefois malgré nous, de pures fictions, que nulle sensation n'a jamais pu nous révéler. Il arrive à ces fictions de nous offrir un spectacle suffisamment baroque, pour donner à croire que le miroir en pièces reflète dans chacune d'elles une scène différente ; l'imagination franchit alors les bornes du possible, elle roule éperdue dans les divagations d'un cauchemar grotesque, renouvelé d'un Pierre Breugel ou d'un Jérôme Van Aaken. Ainsi, toujours, sa fantaisie verveuse trouve-t-elle quelque bond brusque et libérateur pour la lancer hors des réalités ; il semble que rien ne doive lui peser comme les formes sensibles et positives que le moment présent réalise sans cesse autour de l'homme. Et encore ! à l'heure où se sont évanouies les créations chimériques de son exaltation, lorsqu'elle est lasse pour ainsi dire de donner le souffle d'une vie apparente aux cent monstres de ses débordements, alors elle s'aide des sensations passées, pour fuir malgré tout la positivité sans charmes du présent. L'imagination s'enfonce parmi les prestiges du souvenir. Elle évoque du fond des temps évolus les formes chères, tous les êtres, — toutes les ombres ! — qui furent les hôtes familiers d'un cœur, d'une âme, d'une intelligence. Elle rêve de repasser une à une les circonstances qui les ont émues, les ont bercées ou leur furent souffrance ; elle espère voir se redresser en même temps que le décor, tous les amis, tous les parents, tous les ennemis même qui l'emplissaient de leurs gestes ; et elle exige précision et vérité ! Elle compte bien que rien ne restera dans l'ombre... Ah ! quel prétexte souvent à désolation : à chaque instant elle sent son impuissance à reconstituer ce qui a d'autant mieux sombré dans l'oubli, que plus de temps déjà s'est écoulé. Ici, c'est un détail ; plus loin, hélas, l'essentiel même. Elle a beau s'aider de la volonté, et beau acharner à faire renaître une vie morte, le jeu complet de ses facultés ; le plus clair de jadis lui échappe, et c'est alors qu'elle sent en elle comme une seconde mort tuer le fantôme du passé !

Et c'est ici qu'est le mystère. C'est d'un rêve que

va renaître l'intense illusion du passé : l'imagination retombe lasse et vaincue; à demi déjà, dans
sa résignation, elle a enfoui l'autrefois qu'elle ne
peut plus créer... C'en est fait; l'âme s'endort dans
l'inconscience du sommeil, et voici, dans l'ombre
qui clôt les yeux, dans l'inaction des sens, dans
l'inertie de la volonté, une résurrection redresse ce
que rien ne semblait devoir plus redresser : tout
devient net; pas un détail qui trahisse; et toute
chose est là présente, et tout être est là qui frémit !

Etrange et mystérieuse faculté que l'imagination! Mère nourricière des poètes, des artistes, des
rêveurs! Mais damnation aussi des jours sombres
où le cœur languit et pleure, où l'intelligence
s'égare et se perd, où la volonté... la volonté ter-
rassée secoue en vain le manteau de Nessus, qu'une
fatalité bizarre nous jette parfois sur les épaules.
Nos yeux sont clos à la réalité; notre raison est
inerte; d'épaisses ténèbres envahissent l'âme
entière!

LIVRE III

CHAPITRE III

§ Iᵉʳ. c. — L'ENTENDEMENT.

L'entendement est la faculté de connaître, exclusivement considérée au point de vue du sujet connaissant, attentif aux sensations et aux idées, qui les perçoit; l'entendement est l'intelligence en tant qu'elle observe, infère, classe et généralise; l'entendement synthétise; il juge, raisonne; comprend, démontre.

Les *matériaux* mis à la disposition de l'entendement afin de pratiquer ces diverses opérations intellectuelles, sont les sensations et les idées; les unes nous viennent de notre milieu matériel ambiant, les autres, des choses supra-sensibles; choses saisies et comprises sous forme d'idées, mais n'affectant les sens de personne; l'œil en effet, aidé des instruments actuellement les plus puissants, et dont la puissance d'ailleurs est susceptible de perfectionnements indéfinis, n'atteindrait jamais de limite dans la Nature, en eût-elle même quelque part, parce que la portée de notre organe visuel est limitée.

Il est incontestable que l'entendement est dans

le plus grand nombre des cas, la cause d'erreur.
D'après Krause et Tiberghien, elle serait toute
dans la faculté de juger et de raisonner; je ne par-
tage pas cette manière de voir; l'imagination à mon
avis nous fait mainte fois prendre une fiction pour
une réalité et les sensations elles-mêmes sont souvent données suspectes. En ce qui concerne la
valeur objective des idées, il y a lieu de distinguer
celles qui se rapportent à notre essence de celles
qui concernent la Nature et Dieu.

La certitude de l'existence de Dieu me paraît
actuellement être aussi évidente pour moi, en ce
moment, que celle de ma propre existence; il en est
de même de l'existence de la Nature infinie en
étendue et en durée; la croyance au monisme est
dans l'air, si je puis dire; elle est généralement
acceptée par les physiciens et les chimistes.

Mais il y a loin d'une telle conviction à la foi
permanente et absolue. Celle-ci est-elle possible à
l'homme? Je ne le pense pas.

Je ne le pense pas, parce que la nature humaine
est essentiellement finie, limitée, bornée. Or,
l'erreur et le doute sont des conséquences de notre
limitation. Le seul Être infini et absolu, Dieu,
connaît toujours tout en vérité, avec certitude;
mais l'être fini qu'est l'homme, connaît parfois, et
plus ou moins exactement; ses opinions, ainsi que
le degré de vérité et de certitude de son intelligence, varient du jour au lendemain; le doute
envahit parfois subitement et victorieusement l'âme
humaine, en ébranlant des certitudes acceptées de

bonne foi, comme évidentes et inébranlables ; telles
sont les conséquences inévitables de la faiblesse
humaine ; et dire faiblesse, c'est affirmer les limites
de notre intelligence. Il nous faudra les déborder
pour entrevoir de nouveaux et d'immenses horizons,
dont auparavant l'existence n'était pas même soupçonnée.

La sensibilité corporelle est bornée ; de même, le
milieu ambiant dans lequel elle s'exerce ; ces deux
facteurs de nos connaissances sensibles externes
peuvent en conséquence donner lieu à des méprises
et à des erreurs.

Grâce à la raison, nous percevons l'idée de l'infini, mais, en résulte-t-il que cette faculté ne soit
pas limitée, c'est-à-dire qu'elle soit impeccable et
infaillible ? Je ne le pense pas (1).

_____

(1) Voir le Post-scriptum.

LIVRE III

CHAPITRE III

§ Ier. *a*, *b*, *c*. — RÉSUMÉ RELATIF A LA VIE INTELLECTUELLE

En sa qualité d'être harmonique de la Terre ou de microcosme (1), les connaissances de l'homme s'étendent à Dieu, à la Nature et à lui-même.

La question de savoir si ces connaissances sont vraies ou fausses, si, étant vraies, elles sont susceptibles de devenir certaines ou si elles ne peuvent que rester douteuses pour nous, n'a pas à être discutée en ce moment; il ne s'agit, en effet, que de le constater : l'homme pense à Dieu, connaît plus ou moins la Nature ou quelque objet qui en fait partie et a de lui-même, de ce qu'il est, de ce qu'il fait, une conception quelconque.

Au moyen des sens, l'homme perçoit l'influence de son habitat dans la Nature, sous forme de sensations externes; cependant l'imagination reproduit mentalement des objets de l'habitat, en ce qui concerne le passé et le présent; l'imagination a aussi le pouvoir de créer un milieu fictif, où se heurtent souvent, en une étrange cohue, les belles

---

(1) Voir Introduction, § 1er, *Considérations préliminaires.*

inventions de l'art et les horreurs des cauchemars et de la folie.

Au moyen de la raison, l'homme reçoit l'influence de Dieu et de la Nature, sous forme d'idées; tels sont les objets de nos connaissances rationnelles externes, qui comprennent les principes objectifs de la religion, de la science, du droit, de la morale, de l'art; mais, la raison est également la source des idées de notre individualité, telles que l'unité de notre nature, notre identité personnelle et tous les objets de notre propre psychologie.

L'observation interne a en conséquence, un double domaine, corporel et spirituel; l'un comprend les connaissances internes dont les objets sont les sensations de nous-mêmes; l'autre, dont les objets sont les idées de nous-mêmes.

L'observation externe possède deux domaines analogues; l'un est notre habitat, dont nous prenons connaissance au moyen des sens; l'autre est le milieu infini, Dieu et la Nature, qui nous est révélé par la raison.

Quant à l'entendement, il exerce son action sur quatre classes d'objets différents : les sensations et les idées internes, d'une part; les sensations et les idées externes, d'autre part.

Pour toutes les questions relatives à la psychologie et à la philosophie, je prie de recourir aux œuvres de mon vénéré maître Guillaume Tiberghien et surtout à celles du philosophe de génie K. Ch. F. Krause.

LIVRE IV

§ Ier. — L'homme comme organisme générateur.
§ 2. — L'homme et la femme.
§ 3. — La famille.

Après s'être occupé de la classification des êtres vivants en espèces, en genres, et ainsi de suite, basée sur les différents caractères qu'ils possèdent sous ces rapports, Agássiz ajoute : « Or, à cette infinie diversité de rapports quelque chose s'ajoute qui ressort davantage et avec plus d'indépendance, imprimant à tout le monde organisé une physionomie spéciale ; ce sont les caractères sexuels.

« En effet, les individus d'une même espèce, bien que se ressemblant par tout ce qui constitue les caractères spécifiques, présentent néanmoins des différences sexuelles plus ou moins saillantes, lesquelles viennent se surajouter, si l'on peut dire, à ces caractères, à une époque plus ou moins avancée de la vie. Les individus d'une même espèce ont déjà vécu une fraction plus ou moins grande, parfois même la plus grande, de leur existence, lorsqu'ils atteignent à ce degré de maturité qui précède et qui accompagne la reproduction, et c'est dans cette dernière phase de la vie que s'accentuent les traits, souvent si marqués qui forment les différences sexuelles. Ces traits l'emportent également sur les caractères de genre, de famille, de classe, etc... En effet, à quelque degré de la coordination des caractères que l'on envisage la structure des animaux, et si profonde que soit la valeur des systèmes d'organes dont les rapports servent de base à ces groupes de la classification, toujours la sexualité marque son empreinte. Le développement cérébral, la charpente solide, les masses musculaires, l'amplitude de la respiration et de la circulation, l'énergie des appareils digestifs et sécréteurs, tout est modifié par cette influence mystérieuse dominant tous les organismes et imprimant à chacun d'eux le type mâle et le type femelle (1). »

L'homme considéré comme organisme reproducteur est une face entièrement distincte et relativement indépendante de l'organisme humain.

L'opinion généralement acceptée est que le corps seul participe à la procréation. Je suis d'avis que tout l'organisme y intervient; donner le jour est peu de chose; il faut savoir élever, éduquer, instruire; autant de missions délicates où peuvent s'affiner les forces corporelles et morales dont l'homme est pourvu.

Au point de vue de la procréation, l'organisme manifeste une action générale, s'étendant à tout l'être vivant. En effet, au point de vue corporel,

---

(1) AGASSIZ, L., DE L'ESPÈCE, XVIII, *Dualisme sexuel*, pp. 100 et suiv.

l'organisme animal produit le mouvement; l'organisme végétatif manifeste également une activité spéciale, non seulement en ce qui concerne l'action physiologique de l'ovule et du sperme, mais en ce qui concerne la circulation, la respiration et ainsi de suite; en un mot, l'accomplissement de cet acte est une fonction spéciale, éminemment temporaire, à laquelle participent toutes les forces corporelles, où, bien plus, l'homme s'absorbe avec ses facultés spirituelles tout entières, volonté, pensée et sentiment, combinés dans l'amour.

La reproduction est bien une fonction spéciale, caractérisée sous tous les rapports biologiques; en ce qui concerne l'homme, la vie de famille est un caractère distinctif, dont la création retient les forces vives de tout l'être humain, homme et femme, dans une union intime et complète de père et mère de famille.

POST-SCRIPTUM

Depuis que l'homme écrit, sinon depuis qu'il pense, il s'est trouvé des philosophes, des sages, pour soutenir, avec la même conviction et la plus entière bonne foi, les opinions les plus opposées, au sujet de la constitution de la nature humaine. Matérialistes et spiritualistes se croient maîtres absolus de la vérité ! La seule logique pourtant, condamne l'un de leurs deux systèmes : deux revendications contradictoires et cependant également impérieuses de la vérité ! Quelle preuve plus aveuglante que la science de l'homme ou plus simplement, la notion exacte de la nature humaine est en quelque sorte viciée par les contradictions accumulées dans les écoles philosophiques et transmises des maîtres aux disciples.

Que feront ces disciples devenus maîtres à leur tour, sinon propager plus ou moins exactement les mêmes doctrines, entachées des mêmes erreurs (1) !

_____

(1) La vérité ne se trouverait-elle dans la conception organiquement unitaire de la nature humaine ?

Cette opinion n'est-elle pas conforme à l'observation des faits anthropologiques ?

Certes, il existe dans la vie des phénomènes irréductibles ; impossible de les attribuer à la même cause. Mais les deux causes distinctes, l'esprit et le corps, auxquelles se rattachent d'une part, les actions morales, d'autre part, les phénomènes corporels, ne sont-elles pas inhérentes à la nature d'un seul et même être vivant, l'homme ? L'esprit et le corps ne sont-ils pas organiquement combinés en un individu relativement indépendant ?

A ce compte, esprit et corps ne sont plus deux êtres distincts, mais

Pourquoi ?

Parce que les maîtres de la science ont presque tous la prétention, à peine justifiée par leur bonne foi, non seulement d'enseigner le vrai, mais de n'enseigner que le vrai !

La prétention à un enseignement dépourvu d'erreur et de doute peut-elle se justifier ?

Comment se fait-il, si cette prétention est fondée, qu'une contradiction soit possible ?

Et ne savons-nous pas qu'elles sont manifestes, les contradictions !

Ne recommençons-nous pas toujours les disputes des anciens philosophes ? Chaque école ne se croit-elle pas en possession de la seule doctrine irréfutable ?

Que vaut la science ! Que vaut la vérité ! Que vaut ma conviction ! si les opinions d'hommes de bonne foi sont contradictoires !

Ainsi donc, voilà l'affirmation et la négation, qui, au sujet de la même question, ont, en conscience, paru vraies et fausses, à des esprits éclairés, à des savants !

Et c'est là, le bizarre et désolant spectacle que nous offre l'anthropologie, sinon la science tout entière !

Serait-il vrai que la science, que la vérité, ne soient que

---

sont deux propriétés fondamentales, deux éléments de nature irréductible, servant de bases constitutives à l'unité organique de la nature humaine, telle que nous l'observons en fait.

La question de savoir ce qu'était et où était l'homme avant la vie actuelle; ce qu'il sera et où il ira après la mort, sont des problèmes intéressants, qui passionnent à bon droit, mais dont la solution n'est pas du domaine de l'observation.

Est-ce que de l'unité du monde organique vivant, ne résulte pas que l'esprit humain, de par sa nature même, est dans l'impossibilité d'exister en dehors de la Nature, à *l'état libre*, c'est-à-dire non combiné à un organisme corporel ?

Je n'ai certes pas l'illusion d'avoir donné la solution de ces problèmes. Je serai amplement satisfait, si je puis croire que mon livre a quelque peu aidé à les élucider.

vains mots, et le savant un sot doué de plus de suffisance
et de prétention que le premier ignorant venu!

Non.

Mais le maître n'est vraiment savant que s'il a conscience de sa faiblesse; que s'il est convaincu de *l'évolution* de la science;.... il la regarde progresser sans cesse
vers la vérité, sans prétendre jamais l'avoir absolument
atteinte.

La science n'est pas faite.

Le sera-t-elle jamais?

Prétention antiscientifique et débilitante, que de se
croire en possession de la vérité absolue.

Le doute, au contraire, stimule le savant consciencieux
et sagace; c'est la salutaire épée de Damoclès qu'il doit se
sentir constamment au-dessus de la tête!

L'homme qui s'est rendu compte, par des méditations
prolongées, des difficultés sans cesse renaissantes de la
science, souvent insurmontables pour lui, n'est pas sceptique. Il a foi en la vérité, sans avoir la prétention de
pouvoir la posséder complète et entière. C'est au progrès
de la science, c'est à élucider quelque vérité partielle qu'il
consacre ses efforts. C'est l'espérance d'augmenter le
savoir qui le stimule; c'est enfin, la conviction inébran-
lable du progrès qui le soutient, bien qu'il soit certain de
ne pouvoir découvrir et démontrer la vérité tout entière,
d'une façon absolue et définitive.

C'est pourquoi les questions scientifiques doivent constamment être à nouveau soumises aux analyses, aux syn-
thèses et aux démonstrations de plus en plus approfondies
et de plus en plus complètes. Tous les faits doivent de
temps en temps être fouillés et scrutés de nouveau, dans
tous les sens et sous tous les rapports, afin que tout ce
que chacun d'eux renferme, soit de mieux en mieux mis
en relief et puisse être impartialement apprécié, par les
savants les plus divisés d'école et d'opinion.

Ici apparaissent les diverses missions des spécialistes.

Ils sont nombreux ceux qui explorent la nature humaine, sous ses différents aspects : philosophes, naturalistes, anatomistes, psychologues, physiologistes, biologues, histologistes! Mais, ils n'ont pas à se constituer seuls juges des résultats de leurs recherches et à se prétendre bénévolement appelés à résoudre à eux seuls, chacun dans le domaine de sa spécialité, ce qui ne sera que l'œuvre laborieuse de l'anthropologiste, dont la synthèse puissante unifiera leurs travaux. Encore la croyance et la prétention à la valeur immuable de cette synthèse, ne serait rien moins que méconnaître le caractère organique et vivant de la science : l'évolution scientifique n'étant qu'une face du progrès de l'humanité. Se persuader qu'il est possible de ne laisser à ses successeurs rien à découvrir, à élucider, à systématiser, est une illusion naïve, que n'a pas le savant sérieux. Qu'insinuait Socrate, en disant : « Je ne sais qu'une chose, c'est que je ne sais rien, » sinon qu'à mesure que s'accroît son savoir, l'homme prend mieux conscience du caractère fini de chaque connaissance, en le comparant à l'infini de la science.

La science s'amplifie et s'organise à chaque effort de l'esprit qui s'y engage plus avant.

Les conjectures et les hypothèses ne sont encore que trop nombreuses dans la science contemporaine, et rien ne prête plus et mieux à la critique, que les prétentions de certains savants, qui proclament imperturbablement qu'eux seuls possèdent la vérité!

Qui d'entre nous ne se révolt, au début de sa carrière et beaucoup plus tard encore, tout pénétré des paroles et des écrits de ses maîtres de prédilection. La quiétude que donne l'illusion de la certitude n'a jamais en nous souffert d'atteinte; nous sommes toute confiance en des convictions jugées inébranlables. Puis, subitement, je ne sais quel malaise, quel trouble nous envahit et nous angoisse; l'argument fortement étayé d'un contradicteur nous force l'attention, nous oblige à subir cette impression étrange qu'impose le bouleversement intime de nos croyances, devant l'évidence d'un fait nouveau. Qui n'aurait pas senti en un pareil moment, le tourment du doute, ne serait apte encore qu'à la foi aveugle ! A d'autres la science toujours vivante, toujours jeune, toujours perfectible dans tout le cours de son évolution ! A d'autres les horizons nouveaux s'ouvrant subitement au delà d'une question que l'on croyait résolue à jamais !

Revenons maintenant à la prétention qu'ont certains maîtres, de n'enseigner que le vrai. Demandons-nous ce que vaut une conviction exempte d'hésitation et de doute !

Ou bien, elle est un non-sens, imposant au professeur un devoir d'une réalisation impossible; ou bien, elle est une prétention saugrenue, impliquant une infaillibilité, que nul ne possède.

En quoi consiste donc la mission du savant et surtout du professeur ?

Celui qui ne veut pas plus se faire illusion, qu'en imposer aux autres, doit se contenter d'être homme. Il ne doit pas chercher à enseigner une science toute faite, ce qui est impossible; mais, il doit travailler ardemment à exposer l'état actuel de la science, ou plus simplement, d'une science; la nécessité de la présenter empreinte de ses lacunes, de ses doutes et de ses hypothèses, est une conséquence inéluctable de son évolution progressive, due aux efforts combinés de l'élite de l'humanité.

La seule attitude qui convienne au savant digne de ce nom, est donc celle qui résulte d'un examen critique des différents problèmes du savoir, qui passionnent à juste titre l'esprit humain. Peser en homme sensé, loyal et franc, le pour et le contre, et laisser à chacun la liberté de ses appréciations, nécessairement en rapport avec son développement individuel, est donc la seule voie qu'il soit bon de suivre. C'est de la discussion des opinions contradictoires que sortiront graduellement, dans le temps infini, les convictions sérieuses et fondées, en attendant,

— toujours, probablement! — les solutions définitives et absolues.

L'illusion d'une science impeccable et définitivement constituée est dangereuse et énervante. L'homme qui bénévolement se croit arrivé, est, par ce fait même, convaincu de l'inutilité de nouveaux efforts pour avancer et parvenir : il est fossilisé! La science évolue lentement vers la vérité et nos connaissances ne sont que des approximations successives, que l'on doit s'efforcer de rendre de plus en plus exactes et complètes.

Le savant qui toujours scrute et approfondit les mêmes questions, peut y découvrir à tout instant, des points de vue nouveaux, ainsi que des lacunes nouvelles. De là, le progrès des sciences et des méthodes; de là, des faits et des procédés d'investigation et de démonstration nouveaux, mis en évidence. La science est le champ que le savant laboure; il peine, l'effort le courbe sur le soc; mais parfois des cailloux durs qu'il heurte, jaillissent pour l'éblouir des étincelles de vérité!

Et que de novateurs traités en hérésiarques du savoir! Que de fois n'arrive-t-il pas alors à leurs antagonistes, de traiter leur découverte de non-sens scientifique! Plus tard, ils disent qu'il ne serait pas impossible que ce fût une vérité, si...; enfin, tous de se demander comment on a pu jamais croire le contraire... et, ces mêmes antagonistes finissent quelquefois par revendiquer pour eux, et pour eux seuls, la gloire du progrès accompli.

Mais alors même que le savant est méconnu de ses contemporains, la vérité qu'il a découverte s'imposera tôt ou tard; car, c'est de la science surtout qu'il est permis de constater que « rien ne se perd ».

Il est certes bien consolant de pouvoir se convaincre, dans la sérénité d'une conscience pure, que dans l'avenir, par l'évolution de la pensée, celle-ci rectifiera le jugement téméraire prononcé parfois par des contemporains.

Certains esprits sont d'ailleurs, de par la trempe de

leur caractère, naturellement voués à l'isolement et à la retraite. La valeur scientifique d'un fait ou la puissance logique d'un argument les préoccupent seules; l'éclat et l'apparence leur sont indifférents, sinon désagréables. L'homme de valeur poursuit un but tout autre que celui qu'intrigants et bavards appellent les succès du monde, les jouissances de la vie. Ces infortunés agissent, non comme des savants, voués au culte pur et désintéressé de la science, mais comme des avocats qui chicanent, parce qu'ils veulent avoir raison quand même; ils s'abaissent et se dégradent au point d'attribuer des aberrations à leurs contradicteurs, afin de pouvoir facilement et bruyamment s'emparer d'un succès; et ce leur est chose facile, devant un public prévenu et incapable d'apprécier un débat scientifique.

Si l'honnête homme attache peu d'importance à l'approbation publique, il éprouve, par contre, l'impérieux besoin de sa propre estime et de son propre respect; la conscience de l'homme vertueux est tellement sensible, que la moindre de ses fautes, l'irrite et le révolte; sa vertu présente est ainsi le gage de sa vertu future; en effet, l'homme parvenu à cette situation morale éminente, ne se décidera que fort difficilement à compromettre sa dignité et son estime personnelles, ne fût-ce qu'en fermant les yeux ou en faisant comme Ponce Pilate, alors qu'une intervention lui était suggérée par sa conscience.

L'amour du vrai est la seule passion du savant digne de ce nom. Il vit en communion d'idées avec l'élite des grands hommes du passé, qui survivent dans leurs œuvres. Il n'aspire pas à la gloire d'un Newton, qui eut l'idée de la gravitation universelle en voyant la chute d'une pomme; mais, il a la prétention de valoir mieux que l'imbécile, qui se serait contenté de la manger.

FIN

TABLE ALPHABÉTIQUE

www.ingramcontent.com/pod-product-compliance
Lightning Source LLC
Chambersburg PA
CBHW070714280326
41926CB00087B/2021